我国西部地区高等教育
中外合作办学研究

李 阳 著

吉林大学出版社
·长春·

图书在版编目（CIP）数据

我国西部地区高等教育中外合作办学研究 / 李阳著 . ——

长春：吉林大学出版社 , 2025.1

ISBN 978-7-5768-3150-4

Ⅰ . ①我 … Ⅱ . ①李 … Ⅲ . ①高等教育 - 国际合作 -
联合办学 - 研究 - 中国 Ⅳ . ① G649.2

中国国家版本馆 CIP 数据核字 (2024) 第 087266 号

我国西部地区高等教育中外合作办学研究

WO GUO XIBU DIQU GAODENG JIAOYU ZHONGWAI HEZUO BANXUE YANJIU

作　　者　李 阳
策划编辑　邵宇彤
责任编辑　高珊珊
责任校对　杨　宁
装帧设计　阅平方
出版发行　吉林大学出版社
社　　址　长春市人民大街 4059 号
邮政编码　130021
发行电话　0431-89580036/58
网　　址　http://www.jlup.com.cn
电子邮箱　jdcbs@jlu.edu.cn
印　　刷　武汉鑫佳捷印务有限公司
开　　本　787mm×1092mm　1/16
印　　张　13
字　　数　270 千字
版　　次　2025 年 1 月　第 1 版
印　　次　2025 年 1 月　第 1 次
书　　号　ISBN 978-7-5768-3150-4
定　　价　75.00 元

序　言

林金辉

厦门大学中外合作办学研究中心主任

中国高等教育学会中外合作办学研究分会理事长

在全球化浪潮的推动下，高等教育国际化已成为世界教育发展的重要趋势。我国西部地区高等教育国际化不仅关乎区域教育质量的提升，更是国家整体发展战略的重要组成部分。西部地区高等教育中外合作办学承载着多重使命。它是培养符合经济社会发展需求高素质创新型国际化人才的重要渠道，是高质量共建"一带一路"的重要抓手，是促进中外人文交流的重要平台。从区域发展角度看，中外合作办学是提升西部高等教育质量的有效途径，通过引进优质教育资源，带动区域教育整体水平的提升。对西部高校自身而言，中外合作办学是实现自身高质量发展的重要契机，通过国际化办学提升学科建设水平和人才培养质量。

当前，西部地区高等教育国际化面临着前所未有的机遇。"一带一路"倡议的深入推进为教育合作提供了广阔平台，国家对西部教育的政策支持力度不断加大，国际教育资源的流动更加频繁。这些都为西部高校开展中外合作办学创造了有利条件。然而，挑战与机遇并存。西部高校在办学基础、资源禀赋等方面与东部等发达地区存在差距，国际化办学经验也相对不足。如何在这样的条件下走出一条具有西部特色的中外合作办学发展之路推动其国际化发展，是需要深入思考的问题。本书正是在这一背景下应运而生。

厦门大学中外合作办学研究中心作为全国第一家以中外合作办学为研究对象的专门研究机构，从 2010 年成立起就成建制地招收中外合作办学研究方向博士研究生。李阳博士是其中的优秀代表之一。作为我指导的博士研究生，攻读博士学位期间，他就参与了我的一些研究工作，如"中外合作办学质量发展报告""高等学校涉外办学研究""云南高等教育面向东南亚、南亚国际合作交流研究""高等学校境外办学研究"等多项有关中外合作办学研究课题。在参与众多研究项目的学术积累下，确定了"西部地区高等教育中外合作办学"作为自己的博士论文选题，并在之后的探索中不断凝练、深入和细化。他围绕这一研究问题，运用量化和质性研究相结合的混合研究方法，系统研究了西部地区高等教育中外合作办学的发展现状、困境与挑战、优势与机遇，并通过案例和比较研究提出了西部地区高等教育中外合作办学发展的原则和路径，在理论探究、方法创新、研究结论等方面进行了探索，彰显了他对中外合作办学研究浓厚的志趣和情怀。本书是在他的博士论文基础上修改完成的，充分反映了李阳老师对中外合作办学重要问题的深入思考，具有较强的创新性和较高的学术价值。

本书的创新之处主要体现在以下几个方面：一是，系统分析了西部地区中外合作办学发展的现状。该书从西部地区中外合作办学发展"怎么样"作为切入点，运用量化数据全面系统分析了西部地区中外合作办学发展的现状；二是，不是就西部谈西部，而是建立在全国东部、中部、东北和西部四大区域中外合作办学比较的视域中，探寻西部中外合作办学发展的位置和目标；三是，站在建设"一带一路"的角度，对如何构建具有西部特色的高等教育中外合作办学高质量发展提出了新路径。本书可供教育行政部门、中外合作办学相关高校及中外合作办学机构和项目的管理人员、教师和学生阅读，也可作为专家学者的研究参考。

李阳老师毕业后现就职于河北师范大学，继续从事中外合作办学研究，在学术界崭露头角，展现了深厚的理论基础和雄厚的学术潜力。期待他不断有新的、高质量的学术精品问世。

是为序。

前　言

中外合作办学是我国高等教育对外开放的重要实践形式，已经进入高质量发展新阶段。当前，全国本科及以上层次高等教育中外合作办学已经超过 1400 个，覆盖除西藏自治区、港澳台地区之外的 30 个省、自治区、直辖市。但是，从区域布局看，目前主要分布在东部等发达地区。中外合作办学全面、健康、稳定的发展离不开西部地区中外合作办学的发展，如何推动西部中外合作办学的发展，值得思考和研究。

西部地区中外合作办学是推动教育公平的重要手段。我国本土高等教育资源倾斜于东部地区，在区域分布上极度不均衡，西部地区高校的总体发展水平低于东中部地区。发展中外合作办学的核心是扩大开放，引进优质教育资源，弥补国内教育发展的不足。因此，中外合作办学应该在促进教育区域公平上发挥重要的作用。西部地区应该抓住机遇，通过中外合作办学提高教育发展水平，缩小与东中部地区的差距，使东西教育发展水平趋于平衡。

西部地区中外合作办学是服务"一带一路"倡议的重要实践。西部地区是我国向西开放的重要门户，也是"一带一路"建设的关键所在。中外合作办学在推动中外教育交流合作中发挥着重要的作用，需要充分利用中外合作办学扩大西部地区教育对外开放的广度和深度，充分利用地缘优势推进与周边国家的教育合作交流，形成因地制宜、特色发展的教育对外开放格局。

西部地区中外合作办学意义重大。但是，从目前来看，西部地区 12 个省（区、市）中外合作办学发展困难重重，面临一定的困境和挑战：西部地区高等教育中外合作办学的发展受到经济、教育发展水平的制约；在未来发展中还面临其他地区中外合作办学的竞争、教育国际化与教育开放市场的冲击以及维护国家安全带来的挑战。与此同时，西部地区高校在发展中外合作办学中，在地缘、文化、市场和资源等方面拥有潜在的优势：国家的大力支持、居民教育消费意识的提高、周边国家积极对外合作的政策等，为西部地区高等教育中外合作办学发展带来机遇。

西部地区中外合作办学，需要遵循循序渐进、合理定位、坚持西部特色的原则。在未来发展中，需要突破单一的办学主体限制，推动多元化办学格局；明晰优质教育资源内涵，对引进的教育资源进行分类指导；树立典型，强化引领；合理布局，科学调整；加强思想政治教育，增强国家安全意识；提升办学质量，坚持内涵式发展道路。

李阳

2024 年 9 月

目　录

第一章　引　论

中外合作办学是我国改革开放之后出现的新事物。20世纪80年代，中国人民大学、复旦大学、南京大学等国内一批重点高校相继与美国高校合作成立研究中心、研究生班，开创中外合作办学发展的先河。90年代中期，全国高等教育中外合作办学数量逐渐增多。1995年原国家教委发布《中外合作办学暂行规定》，规范了中外合作办学活动。2001年我国加入了世界贸易组织（World Trade Organization, WTO），并在教育领域做出相应承诺，这为中外合作办学带来新的发展机遇和挑战。2003年，为进一步扩大教育对外开放，规范中外合作办学，国务院颁布了《中华人民共和国中外合作办学条例》（2019年修订），标志着中外合作办学进入法治化的发展轨道。2010年，《国家中长期教育改革和发展规划纲要（2010—2020年）》（下文简称《国家教育规划纲要》）提出"支持一批示范性中外合作办学机构"，标志着中外合作办学进入示范性发展的新阶段。2019年《中国教育现代化2035》提出，提升中外合作办学质量，标志着中外合作办学进入高质量发展新阶段。截至2022年底，全国实施本科及以上层次中外合作办学机构和项目达到1 452个。纵观中外合作办学的发展进程，与我国改革开放大体发展一致，首先在东部沿海等经济较发达地区发展起来，至今西部等欠发达地区中外合作办学数量较少，仍处于发展初期。在全面建成小康社会的今天，教育公平成为人们关注的一大焦点。如何让西部地区与东部地区的学生共享接受优质教育资源的机会，促进西部地区高等教育中外合作办学持续健康有序地发展，需要进行深入的分析研究。

第一节　问题的提出和研究意义

一、问题的提出

（一）西部地区高等教育中外合作办学发展遇到瓶颈

《国家教育规划纲要》颁布实施以来，中外合作办学进入示范性发展的新阶段，逐渐成为我国教育事业的重要组成部分。近些年，尤其是东部地区许多高校通过中外合作办学，引进了先进的教育理念和教育模式，在一些新兴、前沿的学科专业领域，培养了一大批国家和地方经济社会发展急需的人才，增加了这些地区高等教育供给的多样性和选择性，满足了多样化的教育需求。

与东部地区高等教育中外合作办学迅速发展形成鲜明对比的是，西部地区中外合作办学的发展不尽如人意。近些年教育部出台了多项举措鼓励和支持西部地区中外合作办学，西部地区各省（区、市）教育行政部门也出台了许多措施，指导和规范各省（区、市）中外合作办学，但是西部地区高等教育中外合作办学的发展水平与全国其他地区仍有较大差距。西部地区高等教育中外合作办学数量偏少，所占全国整体数量的比例偏低，并且近年来与全国其他地区发展速度、数量有逐渐拉大的趋势，"马太效应"渐显。这种现状有悖社会发展公平的原则，更不利于中外合作办学持续健康有序发展。中外合作办学的全面发展离不开西部地区中外合作办学的发展，因此需要对西部地区高等教育中外合作办学进行全面、深入研究，探索一条符合西部地区实际的高等教育中外合作办学发展道路。

（二）西部地区高等教育中外合作办学的发展关系到教育公平

近年来党和国家十分重视社会公平，教育公平是社会公平的重要基础。当前我国教育公平正面临着严峻的挑战。就高等教育而言，许多高等教育资源倾斜于东部等经济较发达地区，多数重点高校、重点学科集中在东部地区，西部地区高校总体发展水平要落后于东部地区。我国加入世界贸易组织之后，中外合作办学快速发展起来，多数办学机构和项目主要位于东部等经济较发达地区城市，使得原本高等教育水平就相对发达的东部地区，拥有更多的优质教育资源供学生选择，更加拉大了东西部地区高等教育水平的差距。这种现状不利于区域高等教育的均衡发展，不符合社会公平的要求。

西部地区在本土优质教育资源紧缺的情况下，更需要通过中外合作办学提高自身教育水平，缩小与东部等其他区域的差距，为社会公平发展贡献力量。因此，需要通过理论研究，探索出切实可行的、符合西部实际的中外合作办学发展路径，促进西部地区高等教育中外合作办学的发展。

二、研究意义

本书以西部地区高等教育中外合作办学为研究对象，全面分析西部地区高等教育中外合作办学发展现状，探索其在发展过程中面临的困境与挑战、优势与机遇，为西部地区高等教育中外合作办学的发展指明方向。整体来讲，本书具有一定的现实意义和理论意义。

（一）现实意义

首先，本书通过一系列研究，探索出符合西部地区实际的高等教育中外合作办学发展路径，旨在能够服务好西部地区中外合作办学的整体规划，指导西部地区高校中外合作办学的具体实践，促进西部地区高等教育中外合作办学持续健康有序地发展。2013 年，教育部、国家发改委和财政部联合印发《中西部高等教育振兴计划（2012—2020 年）》，提出在西部地区"办好一批中外合作办学项目，引进国际先进理念和优质资源"①。为配合该计划的实施，需要对西部地区高等教育中外合作办学发展情况进行深入研究，为其提供具体的、可行的指导方案，从而实现该计划中的发展目标。

其次，本书对推动高等教育中外合作办学区域布局更加科学、合理，促进教育公平具有一定的意义。当前我国高等教育资源倾斜于东部地区，中外合作办学在区域分布上也主要集中在东部等经济发达地区，西部地区发展相对缓慢。本书的研究，旨在促进西部地区高等教育中外合作办学的发展，缓解我国高等教育资源区域分配不均衡的现状，有助于推动我国高等教育均衡发展。

最后，本书的研究也符国家"一带一路"倡议的要求。西部地区是"一带一路"倡议实施的重点区域，"一带一路"重点合作领域包括了发展中外合作办学，因此对西部地区中外合作办学发展进行研究，是"一带一路"倡议实施的必然要求。同时，本书对全面振兴西部地区高等教育，服务西部大开发战略的实施，促进西部地区经济社会的发展具有一定的现实意义。

（二）理论意义

本书有利于完善和深化高等教育中外合作办学相关理论研究。中外合作办学是我国改革开放的产物，在过去一段时间里，中外合作办学理论研究落后于具体的实践，时至今日，中外合作办学的理论研究"用不上、不够用"的情况尚未得到根本改变。其中，在如何支持、引导西部地区高等教育中外合作办学发展的理论研究方面的成果数量不多，相关研究还不够深入。本书旨在对西部地区高等教育中合作办学的发展进行宏观、系统、深入的研究，试图为西部地区高校开展中外合作办学提供理论指导，深化和拓展高等教育中外合作办学理论研究。同时，对西部地区中外合作办学的研究也属于区域高等教育发展的研究范畴，本书有利于完善和深化区域高等教育发展理论。

第二节 核心概念界定

一、西部地区

本书涉及我国的区域划分。我国区域的划分标准，并非单纯依据地理位置，主要结合经济发展情况以及地域综合考虑而划分。

根据国家统计局对我国经济区域的划分情况，将全国 31 个省、自治区和直辖市（不含港澳台地区）分为东部、中部、西部和东北部地区四个区域。

其中，东部地区包括 10 个省（市），分别为：北京市、天津市、上海市、广东省、江苏省、浙江省、福建省、山东省、河北省、海南省。

---

① 教育部，国家发展改革委，财政部. 关于印发《中西部高等教育振兴计划(2012—2020 年)》的通知 [EB/OL]. (2013-02-28)[2024-05-27]. http://www.moe.gov.cn/srcsite/A08/s7056/201302/t20130228_148468.html.

中部地区包括 6 个省份，分别为：河南省、湖北省、江西省、湖南省、安徽省、山西省。

东北部地区包括 3 个省份，分别为：黑龙江省、吉林省、辽宁省。

西部地区包括 12 个省（区、市），分别为：重庆市、四川省、陕西省、贵州省、云南省、甘肃省、青海省、西藏自治区、宁夏回族自治区、广西壮族自治区、内蒙古自治区、新疆维吾尔自治区。

二、中外合作办学

当前，我国高等教育涉外办学形式多样，中外合作办学属于其中最重要的一种形式。与其他形式的涉外办学相比，中外合作办学有着明确的政策界限。根据国务院发布的《中华人民共和国中外合作办学条例》（2019 年修订，以下简称《中外合作办学条例》）的相关规定，中外合作办学是指 "外国教育机构同中国教育机构在中国境内合作举办以中国公民为主要招生对象的教育机构的活动"[①]。中外合作办学的主体是中外教育机构；需要在办学条件、教育教学、管理等方面开展实质性的合作，实现国外优质教育资源的合理引进与有效利用；招生对象以境内中国公民为主；实行 "审批制" 和 "证书制"，审批机关对依法批准设立或举办的机构和项目分别颁发机构 "办学许可证" 或项目 "办学批准书"。中国教育机构没有实质性引进外国教育资源，仅以互认学分的方式与外国教育机构开展的教育教学活动，例如一般的校际交流项目、外国大学预科班、双联学位、双语授课项目、海外远程教育等，均不属于中外合作办学的范畴。[②]

同时《中外合作办学条例》还规定，"香港特别行政区、澳门特别行政区和台湾地区的教育机构与内地教育机构合作办学的，参照本条例的规定执行"[③]。我国内地（祖国大陆）与港澳台地区教育机构的合作办学，是一个国家不同地区之间教育合作与交流的重要形式之一，是 "一国两制" 体制下教育合作与交流的新探索。本书所提到的西部地区高等教育中外合作办学，是指我国西部地区高校与国外高校之间的合作办学，不包括与香港、澳门和台湾地区高校之间的合作办学。

中外合作办学在形式上可以分为独立法人资格中外合作办学机构、非独立法人资格中外合作办学机构和中外合作办学项目。独立法人资格的中外合作办学机构是由中外双方共同投资，形成合作学校独立、自由的法人财产，具备法定办学条件，能够独立承担办学责任，并获得国家教育行政部门批准的中外合作办学机构。[④]非独立法人资

---

① 教育部中外合作办学监督工作信息平台 . 中华人民共和国中外合作办学条例 [EB/OL]. (2003-03-01)[2024-05-27]. https: //www. crs. jsj. edu. cn/news/index/2.

② 教育部 . 教育规划纲要实施三年来中外合作办学发展情况 [EB/OL]. (2013-09-05)[2024-05-27]. http: //www. moe. gov. cn/jyb_xwfb/xw_fbh/moe_2069/s7135/s7597/s7598/201309/t20130905_156992. html.

③ 教育部中外合作办学监督工作信息平台 . 中华人民共和国中外合作办学条例 [EB/OL]. (2003-03-01)[2024-05-27]. https: //www. crs. jsj. edu. cn/news/index/2.

④ 林金辉，刘志平 . 高等教育中外合作办学研究 [M]. 广州 : 广东高等教育出版社 , 2010: 56.

格的中外合作办学机构，指的是由一级大学领导，作为法人代表与国外高等教育机构共同实施教育教学活动，办学对一级大学依附性较大，投资、管理和办学活动都受其制约，但是具有相对的规范性和独立性，实行自主招生，具有独立的教学活动、独立学费制度和独立师资。中外合作办学项目是指中外教育机构为了达到一定的教育教学目的，根据双方签订的合作协议或合同，在中方合作学校内，共同实施的不独立设置机构的各种合作教育、教学活动。[①]

本书所说的西部地区高等教育中外合作办学，是指在西部地区区域内设立或举办的本科及以上层次中外合作办学机构和项目。西部高校在东部、中部和东北地区设立或举办的中外合作办学机构和项目，即异地办学，不在本书研究范围内。如西交利物浦大学，尽管中方合作高校——西安交通大学，属于西部地区的高校，但是该办学机构设立在江苏省苏州市，因此不在本书研究范畴之内。

第三节 文献述评

一、研究综述

高等教育中外合作办学是跨国高等教育在我国的具体实践。由于研究对象的地域性特征所以相关研究主要来自国内。本书的研究所搜集的文献资料主要包括专著、学位论文、期刊论文等。通过搜集的资料可以发现，与西部地区高等教育中外合作办学直接相关的文献较少。但是，西部地区高等教育中外合作办学作为西部高等教育事业的组成部分，是在西部高等教育国际化不断发展的背景下逐渐发展起来的，很多关于西部地区高等教育发展、西部地区高等教育教育国际化的文献也能够为本书的研究提供参考和思路启迪。综合目前的相关文献，与西部地区高等教育中外合作办学直接或间接相关的研究成果可以分为以下若干方面。

（一）区域高等教育及中外合作办学相关研究

高等教育的发展对推动区域经济社会的发展具有重要的意义。相关研究表明，高等教育发展的规模与区域经济发展综合实力的强弱是一致的；高等教育为区域经济社会发展提供了强大的智力支持，提高了科研转化能力，极大地促进了生产力的发展。[②]中外合作办学是地区与全球教育交流便捷的国际合作平台，能够增加高等教育办学资源，培养社会急需的复合型、外向型人才；有利于吸引海外资金和优质教育资源，实现区域教育事业的跨越式发展；同时能够培植新兴专业和学科，提高学科建设水平。[③]

但是中国高等教育区域发展现状是东中西部发展不平衡，西部地区高等教育发展

① 王剑波. 跨国高等教育与中外合作办学 [M]. 济南：山东教育出版社，2012: 205.
② 李凯，尚子翔. 西部高等教育与经济社会发展的关系 [J]. 教育评论，2010(5): 114—117.
③ 李敬波. 中外合作办学教育与区域经济发展关系初探 [J]. 科技与管理，2005(2): 145—146.

水平落后于东部和中部地区，中外合作办学的区域分布不均衡，是中国高等教育发展不均衡的重要体现。目前很多学者就此进行了实证研究。

首先，很多研究使用不同的方法和数据模型对我国各省（区、市）高等教育综合发展水平进行了测量，从宏观方面实证分析了我国高等教育发展不均衡的现状。如张男星、王纾、孙继红的《我国高等教育综合发展水平评价及区域差异研究》一文，构建了7个维度的高等教育综合发展水平评价指标体系，采用PLS结构方程模型对我国各省（区、市）高等教育发展水平进行测量。[①] 夏鲁惠所写的《我国东、中、西部高等教育办学类型及其规模宏观分析》，分析了我国东、中、西部各类高等教育的数量规模，分析了近年来我国各区域不同类型高等教育发展的现状及趋势。[②] 相关研究证明，我国西部地区高等教育发展水平在全国处于相对落后的位置，西部地区除四川、陕西、重庆三个省市高等教育综合实力能够位列全国中等水平之外，其余各省（区）无论公办高校、民办高校还是中外合作办学，发展速度和规模都与全国其他区域有一定的差距。还有一些研究针对我国高等教育学位点布局、资源配置情况论证我国高等教育不均衡的现象。如车如山、刘文霞在《论我国高等教育学位点布局的不均衡性》中统计指出，我国高等教育学位点主要集中在华北、华中和华东等经济相对发达的省市，经济欠发达地区的学位点数量较少。[③] 刘翠在《我国高等教育资源区域配置问题研究综述》中通过对我国高等院校分布的历史沿革梳理、高校资源配置的现状分析指出，我国高等教育资源在区域配置等方面存在着不均衡现象，并从政治、经济、历史等方面进行原因分析。[④]

其次，对于我国高等教育区域分布不均衡的现状，一些研究成果针对性地提出了若干对策和建议。代表研究成果如严全治的《协调区域高等教育发展的路径》，其中指出，西部地区高等教育的发展水平既要与全国其他区域高等教育发展水平大体相当，又要与本地区经济社会发展搭配得当。西部地区高等教育的发展，需要调整高校区域布局和招生计划，建立对欠发达地区的高等教育补偿机制，制定地方高校生均教育经费最低标准，建立与国家主体功能区战略相适应、相匹配的区域高等教育体系。[⑤] 吴岩等人在《建构中国高等教育区域发展新理论》中提出，应分别采取政府主导、科教驱动模式，市场主导、经济驱动模式，政府扶持、生态驱动模式和混合动力、多元驱动模式，做强与国家主体功能区战略相适应和相匹配的区域高等教育。[⑥] 总之，相关研究共性之处为，建议加大国家对西部高等教育的政策倾斜，促进西部地区高等教育发展

① 张男星，王纾，孙继红. 我国高等教育综合发展水平评价及区域差异研究 [J]. 教育研究，2014, 35(5): 28-36.

② 夏鲁惠. 我国东、中、西部高等教育办学类型及其规模宏观分析 [J]. 教师教育研究，2007(5): 51-55.

③ 车如山，刘文霞. 论我国高等教育学位点布局的不均衡性 [J]. 国家教育行政学院学报，2009(3): 44-46.

④ 刘翠. 我国高等教育资源区域配置问题研究综述 [J]. 内蒙古农业大学学报（社会科学版），2015, 17(1): 58-61.

⑤ 严全治. 协调区域高等教育发展的路径 [J]. 教育研究，2012, 33(01): 89-94.

⑥ 吴岩，刘永武，李政，等. 建构中国高等教育区域发展新理论 [J]. 中国高教研究，2010(2): 1-5.

与西部地区经济社会发展充分结合。

此外，一些研究还分析了全国高等教育中外合作办学在区域布局方面存在不均衡的现象，并提出相关对策建议。很多研究统计了某一时期全国各省（区、市）、区域高等教育中外合作办学开展的数量，并进行比较，尽管统计的截止时间不同，但是结论基本相似，都证实全国高等教育中外合作办学数量方面存在东多西少的现象。如郭强、周南平在《本科层次中外合作办学：现状剖析与路径反思》中提到，全国本科中外合作办学机构和项目在区域分布上存在不均衡的现象，黑龙江、江苏、上海等省市办学数量最为密集，但是西部地区办学数量相对较少。①

针对全国高等教育中外合作办学布局不均衡的现象，很多研究也提出了相关对策建议。林金辉教授在《中外合作办学中引进优质教育资源问题研究》中提到，中外合作办学在区域布局上要做到统筹兼顾，不断提升东部沿海地区中外合作办学品质，配合好中西部教育振兴计划，鼓励和扶持西部等经济欠发达地区引进经济社会发展紧缺的优质教育资源。②王娜在《高等教育中外合作办学不均衡性的实证分析——以河南省办学实践为例》中提出，针对高等教育中外合作办学发展不均衡现状，要制定具体鼓励政策，寻找中外合作办学利益双方平衡点，积极寻找以教育援助为宗旨的外国教育机构为合作伙伴，加强学校和学生对国际化的认识，合理解决中外合作办学中产生的问题，提升办学质量，促进我国高等教育国际竞争力的进一步提高。③

（二）西部地区高等教育发展问题与对策研究

西部高等教育的发展意义重大。近些年来，随着西部大开发战略的深入发展，西部地区高等教育取得了丰硕的成绩，为西部地区经济社会的繁荣和发展做出了重要的贡献，得到很多学者的研究证实。但西部地区高等教育的发展面临很多问题和挑战，很多学者从不同方面对此进行了研究和分析。

雷达、白华、黎开谊在《教育公平视域下的西部高等教育发展研究》中指出，西部地区教育结构以基础教育为主，高等教育在经费投入方面不足，未来的发展潜力十分有限，这种现状导致了我国不同区域居民接受高等教育的机会和质量差距显著，区域高等教育发展差距对教育公平形成严峻挑战。④王嘉毅在《西部地区高等教育发展面临的困难与对策》中指出，我国西部地区高等教育发展面临着办学经费不足，师资、科研队伍不稳定，高水平学科带头人严重短缺，学科发展水平不高，服务社会能力不强等问题。⑤赵军、朱晓玲在《对西部地区发展高等教育的策略思考》中提出，西部地区

① 郭强，周南平.本科层次中外合作办学：现状剖析与路径反思[J].学术论坛，2014,37(10):157-162.

② 林金辉.中外合作办学中引进优质教育资源问题研究[J].教育研究，2012,33(10):34-38+68.

③ 王娜.高等教育中外合作办学不均衡性的实证分析——以河南省办学实践为例[J].贵州教育学院学报，2009,25(4):5-7.

④ 雷达，白华，黎开谊.教育公平视域下的西部高等教育发展研究[M].西安：陕西人民出版社，2011.

⑤ 王嘉毅.西部地区高等教育发展面临的困难与对策[J].高等教育研究，2006(11):49-55.

有一批教育质量和科研水平较高的高校，但是没有与西部地区经济社会的发展充分结合；西部地区各省（区、市）高校发展水平也存在不均衡的现象，普通高校数量少，规模小；教育经费短缺，科研队伍不足，非专业人员比例过大。①

还有一些文献资料，以西部大开发和我国加入世贸组织为研究的背景，对西部高等教育发展所遇到的问题进行研究。代表研究如张建祥在《西部大开发与西部高等教育发展研究》中提出，西部地区高等教育的规模和质量不能适应西部大开发的要求；在人才培养结构方面也落后于区域经济开发的要求；在专业设置方面，传统专业发展多，新兴专业发展缓慢，同时还面临着人才流失的问题。②陈德文在《对西部高等教育应对"入世"的若干思考》中指出，我国加入 WTO 之后，西部高校在维护国家教育主权方面面临挑战，在生源市场竞争中不占优势，同时高层次人才短缺，在经费、资产、师生比方面与东部等其他地区有较大的差距。③

针对西部高等教育发展中的问题，专家学者各抒己见，提出自己的主张和建议。雷达、白华、黎开谊在《教育公平视域下的西部高等教育发展研究》一书中，以促进区域教育公平为视角，提出要优化西部地区高校布局结构，提高人才培养质量，优化高等教育资源配置，完善西部高等教育资助就业制度。④赵军、朱晓玲在《对西部地区发展高等教育的策略思考》中提出，西部地区高等教育未来的发展需要转变观念，深刻认识高等教育在经济社会发展中的作用；控制高校的规模，提升办学质量；优化高校结构，稳定教师队伍，加强对外合作与交流。⑤此外，张季菁的《打造西部地区教育高地的策略研究》⑥、刘尧的《对中国西部高等教育布局和管理体制改革的思考》⑦、任维桢等的《论西部民族高等教育如何应对"入世"挑战》⑧等文对西部高等教育发展遇到问题也提出了相关对策，相关研究可以总结为以下几个方面的观点。

（1）对于西部地区高校而言，需要"苦练内功"，提升自身内部质量建设。首先，需要转变教育观念，深化教育教学改革；其次，充分发挥优势学科，拓展新兴学科；再次，努力稳定教学和科研队伍，防止人才流失；最后，大力发展民族高等教育，利用现代远程教育网络，建立完整的民族高等教育体系。此外，需要在发展过程中注重质量和西部特色的发展战略，通过深化改革，提高质量，增强民族高等教育的竞争力。

---

① 赵军，朱晓玲. 对西部地区发展高等教育的策略思考 [J]. 黑龙江高教研究，2005(1): 37-39.

② 张建祥. 西部大开发与西部高等教育发展研究 [J]. 兰州大学学报，2005(3): 132-137.

③ 陈德文. 对西部高等教育应对"入世"的若干思考 [J]. 陕西师范大学学报 (哲学社会科学版)，2003(A1): 97-100.

④ 雷达，白华，黎开谊. 教育公平视域下的西部高等教育发展研究 [M]. 西安：陕西人民出版社，2011.

⑤ 赵军，朱晓玲. 对西部地区发展高等教育的策略思考 [J]. 黑龙江高教研究，2005(1): 37-39.

⑥ 张季菁. 打造西部地区教育高地的策略研究 [J]. 人民论坛，2010(26): 284-285.

⑦ 刘尧. 对中国西部高等教育布局和管理体制改革的思考 [J]. 宁夏大学学报 (哲学社会科学版)，1999(04): 106-109.

⑧ 任维桢，朱为鸿. 论西部民族高等教育如何应对"入世"挑战 [J]. 陕西师范大学学报 (哲学社会科学版)，2003(S1): 101-104.

（2）强化政府在西部高等教育发展中的作用，继续加大地方政府对西部高校支持的力度。应将高等教育的发展纳入地方经济社会发展的总体规划中；深化高校改革，加快高等学校的发展步伐；控制西部地区的高校规模，提高办学质量，优化结构，坚持高质量、注重特色的发展战略。很多学者认为西部地区是我国当前发展的重点，在西部高校的布局结构中，要强化西部性，突出西部特色，做到"科教兴西（部）"[①]；还有研究提出，要在西部重点城市建立国内一流大学和西部高等教育的基地。

（3）西部地区高校要充分利用教育国际化提供的机遇。相关研究指出，要把西部高等教育发展和改革置于世界高等教育发展的大视野和大背景中，充分结合区域经济文化的实际情况，确立西部地区高等教育定位和发展战略。通过多种方式与世界不同国家和地区进行长期广泛的交流，加快自身发展，吸收国外（境外）资金，提高办学水平。西部地区高校要提升育人氛围的国际化，确立人才培养目标的国际定位，提升课程的国际化水平，促进人员与学术的国际交流与合作。[②]

（三）西部地区高等教育国际化发展研究

中外合作办学作为我国教育国际化的重要实现形式，发展仅有三十余年的历史，但是有关学者对高等教育国际化方面的研究由来已久，在西部地区高等教育国际化方面的研究成果颇丰。

相关研究成果如柏群、叶凯城、张翠菊的《国际化——西部地方普通高校提升核心竞争力的对策思考》，分析了西部地区高等院校在高等教育国际化的背景下，提升自身核心竞争力的相关对策。[③]柏群、张翠菊、叶凯城还在《西部高校国际化战略中的利益相关者分析》中使用利益相关者理论，研究西部高校国际化战略。[④]陈海燕在《西部大学教育国际化》中，分析了教育国际化对西部大学教育的影响。[⑤]叶剑的《西部区域推进教育国际化的策略思考》总结了四川某地在推动教育国际化方面的经验，提出相关推进策略。[⑥]此外，孙忠铭、高安京的《高等教育国际化与西部地区高等教育发展研究》[⑦]，马相明的《西部地区高校国际交流与合作现状及思考》[⑧]，等等，也都对西部高校

---

① 刘尧. 对中国西部高等教育布局和管理体制改革的思考 [J]. 宁夏大学学报 (哲学社会科学版)，1999(4): 106−109.

② 张季菁. 打造西部地区高等教育高地的策略研究 [J]. 人民论坛，2010(26): 284−285.

③ 柏群，叶凯城，张翠菊. 国际化——西部地方普通高校提升核心竞争力的对策思考 [J]. 法国研究，2010(3): 8−17.

④ 柏群，张翠菊，叶凯城. 西部高校国际化战略中的利益相关者分析 [J]. 中国高等教育评估，2010(4): 40−44.

⑤ 陈海燕. 西部大学教育国际化 [J]. 河北理工大学学报 (社会科学版)，2005, 5(03): 110−112.

⑥ 叶剑. 西部区域推进教育国际化的策略思考 [J]. 世界教育信息，2012, 25(14): 28−29.

⑦ 孙忠铭，高安京. 高等教育国际化与西部地区高等教育发展研究 [J]. 陕西师范大学学报 (哲学社会科学版)，2004(A1): 84−88.

⑧ 马相明. 西部地区高校国际交流与合作现状及思考 [J]. 西安航空技术高等专科学校学报，2008(02): 30−32.

国际化发展进行了研究。这些研究成果主要内容可以归为以下四方面。

第一，很多研究论述了西部地区高等教育国际化的必要性和可行性。

柏群等在《西部高校国际化战略中的利益相关者分析》中指出，西部高校需要通过国际化战略弥合与其他区域发展的差距，培养国际化人才，增强竞争力，推动开放办学纵深发展，为发展赢得机遇；同时，西部高校通过国际化战略发展能够促进教师的教学与科研能力提升，为学生提供更优质的教育资源，为地方经济社会发展做出更大的贡献。[①] 金绍荣、肖前玲、王德青在《教育"全球化"对我国西部高等教育的影响及应对措施》中指出，西部地区高校通过推动国际化，有利于树立合作化、人本位的观念，有利于少数民族文化走向世界，有利于引进国外优质的教育资源。[②] 孙忠铭等在《高等教育国际化与西部地区高等教育发展研究》一文中指出，通过高等教育国际化能够推动西部高校吸收和借鉴国际先进的教育理念、管理经验，推动教育教学改革，强化高校的国际合作与交流的职能，增强自身的综合实力和竞争力，同时还能促进西部地区教育服务贸易的发展。[③]

相关研究指出，西部地区高校肩负着为地方经济社会发展、培养高素质国际化人才的重大使命。西部地区高校通过国际化发展战略能够缩小与东部地区之间经济社会发展水平的差距，顺应全球化经济变革。西部地区高校只有通过国际交流与合作项目，才能取得国际前沿水平的教学理论和科研成果。因此必须创造中外校际友好合作关系，促进高等教育国际化的发展进程。同时，西部地区拥有丰富的历史和文化资源与得天独厚的自然资源，这些都是西部地区高等教育国际化发展的潜在优势。应当加大对西部高校的宣传力度，加快西部高等教育国际化进程，提高西部高校的教学水平，把西部高等院校办成具有地方特色的大学。

第二，一些研究分析了西部地区高等教育国际化面临的挑战和问题。

柏群等在《国际化——西部地方普通高校提升核心竞争力的对策思考》中指出，西部地区高校由于地处内陆，在信息、交通、师资和经费等方面处于劣势；西部地区的国家重点高校实力较强，但是普通高校的综合实力与其他地区差距很大，西部高校还面临着招生生源危机。[④] 金绍荣、肖前玲和王德青在《教育"全球化"对我国西部高等教育的影响及应对措施》中指出，西部地区高等教育在国际化发展进程中面临一系列的挑战，一方面在人才和市场上面临激烈的竞争，另一方面本土文化与外来文化也会

---

① 柏群，张翠菊，叶凯城. 西部高校国际化战略中的利益相关者分析 [J]. 中国高等教育评估，2010(4): 40-44.

② 金绍荣，肖前玲，王德青. 教育"全球化"对我国西部高等教育的影响及应对措施 [J]. 兰州学刊，2005(6): 318-319.

③ 孙忠铭，高安京. 高等教育国际化与西部地区高等教育发展研究 [J]. 陕西师范大学学报（哲学社会科学版），2004(A1): 84-88.

④ 柏群，张翠菊，叶凯城. 国际化——西部地方普通高校提升核心竞争力的对策思考 [J]. 法国研究，2010(3): 8-17.

形成竞争，可能会导致在意识形态上的抗争。[①]

此外，还有一些研究成果提到西部地区高校乘西部大开发的东风，积极发展教育国际交流与合作，积极探索与国外高校的各种合作办学形式，但是与东部发达地区高校相比，高等教育国际化进程相对缓慢，无论在广度还是在深度方面都有很大的差距。由于教育国际化的"虹吸现象"——东部发达地区比西部欠发达地区更容易找到国际上的教育合作伙伴，从而造成了强者更强，弱者更弱的现象，给西部高校带来巨大的挑战。这方面研究同时指出我国西部地区由于地域关系，在交通、信息、经费、师资和生源上都处于明显劣势，推动国际化进程困难重重。

第三，推动西部高等教育国际化发展的策略研究。

伴随高等教育国际化进程的推进，很多学者把研究的目光锁定在西部高校国际化发展对策上，主要有以下几方面的建议对策。

陈海燕在《西部大学教育国际化》中指出，西部地区高校需要与时俱进，积极参与国际化进程；实事求是，以科学的态度促进国际化发展；结合自身发展目标，探索合适的路径；挖掘自身特色，吸收转化引进的教育资源，努力提高竞争力。[②]叶剑在《西部区域推进教育国际化的策略思考》中指出，西部地区高校在观念和意识形态方面，必须深刻认识和把握高等教育国际化对我国高等教育带来的影响，需要在今后的办学实践中突破传统观念，主动适应开放形势，突破内陆意识，拓展国际视野；合理规划课程，培养学生的交流素养；深化文化交流，深度推进国际理解教育，消除地域理解差异，促进多元思维的碰撞和交流。[③]孙忠铭在《高等教育国际化与西部地区高等教育发展研究》一文中指出，高等教育国际化要求西部地区高校转变观念，完善机制，充分发挥市场在高等教育运行机制中的重要作用；要加快高等教育布局结构的调整，加快高校学科专业的优化，加强高校的国际合作，充分落实高等学校的办学自主权，增强高校的自我发展能力。[④]柏群、张翠菊、叶凯城在《西部高校国际化战略中的利益相关者分析》中指出，西部地区高等教育国际化是西部社会、高校自身发展的需求，在实施过程中，利益相关者的物质和精神付出为大学提供了发展的能量和动力。西部高校要与社会、政府、企业、学生建立广泛合作关系，激发利益相关者的积极性，实现教育质量的提升。[⑤]马相明在《西部地区高校国际交流与合作现状及思考》中指出，西部地区高校在推动高等教育国际化过程中，需要积极参与"西部地区人才培养特别项目"，重视留学生的相互派遣，推动教育国际合作与交流向更广泛的领域、更高的层次

---

① 金绍荣，肖前玲，王德青. 教育"全球化"对我国西部高等教育的影响及应对措施 [J]. 兰州学刊，2005(6): 318-319.

② 陈海燕. 西部大学教育国际化 [J]. 河北理工大学学报（社会科学版），2005(03): 110-112.

③ 叶剑. 西部区域推进教育国际化的策略思考 [J]. 世界教育信息，2012, 25(14): 28-29.

④ 孙忠铭，高安京. 高等教育国际化与西部地区高等教育发展研究 [J]. 陕西师范大学学报（哲学社会科学版），2004(A1): 84-88.

⑤ 柏群，张翠菊，叶凯城. 西部高校国际化战略中的利益相关者分析 [J]. 中国高等教育评估，2010(4): 40-44.

发展，在国际合作中要树立以人为本的思想，树立高瞻远瞩的战略思想，在国际合作中求同存异。① 金绍荣等在《教育"全球化"对我国西部高等教育的影响及应对措施》中指出，需要构建西部高等教育的专业结构与社会需求的动态平衡，开展多种形式的国际合作与交流，同时要把握好民族教育的方向，发挥互联网的作用，发展远程网络教育。②

相关专著和论文分析了西部地区高等教育国际化进程中的优势和劣势，提出了西部地区适应国际化进程的相关对策和建议。在这方面研究中也间接提到了西部地区的中外合作办学。但是纵观这方面的研究，更多的是从宏观的角度分析说明西部地区教育国际化问题，或者分析西部地区高校国际交流与合作的现状和问题，呼吁西部地区要抓住教育国际化带来的机遇，正确面对挑战，提高西部地区教育发展水平。但是对于中外合作办学领域的研究仅粗略地提及，不够深入。对于西部地区的中外合作办学如何发展的相关研究较少，因此也为本书的研究提供了广阔的空间。

（四）西部地区高等教育中外合作办学研究

当前直接研究西部地区高等教育中外合作办学的文献还不够丰富，相关研究主要集中在宏观研究和个案研究方面。

第一，对西部地区高等教育中外合作办学的宏观研究。这类文献主要从整体和宏观上研究西部地区中外合作办学的现状，以及办学过程中存在的问题或应当注意的问题，为西部中外合作办学发展提出建议对策。相关研究成果如谭萍、龚微的《西部地区高校中外合作办学：问题、原因及对策》，从发展规模、层次结构、合作国别（地区）布局等方面分析了西部地区高等教育中外合作办学发展面临的问题，并从宏观、中观和微观层面提出相应的对策建议。③ 龚微、孟昭武在《论民族地区高校中外合作办学的教育主权问题》中，针对西部民族地区高校中外合作办学在教育主权维护等方面遇到的问题进行分析研究。④ 刘敏的《中西部地区一般高校中外合作办学模式构想》，以中西部地区高校中外合作办学模式为研究对象，提出相关对策建议。⑤ 顾美玲、谭涛在《"入世"与中国西部中外合作办学及对策建议》中，以中国加入 WTO 为背景和契机，为西部中外合作办学的发展提供对策。⑥ 张优德、张麟的《西部高校的地域特色与对外

① 马相明. 西部地区高校国际交流与合作现状及思考 [J]. 西安航空技术高等专科学校学报，2008(2): 30−32.

② 金绍荣，肖前玲，王德青. 教育"全球化"对我国西部高等教育的影响及应对措施 [J]. 兰州学刊，2005(6): 318−319.

③ 谭萍，龚微. 西部地区高校中外合作办学：问题、原因及对策 [J]. 国家教育行政学院学报，2014(2): 56−61.

④ 龚微，孟昭武. 论民族地区高校中外合作办学的教育主权问题 [J]. 当代教育论坛(校长教育研究)，2008(1): 43−45.

⑤ 刘敏. 中西部地区一般高校中外合作办学模式构想 [J]. 河南教育，2010(5): 24−25.

⑥ 顾美玲，谭涛. "入世"与中国西部中外合作办学及对策建议 [J]. 比较教育研究，2003(12): 80−85.

开放的方略刍论》，从西部高校所具备的地域特色入手，研究了西部高校中外合作办学发展所具备的有利条件。①

综合上述研究成果，对西部高等教育中外合作办学的宏观研究，一方面，针对发展的现状进行综合分析。研究认为，整体上看，西部地区高等教育中外合作办学存在规模小、合作对象少、办学专业趋同等问题②；西部地区一些低层次、重复设置的办学项目导致有限的教育资源外流，同时，外方争夺办学主权可能导致办学方向的偏离，宗教意识形态观念有可能趁机进入③，这将对维护我国教育主权带来严重挑战；此外，西部高校国际合作意识不强，受到经济发展水平制约，缺少充足的启动经费，影响着中外合作办学进一步发展④。

另一方面，在关于西部高等教育中外合作办学发展对策和建议的研究中，相关研究提出，要完善法律体系和相关政策，落实具体的、可操作性的配套措施，扩大合作范围。⑤要正确认识维护教育主权和促进教育对外开放的关系，树立具有现代性、民族性、以发展为导向的教育主权观。⑥西部高校应当树立可持续发展观，正确指导中外合作办学的发展，把工作重点放在优化结构、加强学科专业改造和师资队伍建设中，坚持以我为主的原则，利用多元文化优势，重视与周边国家高校的互补合作，同时充分利用中外合作办学，将民族优秀文化传统、文明和科技成果推向世界。⑦

第二，部分研究对西部某一高校举办的中外合作办学机构和项目进行微观层面的个案分析研究。例如陶国凤的《应对教育国际化，提高中外合作办学水平——以四川大学—匹兹堡学院为例》，研究了四川大学—匹兹堡学院在发展过程中内部质量发展的相关问题。⑧刘香君的《西部高校中外合作办学学生思想政治工作实践探索——以广西师范大学为例》，从中外合作办学思想政治教育的角度进行个案研究。⑨朱雅斌和李静熙在《云南农业大学中外合作办学现状分析研究》中，分析了云南农业大学中外合作办

---

① 张优德，张麟.西部高校的地域特色与对外开放的方略刍论 [J]. 中国高教研究，2001(5): 59-60.

② 谭萍，龚微.西部地区高校中外合作办学：问题、原因及对策 [J]. 国家教育行政学院学报，2014(2): 56-61.

③ 龚微，孟昭武.论民族地区高校中外合作办学的教育主权问题 [J]. 当代教育论坛(校长教育研究)，2008(1): 43-45.

④ 刘敏.中西部地区一般高校中外合作办学模式构想 [J]. 河南教育，2010(5): 24-25.

⑤ 谭萍，龚微.西部地区高校中外合作办学：问题、原因及对策 [J]. 国家教育行政学院学报，2014(2): 56-61.

⑥ 龚微，孟昭武.论民族地区高校中外合作办学的教育主权问题 [J]. 当代教育论坛(校长教育研究)，2008(1): 43-45.

⑦ 张优德，张麟.西部高校的地域特色与对外开放的方略刍论 [J]. 中国高教研究，2001(5): 59-60.

⑧ 陶国凤.应对教育国际化，提高中外合作办学水平——以四川大学—匹兹堡学院为例 [J]. 大学教育，2015(7): 43-44+49.

⑨ 刘香君.西部高校中外合作办学学生思想政治工作实践探索——以广西师范大学为例 [J]. 南宁师范高等专科学校学报，2008, 25(04): 74-76.

学的概况和暴露的问题，并提出相关建议和启示。^① 王冰一的《论石河子大学对外合作办学》，从石河子大学个案研究角度总结了石河子大学探索中外合作办学发展的途径。^②何清所写的《中外合作办学项目中以培养学生跨文化交际意识和能力为目标的英语选修课程设置——以内蒙古师范大学国际交流学院 HND 项目为例》，研究了内蒙古师范大学举办的中外合作办学项目培养目标、课程安排等内容。^③ 王玉莲所写的《内蒙古财经大学中外合作办学模式分析》，研究了内蒙古财经大学中外合作办学的发展模式及问题对策。^④ 王忠民、康卉、陆根书等人所写的《探索西部高校中外合作办学新模式——西安交通大学与香港理工大学合作的通理项目案例研究》，以西安交通大学举办的某一中外合作办学项目为例，研究其在引进优质教育资源、人才培养模式、教学方法、实现优势互补等方面的经验。^⑤

总结这些成果，主要围绕以下若干方面进行研究。

（1）西部高校如何抓住加入世界贸易组织这个发展契机，充分利用西部大开发带来新的发展空间，积极探索引进国外优质教育资源的新思路，繁荣西部地区中外合作办学事业，提高西部地区高等教育的整体发展水平。

（2）西部地区高等教育中外合作办学模式研究。通过个案研究，总结了相关办学机构和项目在具体办学过程中引进国外优质教育资源的具体做法，以及在人才培养模式、教学方法等方面的做法和经验，为西部地区其他高校开展中外合作办学提供借鉴和启示。

（3）西部地区高校的中外合作办学，如何对学生进行思想政治教育、跨文化交际能力培养，以及在民族地区开展中外合作办学维护教育主权方面的研究。

相关研究主要是针对西部高校开展中外合作办学中具体实践的探索，为西部中外合作办学研究提供鲜活的案例，对本书研究有很大的启示。

第三，对西部地区某一省份高等教育中外合作办学的研究。

一方面，就西部地区某一省（区、市）中外合作办学整体情况进行研究。如西北大学王晓地的硕士学位论文《陕西高校中外合作办学模式研究》，分析了陕西省高等教育中外合作办学管理模式现状，并就推动陕西省中外合作办学制度创新、办学多元化发展方面做出对策。^⑥ 凌静所写的《中外合作办学的人才培养模式——以陕西省高校为

---

① 朱雅斌,李静熙.云南农业大学中外合作办学现状分析研究 [J].云南农业大学学报(社会科学版), 2009, 3(01): 41-44.

② 王冰一.论石河子大学对外合作办学 [J].才智, 2010(16): 232.

③ 何清.中外合作办学项目中以培养学生跨文化交际意识和能力为目标的英语选修课程设置——以内蒙古师范大学国际交流学院 HND 项目为例 [J].内蒙古师范大学学报（教育科学版）, 2011, 24(05): 90-93.

④ 王玉莲.内蒙古财经大学中外合作办学模式分析 [J].内蒙古财经大学学报, 2004, 12(01): 74-77.

⑤ 王忠民,康卉,陆根书,等.探索西部高校中外合作办学新模式——西安交通大学与香港理工大学合作的通理项目案例研究 [J].高等理科教育, 2013(1): 51-56.

⑥ 王晓地.陕西高校中外合作办学模式研究 [D].西安：西北大学, 2003.

例》，主要分析了陕西省中外合作办学的模式和特点。^① 温慧君在《内蒙古高校中外合作办学存在的问题与对策分析》中，分析了内蒙古中外合作办学的整体概况，提出要通过更新观念、慎选合作院校、改进教学管理、加强质量保障等方面解决办学中的问题。^② 此外，还有部分成果针对西部各省（市）高职层次中外合作办学进行研究，如陈莉娜的《基于问卷调查的贵州高职院校中外合作办学现状研究》^③、陈莉娜等人的《贵州省高职院校中外合作办学可行性分析》^④、刘相的《职业教育实施中外合作办学对促进云南"桥头堡"建设的重要意义》^⑤、张科的《论重庆高职院校中外合作办学中英语教学的主要问题及对策》^⑥，等等。相关研究针对西部某一省（区、市）中外合作办学的发展提出了具体的建议。

另一方面，就西部某一省（区、市）面向海外某一国家（区域）开展合作办学进行研究。如丁世婷等所写的《云南省高校与东盟中外合作办学的现状及对策》，重点论述了中国—东盟自由贸易区启动后，云南省与东盟国家合作办学面临的问题及对策。^⑦ 刘瑾玉在《内蒙古高校中外合作办学现状分析与对策建议——从中加合作办学谈起》一文中，以内蒙古高校与加拿大合作办学为例，分析了中外合作办学对缓解地区教育压力，引进教育资源，推动科研教学合作方面的作用。^⑧ 吴晓颖的《广西沿海高校与泛北部湾国家合作办学初探》，研究了广西壮族自治区利用地缘优势，与泛北部湾地区国家合作办学的经验和问题。^⑨ 此类研究还有海力古丽·尼牙孜、阿丽娅·阿尔肯的《新疆与中亚地区高等教育领域合作现状及前景》^⑩，李慧勤等写的《云南省与东南亚高等教育交流

---

① 凌静. 中外合作办学的人才培养模式——以陕西省高校为例 [J]. 价值工程, 2013, 32(24): 236-237.

② 温慧君. 内蒙古高校中外合作办学存在的问题与对策分析 [J]. 内蒙古师范大学学报 (哲学社会科学版), 2013, 42(2): 163-165.

③ 陈莉娜. 基于问卷调查的贵州高职院校中外合作办学现状研究 [J]. 科教文汇 (下旬刊), 2015(12): 80-81.

④ 陈莉娜, 张杰, 李月波. 贵州省高职院校中外合作办学可行性分析 [J]. 科教文汇 (下旬刊), 2014(24): 116-117.

⑤ 刘相. 职业教育实施中外合作办学对促进云南"桥头堡"建设的重要意义 [J]. 中国校外教育, 2012(24): 115+143.

⑥ 张科. 论重庆高职院校中外合作办学中英语教学的主要问题及对策 [J]. 海外英语, 2012(2): 81-82+84.

⑦ 丁世婷, 乐莉, 李晓微. 云南省高校与东盟中外合作办学的现状及对策 [J]. 中国冶金教育, 2009(4): 6-9.

⑧ 刘瑾玉. 内蒙古高校中外合作办学现状分析与对策建议——从中加合作办学谈起 [J]. 前沿, 2009(4): 126-129.

⑨ 吴晓颖. 广西沿海高校与泛北部湾国家合作办学初探 [J]. 钦州学院学报, 2009, 24(02): 53-55.

⑩ 海力古丽·尼牙孜, 阿丽娅·阿尔肯. 新疆与中亚地区高等教育领域合作现状及前景 [J]. 新疆大学学报 (哲学·人文社会科学版), 2012, 40(06): 88-92.

与合作研究》[①]，云南师范大学唐佩斌的硕士学位论文《20 世纪 90 年代以来云南与泰国高等教育交流与合作问题及思考》[②]，赵刚的《新疆与中亚继续教育合作发展战略》[③]，厦门大学张雪莲的硕士学位论文《中国西南地区—东盟高等教育合作研究》[④]，广西师范大学杨晓琴的硕士学位论文《广西—东盟高等教育合作现状及对策研究》[⑤] 等。这些都是对西部地区某一省（区、市）的高等教育中外合作办学发展现状、问题以及发展趋势进行的研究。总结上述文献，主要提出以下几方面观点。

（1）一些研究从整体上分析出，西部各省（区、市）开展中外合作办学层次不高，形式单一，多数省（区、市）的中外合作办学尚属发展初级阶段。

（2）西部高校应当充分利用区位优势、资源优势，建立高等教育国际合作平台；扩大合作办学的规模，提升办学层次，培养更多优秀的国际化新型人才。

（3）西部地区要借助"中亚知名大学""中亚教育经济圈""中国—东盟自由贸易区"等发展战略，提高与周边国家高等教育的交流合作水平，西部地区中外合作办学的发展要融入南亚、中亚，面向世界，与周边国家一道，推动亚太地区经济社会的发展。

纵观这方面研究，重点主要集中在云南、广西与东盟国家高等教育合作办学，新疆、内蒙古与中亚国家的合作办学上。云南、广西、新疆、内蒙古等省区主要是受到当前国家外交政策的影响，虽然地处边疆，但是与东南亚、南亚、西亚地区国家接壤，拥有地缘优势，加之社会文化风俗的相似，因此其合作办学具有地域特色。此外，四川、重庆、陕西三省（市）自身高等教育发展水平较高，拥有多所国家"双一流"建设高校，国际交流合作机会很多，相关研究也相对丰富。

二、对已有研究的评价

（一）研究的内容

首先，现有的文献资料研究角度不够聚焦，研究成果不够丰富。通过对相关文献进行梳理可以发现，相关研究趋势是由大及小，层层深入，逐步聚焦。在研究全国高等教育布局后发现，我国高等教育资源在区域布局方面存在不均衡的现象。在此之后，针对西部地区高等教育如何发展的相关研究不断涌现。随着我国改革开放的深入发展，以及加入世界贸易组织之后，经济全球化的浪潮不断刺激着高等教育国际化的发展，因此也带动了对西部地区高等教育国际化相关问题的研究，并且取得了丰富的研究成果。中外合作办学作为教育国际化的重要实现形式，近年来发展迅速，随着西部地区

---

① 李慧勤，李宏茜，王云，等．云南省与东南亚高等教育交流与合作研究 [J]．教育研究，2010，31(02): 68−72.

② 唐佩斌．20 世纪 90 年代以来云南与泰国高等教育交流与合作问题及思考 [D]．昆明：云南师范大学，2011.

③ 赵刚．新疆与中亚继续教育合作发展战略 [J]．教育学术月刊，2010(7): 78−81.

④ 张雪莲．中国西南地区—东盟高等教育合作研究 [D]．厦门：厦门大学，2009.

⑤ 杨晓琴．广西—东盟高等教育合作现状及对策研究 [D]．桂林：广西师范大学，2012.

中外合作办学逐渐发展，相关研究也逐渐聚焦于此。正因为西部地区中外合作办学发展起步较晚，因此对西部地区中外合作办学的直接研究数量较少，也为本研究提供了广阔的研究空间。

其次，现有的相关研究成果，主要是统计分析西部地区高等教育中外合作办学的数量、层次、布局结构等宏观方面的内容，但是忽视了课程与教学、教师与学生、招生与毕业以及经费等方面相关内容的研究。而这些内容又是中外合作办学质量提升的关键所在。仅仅从办学数量、层次、布局结构等方面的研究不能够完全呈现西部地区高等教育中外合作办学的全貌，同时也不符合中外合作办学当前注重质量建设，突出内涵式发展的新要求。

再次，通过整理西部地区高等教育中外合作办学的相关研究成果可以看出，部分文献发表时间相对较早。如很多研究反映的是 2001 年我国加入世贸组织之后，对西部地区高等教育中外合作办学带来的影响，而至今已经过去二十余年，相关研究成果已经不能更好地指导办学实践，也不能反映中外合作办学发展的方向。

（二）研究的视角

纵观目前的相关研究成果，很多研究都是从静态的角度进行统计分析，较少用发展的、动态的视角进行分析和研究。例如，在有关西部地区高等教育中外合作办学的研究成果中，很多研究是用实证分析方法论证我国中外合作办学存在区域布局不均衡的现象，相关研究则主要是从宏观整体上统计西部地区高等教育中外合作办学机构和项目的数量、规模、层次结构、外方合作者布局等相关内容。但是中外合作办学在不断发展，而且在不同的发展阶段有着不同的特点。仅靠整体上静态的统计分析不能全面呈现出西部地区高等教育中外合作办学动态的发展特点，因此需要用发展的、动态的研究角度进行分析。

此外，通过相关研究综述可以发现，目前对西部地区中外合作办学的相关研究，很多属于"问题—对策"模式研究，其分析了目前西部中外合作办学存在的问题，并提出相应的改革建议和对策。但是并未对造成这些问题的客观原因进行深入分析，可谓"头痛医头，脚痛医脚"，并未从西部地区经济社会发展的全局进行考虑，分析造成这些问题的原因，因此为本研究带来一定的思考和发挥的空间。

（三）研究的方法

目前针对西部地区高等教育中外合作办学的相关研究，很大比例属于案例分析。这些研究可以分为四个类型：第一，主要针对某一省（区、市）中外合作办学整体情况进行研究，如凌静的《中外合作办学的人才培养模式——以陕西省高校为例》；第二，对西部地区某一办学机构和项目的微观研究，如王忠民等的《探索西部高校中外合作办学新模式——西安交通大学与香港理工大学合作的通理项目案例研究》；第三，针对某一所高校中外合作办学的发展进行研究，如王玉莲的《内蒙古财经大学中外合作办学模式分析》；第四，对西部地区某一省（区、市），面向某一国家合作办学的研究，如李慧勤等的《云南省与东南亚高等教育交流与合作研究》。相关研究很大程度上聚焦在各省（区、市）、各办学机构和项目办学经验的介绍上，能够为理论研究工作者提供鲜活的研究案例，也能够为西部地区其他中外合作办学机构和项目的发展提供借鉴和启示。这些个案研究，能够反映出西部地区中外合作办学微观层面的发展情况，但是不能形成系统的理论，不能满足西部高等教育中外合作办学整体发展需求。

（四）研究成果形式

目前笔者所搜集到的有关西部地区中外合作办学的相关文献，期刊论文较多，占绝大多数，学位论文和相关专著较少。相关研究成果过于分散，缺少系统把握，反映出有关西部地区高等教育中外合作办学的研究目前仍处于初级阶段。虽然很多研究成果具有一定的代表性，但是"只见树木，不见森林"。

当前全国中外合作办学发展迅速，西部地区中外合作办学显示出一定的发展势头。理论研究需要走在实践之前，因此，需要对西部地区高等教育中外合作办学进行更加深入的理论研究，以便更好地指导实践工作。

三、本研究着力点

通过对已有研究成果的分析，笔者认为本书还能够从以下若干方面进行突破，从而完善西部地区高等教育中外合作办学的理论研究成果。

第一，在研究内容方面，聚焦西部地区整体高等教育中外合作办学的发展情况，探讨符合西部实际的中外合作办学发展道路是本研究的核心内容。一方面，在统计分析西部地区中外合作办学规模、结构的发展情况的基础上，从课程与教学、招生与就业、师资、经费等方面研究其内部质量的情况。另一方面，探讨制约西部地区高等教育中外合作办学发展的因素。西部中外合作办学发展过程中遇到一系列问题，需要从更深层次探讨造成这些问题的原因，从根本上找到西部地区中外合作办学的制约因素。此外，还要分析西部地区中外合作办学发展可以利用的客观条件和物质基础，从而为西部地区高等教育中外合作办学提供发展支撑。

第二，研究视角方面，突出动态的、发展的研究。中外合作办学的发展日新月异，需要研究不同时期、不同发展阶段西部地区中外合作办学发展的具体情况，立体地呈现西部高等教育中外合作办学发展的现状。

第三，研究方法方面，采用实证研究、个案研究和比较研究相结合的方式。宏观研究与微观研究相结合，对西部中外合作办学发展情况进行全方位研究；将西部高等教育中外合作办学的发展与东部、中部和东北部地区高等教育中外合作办学发展情况进行对比，并将其置于全国高等教育中外合作办学的整体发展之中，更加客观地呈现西部地区高等教育中外合作办学在全国所处的位置。

第四，中外合作办学的发展需要服务好国家和地方经济社会的发展，因此本书将西部地区中外合作办学的发展置于"一带一路"建设的背景之下进行研究，以更好地配合国家重大政策的实施，这也是中外合作办学理论研究者必须承担的责任。

第四节 研究思路和研究方法

一、研究思路

第一，本书的理论研究部分。一方面，提出西部地区高等教育中外合作办学发展的理论基础。用后发优势理论、非均衡发展理论和教育发展规律等理论解释西部地区中外合作办学发展的历史进程，论证西部地区中外合作办学具有一定发展前景。另一方面，分析西部地区高等教育中外合作办学发展的背景和意义，即探讨西部地区是否有必要发展高等教育中外合作办学这一问题。将西部高等教育中外合作办学的发展纳入国际、国内和地区背景中进行全面的分析。同时，对西部地区开展中外合作办学的特殊意义进行探讨，以此证明西部地区中外合作办学的发展势在必行。

第二，研究西部地区高等教育中外合作办学发展的现状，即回答"西部地区高等教育中外合作办学发展怎么样"这一问题。一方面，从整体上研究西部地区高等教育中外合作办学发展的数量、结构、合作者与举办者、招生与毕业等内容；另一方面，通过云南省和陕西省两个省份中外合作办学发展的个案分析，做到宏观与微观研究相结合。

第三，对我国东部、中部、东北和西部地区高等教育中外合作办学进行比较研究，从对比中研究西部地区与其他三个区域在办学规模、办学层次、中外合作者资质、师资、课程与教学等方面的差距，在比较研究中更加客观、全面地分析西部地区中外合作办学发展水平。

第四，对西部地区高等教育中外合作办学进行对策研究。首先，探讨西部地区高等教育中外合作办学发展面临的困境与挑战，即回答西部地区中外合作办学"为什么发展缓慢"这一问题。其次，探讨西部地区高等教育中外合作办学未来发展过程中存在的优势和机遇，即回答西部中外合作办学"依靠什么发展"这一问题。最后，在前文分析研究的基础上，提出西部地区中外合作办学发展应遵循的若干原则，针对性提出发展路径，即回答西部地区中外合作办学"怎么发展、如何发展"这一问题。

本书的基本研究框架，如图1–1所示。

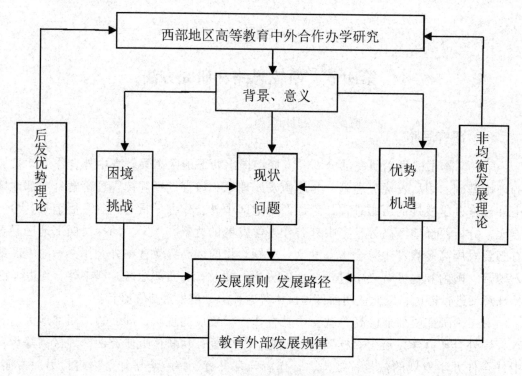

图 1-1　本书基本框架

二、研究方法

本书主要采用文献法、访谈法、比较法和文本分析法进行研究。

1. 文献法

文献法是本书的基本研究方法，搜索与本研究直接、间接相关的文献资料和研究成果进行归纳和分析。通过对文献初步的梳理，可以看出，与西部地区高等教育中外合作办学直接相关的研究成果并不丰富，但是与本研究间接相关的西部高等教育发展、西部高等教育国际化方面的研究则不在少数。西部高等教育中外合作办学是西部教育事业的组成部分，是西部高等教育国际化的重要形式，因此在现有的文献中提取相关内容，能够为本研究提供一定的思路和启迪。

2. 访谈法

研究西部地区高等教育中外合作办学，需要对相关办学机构和项目的负责人进行访谈。通过访谈了解办学过程中遇到的具体困境和办学的具体思路。向他们请教办学实践中取得的成功经验，对西部高校开展中外合作办学的现状做进一步全面深入地了解，实现理论研究与实际相结合。

3. 比较法

运用比较研究方法，将西部地区高等教育中外合作办学与东部、中部、东北部地区以及全国整体发展的规模、速度以及内部质量发展情况进行比较，寻找差距所在。

同时，全国其他地区中外合作办学机构和项目在较长的办学过程中所积累的经验和教训对西部地区中外合作办学未来的发展有一定的借鉴意义。

4. 文本分析法

通过教育部中外合作办学监管工作信息平台网站公布的相关信息、2013—2015 年中外合作办学机构和项目在接受教育部评估时公布的自评信息等相关材料，以及中外合作办学机构、项目官方网站搜集的相关信息和数据进行分析、统计。同时，搜集各省（区、市）政府及其教育行政部门出台的有关中外合作办学管理方面的政策文件进行解读。

第五节　研究重点、难点、创新点及不足之处

（一）研究重点

本书的研究重点在于全面分析西部地区高等教育中外合作办学的发展现状。利用文献法、比较法、访谈法和文本分析法对西部地区高等教育中外合作办学机构和项目发展现状进行客观、全面和较为准确的研究分析。

在理论研究、现状研究和比较研究的基础上，对相关材料进行加工和提炼，为我国西部地区高等教育中外合作办学发展提出具有可操作性和可行性的对策建议也是本研究的一个重点。

（二）研究难点

本书的研究难点在于探索西部地区高等教育中外合作办学发展缓慢的原因，这是促进西部地区高等教育中外合作办学发展必须要解决的问题。利用教育发展规律原理，从经济、文化、地理等多角度探寻制约其发展的因素。同时，探索西部地区中外合作办学发展自身所具备的潜在优势和面临的机遇，从而为其寻找发展突破口和发展的方向，也是本研究难点所在。

（三）可能的创新点

本书的研究创新点在于以下几方面。

（1）在以往的研究中，对西部中外合作办学仅限于一个省（区、市）或某一办学机构项目的微观分析，多为期刊论文，很少有相关学位论文和专著。本书主要从宏观上全面分析西部地区中外合作办学发展的数量、办学层次、专业分布、中外合作高校资质水平，研究其办学经费、招生、师资、教学与课程等，对我国西部地区高等教育中外合作办学整体发展情况进行全局性的了解和把握，这在以往的研究中是不曾涉及的。

（2）在以往研究中，对西部中外合作办学的研究，主要是对其发展存在的问题进行研究，并提出相关对策，并没有对造成这些问题的原因进行分析。本书针对西部中外合作办学发展的特殊性，深入分析制约西部中外合作办学发展的相关因素，分析力求有所创新。

（3）本书在研究西部高等教育中外合作办学课程、教学、招生、经费等方面时，使用了2013—2015年中外合作办学评估的相关材料，而以往的研究资料仅限于教育部中外合作办学监管工作信息平台网站上的数据信息。由于本书的数据具有全面而客观的特点，所得结论具有较强的可行性和可操作性。

（四）不足之处

（1）本书的研究主要对相关网站上获得的文本资料以及各种研究报告提供的文献资料进行分析，来对文本和文献进行比较分析研究，在具体的研究过程中缺少适当的问卷调查作为必要的辅助性支撑。这主要是因为研究涉及的办学机构和项目数量较大，加上个人时间和精力有限，因此在研究过程未能有相关设计。

（2）本书所参考的资料较多来自中外合作办学评估的相关材料。由于近几年来中外合作办学评估是对临近办学期限的本科及以上中外合作办学机构（非法人）和项目的评估，西部地区尚有不少中外合作办学机构项目不在评估之列。因此，评估所提供的材料虽有相当的代表性，但也存在研究样本偏少的缺憾。

笔者将在未来的研究中不断完善研究方案，更加努力攻克难关，解决上述存在的问题。完成博士阶段的学习，不是终点，而是进一步研究西部地区高等教育中外合作办学的起点。

第六节　本书的理论基础

一、后发优势理论

（一）后发优势理论概述

后发优势（late-mover advantage），也被称为先动劣势、次动优势和后动优势，是发展经济学领域的重要组成理论。指的是行业的后进入者所具备的那些先进入者不具备的竞争优势。作为某一行业的后进入者，虽然不具备先人一步的优势，但是可以通过观察先进入者的行动与效果，做到少走弯路、扬长避短，甚至能够另辟蹊径、奋起直追，从而获得更多的市场优势。诸如，后发国家可以引进先进国家的资金、技术和设备，学习、借鉴先进国家获得的成功经验，吸取失败的教训。后发国家还可以跳跃先发国家的一些必经发展阶段，缩短发展所需的历程。

后发优势，主要表现在以下三个方面：一是产品和工艺研究、员工培训、政府审批等方面的"免费搭乘"效应，即后发国家的产业可能会在产品和工业研发、顾客教育、员工培训、基础投资等方面比先发国家产业节约投资；二是可以避免再犯先进入者同样的错误；三是追赶效应，后进国家通过创新获得市场竞争优势。[①]

美国经济学家亚历山大·格申克龙（Alexander Gerschenkron）于1962年版《经济

---

① 严行方. 看懂财经新闻 [M]. 厦门：厦门大学出版社，2013: 118.

落后的历史透视》(*Economic Back wardness in Historical Perspective*)一书中，首次提出后发优势理论。格申克龙通过对 19 世纪俄国、意大利、德国等欧洲发展相对落后的国家的工业化发展进行分析，指出工业化前提条件的差异会影响发展的进程，相对落后程度越高，后来增长速度则越快，原因在于发展落后的国家具有"后发优势"。格申克龙认为经济上的相对落后，更有助于一个国家实现爆发性的经济增长，这种观点成为后发优势理论的基石。[①]

格申克龙站在国家工业化进程的角度提出"后发优势"，他认为"后进国"是处于相对落后状态的国家，与其说是在某一点上经济发展水平相对落后的国家，还不如说是在发动工业化和进入工业化这一问题上，发动（进入）时间相对滞后的国家。[②]归纳格申克龙"后发优势"理论，包含以下三方面含义。

首先，相对落后，能够造成紧张的状态，这种状态能够激发人民实现工业化的愿望，造成一种社会动力，能够激发创新，促进以本地适当的替代物填补先决条件的缺乏。其次，是"替代性"的广泛存在。格申克龙认为，由于缺乏某些工业化的前提条件，后起国家能够创造性地寻求替代物，达到相同的工业化结果。代替性的意义不仅在于资源条件上的可选择性和时间上的节约，更重要的在于后起国家必须根据自身的实际，选择与先进国家不同的发展道路和不同的发展模式。这种代替性，实质上是指一种取得同样结果的手段或是器具的代替性，在制度安排上的多样性和可选择性，对先进技术的模仿和借用，使后发国家一开始就可以站在一个比较高的起点上，少走弯路。[③]再次，能够引进先进国家的技术、设备和资金。先进的技术是国家工业化高速发展的首要保障因素。后进国家引进先进国家的技术、设备可以节省科研费用和时间，同时资金的引进也可以解决后进国家工业化中资本不足的问题。[④]

格申克龙提出的后发优势理论，尽管只是搭建了相关理论框架，但是解释了后进国家在工业化进程中能够赶超先进国家的可能性。在此之后，一些学者对"后发优势"的理论做出了补充、完善和发展。

1966 年，美国经济学家列维（M. Levy）提出，后发国家在现代化的进程中具有五个方面的后发优势：第一，后发国家对现代化的认识比先发国家的认识要深入和丰富；第二，后发国家可以借鉴先发国家成熟的技术、设备和组织结构；第三，后发国家能够跳跃先发国家在发展过程中的初级阶段；第四，后发国家可以根据先发国家的发展速度和发展水平，预测发展能够达到的高度；第五，先发国家能够在技术和资金方面

① 王必达 . 后发优势与区域发展 [M]. 上海 : 复旦大学出版社 , 2004: 41.

② ALEXANDER G. Economic Backwardness in Historical Perspective[M]. Cambridge, MA: Belknap Press of Harvard University Press, 1962: 1–6.

③ 宋海啸 , 辛一山 . 中国社会工作理论 [M]. 北京 : 时事出版社 , 2013: 295–296.

④ 王必达 . 后发优势与区域发展 [M]. 上海 : 复旦大学出版社 , 2004: 43.

对后发国家进行援助和支持。[①]美国经济学家阿布拉莫维茨（M. Abramovitz）于 20 世纪 80 年代提出了"追赶假说"，认为一个国家经济发展的初始水平与其经济增长的速度会成反比例关系，即越落后经济增长会越快，当然，这是指"潜在"或"可能"，要把这种潜在转化为现实，需要一系列的条件。[②]

20 世纪中叶之后，日本从第二次世界大战失败的阴影中逐渐走出，经济进入快速发展阶段，在较短的时间内成为当时仅次于美国的经济大国，迅速赶上国际先进水平，实现了后发优势带来的最优结果。20 世纪 80 年代以来，日本学者南亮进和大川一司通过对日本工业化发展的分析，验证了"后发优势"理论，并且在该理论上进行了发展。南亮进以日本近代发展为背景，探讨了日本的后发优势从产生到消亡的过程。[③]他认为日本在 20 世纪 50—60 年代经济飞速发展主要是从后发优势中受益，但是到 70 年代，伴随着日本经济地位的变化，后发优势逐渐丧失。正如南亮进所说："把技术引进放在优于技术开发的位置上，在我国同发达国家之间存在着较大的基础差距时，这一战略是合适的。但是当技术差距小时，日本在某些领域处于优势时，这一战略是不合适的。"[④]南亮进和大川一司认为，日本同美国都是后发优势的受益者，美国在二战结束后超过了英国，而日本的不同是没有超过美国。

1993 年，伯利兹（Brezis）、保罗·克鲁格曼（Paul Krugman）和齐东（D. Tsiddon）在总结发展中国家迅速发展的经验基础上提出了"蛙跳（leap-frogging）模型"[⑤]。他们提出，后进国家能够直接采用成熟的技术，在发展中拥有更高的技术起点，能够在某些行业领域实现超越，即实现跨域式发展。克鲁格曼等还认为，后进国家能够通过学习经验和技术创新迅速赶超原来的领先国家。[⑥]领先国家在旧技术上存在"干中学"的学习效应，对旧技术的沿用成为领先国的理性选择，旧技术的生产率要比新技术运用初始时高，因此领先国家会选择沿用旧技术。而后起国家由于劳动力成本较低，更倾向于选择新技术，从而在未来发展中取得技术优势。后起国家很有可能在获得技术优势后，像青蛙跳跃一样超过领先国家，即所谓的"蛙跳模型"。"蛙跳模型"指出，先进与后进不是一成不变的，先发国家与后发国家是兴衰交替的，能够为后发国家实现跨域式发展提供契机。

除上述之外，范艾肯（R. Van Elkan）在 1996 年提出了经济趋同论，认为经济欠发

---

① LEVY M. Modernization and the Structure of Societies: A Setting for International Relations,[M]. Princeton, New Jersey: Princeton Univ. Press. 1966.

② 尹伯成. 西方经济学说史：从市场经济视角的考察（第 2 版）[M]. 上海：复旦大学出版社，2012: 461.

③ 南亮进. 日本的经济发展 [M]. 毕志恒，关权，译. 北京：经济管理出版社，1992: 91.

④ 南亮进. 日本的经济发展 [M]. 毕志恒，关权，译. 北京：经济管理出版社，1992: 91.

⑤ BREZIS, KRUGMAN, TSIDDON D. Leap-frogging in International Competition: A Theory of Cyclesin National-Technologicallesdenship, American Economic Review Vol. 83, 1993.

⑥ BREZIS, KRUGMAN, TSIDDON D. Leap-frogging in International Competition: A Theory of Cyclesin National-Technologicallesdenship, American Economic Review Vol. 83, 1993.

达国家可以通过技术的模仿、引进或创新，最终实现技术和经济水平的赶超。[①]范艾肯模型描述了发展中国家和地区从封闭经济转向开放经济的动态发展进程。发展中国家和地区能够通过技术模仿缩小与发达国家之间的差距，提高本国技术水平；在技术成熟之后，能够从技术模仿转向技术创新。

总之，借鉴先进国家、少走弯路、激发动力等，是后发优势理论的总结。尤其是在经济全球化趋势背景下，后发优势表现更为突出，影响更加深远。一是资本会更快从丰裕国家流向短缺国家（那里报酬更高）；二是技术扩散加速，技术溢出效应日益突出；三是信息技术发达，不但使科技扩散更快，要素跨地区流动更活跃，也能够使后进国家更加全面、及时地借鉴和吸收先进国家各方面的经验和教训。[②]

（二）后发优势理论与高等教育中外合作办学

西部地区发展高等教育中外合作办学也存在着后发优势。我国的改革开放首先从东部等发达地区开始，作为教育领域对外开放的主要形式，中外合作办学的实践也从东部沿海等发达地区逐渐发展起来。当前，全国中外合作办学主要集中在东部发达地区，并且发展速度较快；西部偏远地区发展数量相对较少，发展速度也比较缓慢。因此根据"后发优势"理论，东部地区可以看作中外合作办学的"先进地区"，西部地区可以看作"后进地区"，正好对应"后发优势"理论中的"先进国家"和"后进国家"。西部地区的"后发优势"主要体现在以下若干方面。

首先，东部"先进地区"在30余年中外合作办学的发展中，经过不断探索，已经积累了相当的实践经验。从改革开放之后的探索阶段至20世纪90年代的调整发展阶段，从21世纪初的快速发展再到今天的"内涵式"发展阶段，形式由合作举办研究中心，逐渐发展至办学项目、办学机构乃至中外合作大学的成立，中外合作办学形式的变化和突破主要由东部地区的高校完成。在办学实践方面，创新了办学机制，推动了教育教学改革；丰富了教育供给，满足了群众多样化的教育需求；拓宽了人才培养途径，为国家经济社会发展培养了一批专门人才。[③]这些实践，为西部地区中外合作办学的发展积累了实践经验。当前，中外合作办学已经进入"示范性"发展阶段，要求发达地区对欠发达地区的中外合作办学起到引领和示范的作用。

其次，东部"先进地区"在多年的中外合作办学发展过程中，在实践层面上已经出现了诸多问题急需解决，能够为西部地区中外合作办学的发展带来警示，避免出现相同的问题。例如，一些办学项目的外方合作者资质水平不高，出现了"野鸡大学"来华"兜售文凭"的现象，不能保证引进教育资源的优质性；中方合作高校出现了"一哄而上"的现象，不考虑自身的实际水平、特色和实力，盲目攀比办学的数量；在专业设

① VAN E R. Catchingupand Slowing Down: Learningand Growth Patternsinan Open Economy[J]. JournalofInternational Economics,Vol. 41,1996.

② 尹伯成 . 西方经济学说史：从市场经济视角的考察（第2版）[M]. 上海：复旦大学出版社，2012：461.

③ 林金辉 . 中外合作办学教育学 [M]. 厦门：厦门大学出版社，2011: 56.

置方面，过于集中在若干热门学科专业以及前期投入相对较少的相关专业；外方高校出现了来华举办中外合作办学"连锁店"的问题；等等。这些问题直接影响到中外合作办学的质量和社会影响，同时对中外合作办学的监管带来严峻考验。西部地区作为"后进地区"，中外合作办学刚开始起步，在未来的发展中可以吸取"先进地区"的经验和教训，在发展之初就主动避免上述问题的发生，重视办学的质量。

再次，东部"先进地区"在中外合作办学发展过程中，逐渐积累了理论基础，为"后进地区"未来的发展提供了理论指导作用。中外合作办学的理论研究和智库建设，伴随着中外合作办学的实践展开，但是在中外合作办学发展初期，有关中外合作办学的理论不足，办学实践在"摸着石头过河"，导致中外合作办学的发展走了一些弯路。经过多年的发展，有关中外合作办学理论研究成果数量不断增加，质量稳步提升，中外合作办学教育学学科建设初见成效。中外合作办学科学研究形成了较好的局面，学科建设、理论创新有力地推动了中外合作办学健康有序发展。尽管当前中外合作办学的科学研究在整体水平和研究方法上都有待进一步提高，但是与中外合作办学起步之时面临的"不够用"的情况相比，已经有了长足进步。西部"后进地区"中外合作办学目前尚处于发展的初始阶段，已经拥有了大量的理论研究基础，能够站在"先进地区"的肩膀上审时度势，促进办学又快、又好地发展。

二、非均衡发展理论

（一）非均衡发展理论概述

非均衡发展理论（unbalanced development theory）是相对均衡发展理论（balanced development theory）提出来的，两者都是区域经济发展的基本理论。均衡发展理论形成于 20 世纪 40 年代，不仅强调产业间的平衡发展，而且还强调区域间、区域内生产力的平衡部署，以促进区域经济的平衡发展。平衡发展需要实现国民经济各部门按一定比例平衡增长，必须依靠政府对宏观经济的计划。[①] 但是就社会发展而言，尤其对于资源有限的发展中国家来说，非均衡发展更符合实际。

非均衡发展理论认为，区域经济的发展受到区域内劳动力质量差异等因素的影响，发展是不均衡的，无论在全世界还是在某一区域范围内，已经形成了一种经济技术的梯度。经济快速发展往往出现在若干个实力较强的中心上，然后通过不同的渠道向外扩散，从而对整个经济发展产生不同的影响。随着经济的不断发展，地区之间差距逐步缩小，从而实现经济分布的相对均衡，进而实现一国经济的均衡发展。[②] 非均衡发展理论认为，不同发展水平的地区，要从当地所处的发展阶段的实际出发，分阶段推进教育的改革与发展，使教育发展的目标与本地区所处的发展阶段相适应，并尽可能采

---

① 张颖. 区域经济学基础及应用 [M]. 北京：中国经济出版社，2012：61-64.

② 张振助. 高等教育与区域互动发展研究——中国的实证分析及策略选择 [J]. 教育发展研究，2003(9)：39-44.

取非常规发展方式，缩短传统发展阶段所需要的时间，为均衡发展创造条件。[①]

非均衡发展理论的代表观点包括弗朗索瓦·佩鲁（Fransois Perroux）的"增长极"理论（Growth Pole），缪尔达尔（G·Myrdal）的循环累积因果理论（the principle of circular and cumulative causation），阿尔伯特·赫尔希曼（A. O. Hirschman）的不平衡增长理论，以及约翰逊（B. A. J. Johnson）等人提出的职能地域一体化理论，等等。

1. "增长极"理论

1950 年法国经济学家弗朗索瓦·佩鲁发表《经济空间：理论与应用》，最早提出了"增长极"概念。[②]佩鲁指出，"在整个经济发展史上，还找不到一个不同的群体和地区经历过分布均匀持续增长的特例。事实上，增长和发展与地域集团相关，而且与在某些特殊方面投资、人口、贸易、信息的集中有关。这对于大公司、公司联合体、地区经济密度不均匀的国家以及整个世界都是成立的。如果一个集团在其所处环境中引起不对称的增长和不对称的发展现象，而且这些增长与发展现象至少在一个时期中是相反的而不是同步的，那么就可以将这个集团称之为一个增长极或发展的极"。[③]"增长极"的形成需要一定的条件，首先是在区域内存在具有创新能力的企业群体和企业家群体；其次需要具备大规模的资本、技术、人才存量，能够产生规模经济效应；最后还需要有经济与人才创新发展的外部条件和环境。这三个要素同时具备，"增长极"才可能产生，才会产生"极化效应"和"扩散效应"。在经济发展初期，"极化效应"起主导作用，它促进各种生产要素不断地流向"增长极"，形成聚集经济效应，促进"增长极"进一步发展壮大。但是当"增长极"发展到一定程度之后，会出现生产要素不再向"增长极"流入而是向周围区域流动的现象，"极化效应"会逐渐减弱，"扩散效应"代替了"极化效应"起主导作用，此时"增长极"通过扩散作用带动临近区域的发展。[④]

佩鲁的"增长极"理论只是运用在纯粹的产业发展领域，与地域发展无关。他认为围绕主导部门而组织起来的富有活力且高度联合的一组工业，它本身能够迅速增长，并通过乘数效应推动其他经济部门的增长。[⑤]

在此之后，布代维尔（J. Boudeville）、阿帕罗觉（J. Appalaju）、萨弗尔（M. Safier）等经济学家对"增长极"理论进行推广和完善。综合"增长极"理论研究专家的观点，经济的发展不会同时出现在所有的地区，其首先会出现在地理位置有利的区域，诸如港口、发达城市、交通要道、资源城市，出现区位的积聚；起推动作用的主要产业和与之相关联的产业，应有足够增长，以促进有利的外部经济和理想的聚集效果；通过贸易、交通、社会服务和扩散机制促进腹地的发展。"增长极"理论认为，应

① 王前新，刘欣，等.新建本科院校运行机制研究 [M].北京：科学出版社，2007: 7.

② 弗朗索瓦·佩鲁.经济空间：理论与应用 [J].经济学季刊，1955.

③ 弗朗索瓦·佩鲁.新发展观 [M].张宁，丰子义，译.北京：华夏出版社，1987: 132.

④ 唐志红.区域经济发展与区域优势产业——四川优势产业的选择和扶持研究 [M].成都：四川大学出版社，2013: 53.

⑤ 徐建华，段舜山.区域开发理论与研究方法 [M].兰州：甘肃科学技术出版社，1994: 12.

当把资本集中投入在区域内最大的城市中心，通过城市经济发展产生的扩散效应促进整个区域的经济发展。

2. 循环累积因果原理

瑞典经济学家缪达尔（Karl Gunnar Myrdal）于 1944 年出版了《美国的困境：黑人问题与现代民主》一书，首次提出了循环累积因果原理，也因此获得了诺贝尔经济学奖。缪达尔指出，在经济社会关系中，当一种变化发生时，会引起另一种变化加强原先的变化。事物的常态是动态变化的积累，经济制度是社会发展过程中的一个组成部分，在一个动态、变化的社会发展过程中，社会各种因素之间存在着因果关系，某一种社会因素的变化会引起另一种社会因素的变化，作为结果的后一种因素的变化反过来又能够加强原先作为原因的社会因素的变化，形成一个循环过程。这种因果关系发展，可能是上升运动，也可能是下降运动，但是都具有一定连续性。例如，增加发展中国家贫困人民的收入，会改善其营养状况，这是上升的运动；营养状况的改善，可以引起劳动生产率的提高，劳动生产率又会进一步增加贫苦大众的收入，这是继续的上升运动。从最初的收入增加到进一步的收入增加是一个因果循环，但不是一个简单的循环，是一个具有累积效果的延续运动，这就是循环积累因果原理。①

缪达尔认为，区域经济的发展并不是均匀的，而是处于不断的变动之中，社会各种因素通过相互作用最终影响经济的发展。当一种社会因素发生变动时，就会同时引起与之相关的其他社会因素的变动，其他社会因素再影响更多的社会因素变动，从而形成一个逐渐累积的过程，导致整个经济社会发生变动。对于区域优势较大、发展基础较好的区域，在循环累积过程中会不断累积有利因素继续领先发展；对于欠发达和落后区域来说，在循环累积过程中会不断累积不利因素继续滞后发展。这一过程不断持续，最终会导致地理空间上的"二元经济结构"。这就意味着，在区域经济发展中，政府应该让有优势条件的区域优先发展，然后再通过回波（backwash）效应和扩散（diffusion）效应以及相应的鼓励措施带动和激励落后区域发展，以缩小区域间的差距。② 回波效应表现为资金和劳动力由外围向中心流动，导致外围区域经济衰退；扩散效应表现为资金和劳动力由中心向外围区域流动，但只有在经济发展水平较高时才能发生。某一滞后区域的经济是否得到发展，需要看哪种效应占据主导地位。

20 世纪 60 年代，缪达尔（Gunnar Myrdal）进一步发展循环累积因果原理，把后进区域视为外围，认为它与中心区域处于一种殖民地的关系，依附于中心区域，并且随着时间的推移而强化。但是政府能够发挥作用，加之移民等因素的影响，最终使区域发展差距缩小。

3. 不平衡发展理论

美国经济学家赫尔希曼（A. O. Hirschman）在《经济发展战略》中，对不平衡发展

---

① 于俊文. 西方经济思想词典 [M]. 福州：福建人民出版社，1990: 611.

② 唐志红. 区域经济发展与区域优势产业——四川优势产业的选择和扶持研究 [M]. 成都：四川大学出版社，2013: 54-55.

理论进行了系统论述。无论是增长过程还是发展进程，其本质都是不平衡的。发展中国家和地区资源的稀缺性，若实行"一揽子"投资，资本稀缺的问题将无法解决，也就无法实现平衡增长。因此，只有将有限的资源有选择性地投入到具有发展潜力的地区和产业，即首先发展主导区域产业才能带动其他区域产业和经济的发展。①

赫尔希曼认为，区域之间不平衡增长是不可避免的，总会出现一些区域领先其他区域发展。他提出了极化效应（polarizing effect）和涓流效应（trickling down effect）来说明先进区域和后进区域之间的关系。极化效应是指劳动力、人才、技术、资金、资本等要素集中于先进区域，加速这一地区的发展；相反，落后地区由于缺乏相关要素支撑，继续落后。涓流效应是指随着发达区域的经济发展，会不断向欠发达区域购买原料、燃料，也会输出一定的资本和技术，由此便在一定程度上带动了欠发达地区的发展，即经济发展会扩散到整个社会。

4. 职能地域一体化理论

职能地域一体化理论是约翰逊（B. A. J. Johnson）、费希尔（H. B. Fisher）、拉什顿（C. Rushton）、浪迪莱尼（D. A. Rondinelli）在 20 世纪 70 年代开始探索出有关区域发展的新思路。这些学者认为，需要建立不同规模、不同职能的城镇组成的综合城镇系统，通过相互间紧密的衔接，达到迅速扩散、促进区域发展的目的。

这一理论认为，对于很多发展中国家和地区而言，发展动力来自农业。促进农业经济发展，提高农民收入，引导传统农业向商品化经营转变能够促进国家经济社会的发展。商品农业化需要相互紧密衔接的综合系统为农村居民提供便捷的服务。这些服务包括信贷投入、农业技术、职业培训、文教卫生设施等等。这些服务职能都应按照不同等级规模的城镇中心相应配置。该理论把整个区域看作一个有组织的空间机构网络，不同的节点服务于不同的区域范围，各节点之间，相互配合协调，以各自优势互补结合在一起，使得整个区域最终形成一个整体。因此，发生在任何一个优势区位的增长都会自动地带动其他区位的发展。②

总结非均衡发展理论，在经济发展的早期阶段，由于资源短缺，无法保证所有区域同时均衡发展，采取非均衡发展战略是首选；但是随着经济的发展，二元经济必须要向一元经济发展。对于发展中国家和地区而言，在发展的初期并不具备全面发展的条件，均衡发展无法实现，需要集中有限的资源，优先发展一部分产业或区域，在此之后带动和扩大其他产业和区域经济的发展。

（二）非均衡发展理论与高等教育中外合作办学

非均衡发展理论是区域经济学领域的理论，提出经济发展是不均衡的，先进区域的经济发展较快，但是在先进区域充分发展后，能够通过"扩散效应"带动后进区域的发展。我国改革开放之后区域经济的发展可以用非均衡发展理论进行解释。改革开放初期，全国经济发展乏力，人民物质文化相对匮乏，邓小平同志提出了"让一部分人

---

① 赫尔希曼. 经济发展战略 [M]. 曹征海, 潘照东, 译. 北京：经济科学出版社, 1991.

② 徐建华, 段舜山. 区域开发理论与研究方法 [M]. 兰州：甘肃科学技术出版社, 1994: 13–14.

先富起来，先富带动后富，最终实现共同富裕"的策略，东南沿海地区成为改革开放的前沿，成为经济发展的"先进区域"。改革开放 40 多年来，我国综合国力不断提升，居民收入不断增长，2021 年，我国已全面建成小康社会。我国高等教育的发展受到经济社会发展的影响，可以用非均衡发展理论进行阐述，主要体现在三个方面。

第一，我国的教育体制改革受到国家政治经济体制改革的影响，与经济体制改革一样，经历了由集权到逐步分权的改革过程，在教育管理领域出现"权力下放"，很大程度上导致了区域高等教育的非均衡发展。[①]第二，改革开放后逐步推行市场经济，通过市场在资源配置中的作用，加速了教育的非均衡性发展。第三，我国继续推行重点大学的政策，国家先后施行"211 工程""985 工程""2011 计划"等相关政策，鼓励重点大学优先发展。因此整个高等教育的发展与实践都体现出非均衡性。

我国高等教育发展的不均衡性主要体现在东部、西部、中部和东北部地区地域上的差异。位于或靠近政治、经济中心的区域，其高等教育发展水平一般较高，文化教育水平也相对发达；相反，远离政治、经济中心地区的高等教育发展水平则相对落后。

高等教育中外合作办学的区域发展也可以用非均衡发展理论的观点来阐释。首先，当前中外合作办学在布局方面出现了不均衡。正如非均衡发展理论中提到的经济"增长极"在发达城市和地域优势地区，中外合作办学目前主要集中在东部发达地区以及中部的交通要道和一些资源指向型城市，这些城市成为中外合作办学的"增长极"所在地区。其次，西部地区当前已经具备了中外合作办学发展的强烈动机，东部地区中外合作办学正在发挥着"示范性"作用，激励、鼓舞着西部中外合作办学发展。正如同非均衡发展理论中的"职能地域一体化"观点，中西部地区各高校利用自身的优势，共同推动中外合作办学的发展。最后，国家出台了一系列政策，鼓励和支持西部地区中外合作办学的发展，这与非均衡发展理论"扩散效应"中所强调的，政府在"后进区域"经济发展中扮演的角色相近。非均衡发展理论还启示着西部地区中外合作办学应当与经济社会协调发展，体现出明显的区域差异和地域色彩。

三、教育外部关系规律

（一）教育外部关系规律概述

教育的内外部关系规律由潘懋元教授提出。教育作为一种培养人的社会活动，需要遵循两条最基本的规律。一条是关于教育与社会发展关系的规律，即教育的外部关系规律，简称教育外部规律；一条是教育和人的发展关系的规律，即教育的内部关系基本规律，简称教育内部规律。外部关系，是指教育这个社会子系统与其他社会子系统的关系；内部关系，是指教育系统内诸因素的关系。

本书所研究的西部地区中外合作办学主要用到教育的外部发展规律。教育外部规律是指教育与经济、政治、文化的关系。这条规律可以这样表述："教育必须与社会发

---

① 徐永. 区域高等教育非均衡发展的形成机制及其检视：一个"国家行动"的解释框架 [J]. 教育发展研究，2013, 33(19): 18–25.

展相适应。"一方面，教育要受一定社会的经济、政治、科学文化所制约；另一方面，教育必须为一定社会的经济、政治、科学文化服务。所以，这条规律也可以表述为："教育必须受一定社会的经济、政治、科学文化所制约，并为一定社会的经济、政治、科学文化服务。"它一方面"受制约"，一方面"为之服务"，二者之中"受制约"是前提，"为之服务"是方向。教育要受社会的经济、政治、科学文化所制约，如果不受制约就违反规律，违反规律就行不通，就谈不到为之服务。[①]

（二）教育外部关系规律与高等教育中外合作办学

中外合作办学作为我国教育事业的重要组成部分，也必须要遵循教育外部关系规律。研究西部地区高等教育中外合作办学发展，需要从教育外部发展规律的角度进行分析。

中外合作办学的发展受到地区经济、社会、文化等因素的影响。就全国而言，高等教育中外合作办学机构和项目数量较多的诸如上海、江苏、北京、山东等省（市），多数是位于东部沿海经济发达地区，这些地区对外开放程度较高，文化教育相对发达，多属于地区经济、文化中心。这些地区的外向型经济需要外向型人才，为中外合作办学的发展打下了一定的基础，也充分体现出地方经济、政治、文化等因素对中外合作办学发展的影响。同时，中外合作办学也能够刺激地方经济、社会、文化的发展。中外合作办学通过培养国际化人才，以服务于各行各业工作，推动经济社会的发展。

---

① 潘懋元．潘懋元文集 卷一·高等教育学讲座 [M]．广州：广东高等教育出版社，2010：38.

第二章　西部地区高等教育中外合作办学发展的背景和意义

西部地区高等教育中外合作办学的发展具有特殊的背景和意义。当前，教育国际化成为高等教育发展不可阻挡的趋势和潮流，跨国高等教育不断发展，一些国际和区域组织在其中发挥了推动作用，西部地区高等教育的发展需要遵循国际化的发展趋势和潮流。西部地区在经济社会发展中，逐渐认识到中外合作办学的重要性，迫切需要通过中外合作办学培养国际化人才，服务于经济社会的发展。党和国家、地方政府及其教育行政部门对西部地区高等教育中外合作办学的发展提出了一系列的鼓励、支持、指导政策措施。西部地区高等教育中外合作办学的发展，具有深刻的时代背景和深远的意义。本章就西部地区高等教育中外合作办学发展的背景和意义展开论述。

第一节　西部地区高等教育中外合作办学发展的背景

西部地区高等教育中外合作办学的发展面临着复杂而深刻的时代背景。本书认为，西部地区高等教育中外合作办学的发展是高等教育国际化发展的必然要求，符合西部经济社会发展的需要。此外，国家出台的各项鼓励举措，以及"一带一路"建设的开展，都成为西部地区中外合作办学发展深刻的时代背景。

一、高等教育国际化和跨国高等教育的发展趋势

就西部地区高等教育中外合作办学发展所处的国际背景而言，笔者认为存在三个方面的时代特点，分别是高等教育国际化的不断发展、跨国高等教育的发展以及国际和区域组织的成立和引导。

（一）高等教育国际化的发展

针对"高等教育国际化"的内涵，《教育大辞典》中这样解释："各国高等教育在面向国内的基础上日益注意面向世界的发展趋势。主要表现为：（1）高等教育的发展既适应本国的需要，又注意适应世界形势发展的需要，既保持发扬本国的传统与特色，又注意吸收国际高等教育的经验；（2）面向世界培养人才，使之具有从广阔的国际视角和全人类的视角处理事务的知识和能力；（3）加强外语教学，开设有关国际重大共同性问题的课程，设立研究区域性国际问题的系科，注意培养从事国际事务和国际问题研究

的专门人才；（4）进行广泛的人员国际交流，并派遣、支持本国教师和学生出国留学、进修、讲学、研究，或接受、邀请外国教师和学生从事此类学术活动；（5）积极进行教育和学术的跨国合作，如联合培养学生、合作研究问题、互相提供资源、信息、设施条件等，是社会、经济、科学、技术发展的需要与必然结果，有利于各国利用国外资源，促进本国高等教育发展。"①

推动高等教育国际化发展的因素很多。首先，经济全球化是高等教育国际化的直接动因，高等教育国际化是经济全球化的必然结果。② 一些发达国家和地区教育资源过剩，将剩余教育资源输出国外，从中获取经济利益。诸如澳大利亚、美国、英国等国家，已经成为高等教育资源输出的大国，这些国家通过发展合作办学项目，设立海外分校等形式，促进高等教育国际化的发展。③ 其次，高等教育国际化能够促进教育输入国家的国际化人才的培养，满足这些国家和地区经济社会发展的需求。最后，教育的国际合作交流能够作为国家的外交辅助手段，满足国家之间的政治、经济合作的需求。

高等教育国际化日渐成为世界高等教育发展的趋势和潮流，我们应当遵循教育发展规律，促进高等教育国际化的发展。目前，我国高等教育在诸多方面面临着教育国际化的冲击，诸如在国际化大潮中争夺生源市场和人才市场的挑战；国际化背景下维护国家教育主权方面的挑战；在高等教育国际化发展中，高校思想政治教育也面临严峻的挑战。但是我们也应当认识到高等教育国际化在推动我国高等教育体制改革、弥补我国优质教育资源不足、传播教育新理念、推动教育新发展等方面带来的机遇。

根据西南交通大学高等教育研究院发布的《中国大学国际化水平排名（URI-2019）》④ 可以发现，当前我国高等教育国际化发展程度较高的区域集中在东部沿海发达地区，西部地区整体发展程度相对较低，在排名前 100 名的高校中仅有不到 20% 的高校地处西部地区。面对教育国际化的趋势，西部地区高校不能置身事外，或者被动接受，应当主动顺应教育国际化发展的潮流，抓住机遇，努力成为高等教育国际化的受益者。在国际化的大潮中提升高等教育水平，提高办学质量，努力缩小与发达地区文化教育方面的差距。

（二）跨国高等教育的发展

高等教育国际化是伴随着经济全球化的深入而迅速发展起来的。经济全球化，使各国国门打开，打破贸易壁垒进行商品交易，"教育资源"也被当作一种商品在全球范围内流通。由于各国高等教育水平发展不均衡，部分发达国家出现了教育资源相对剩余的情况，成为教育"输出国"，而一些发展中国家教育资源相对不足，成为教育"输入国"。教育资源在不同地区剩余与不足之间的矛盾，使其在全球范围内的互动成为可

---

① 顾明远. 教育大辞典（第3卷）[M]. 上海：上海教育出版社，1991: 305.
② 林元旦. 经济全球化与高等教育国际化 [J]. 广西社会科学，2005(1): 184−186.
③ 孟照海. 高等教育国际化的动因及其反思 [J]. 现代教育管理，2009(7): 16−19.
④ 西南交通大学高等教育研究院. 中国大学国际化水平排名 (URI−2019)[EB/OL]. (2019−12−11)
[2023−12−26]. https://tsjy.swjtu.edu.cn/info/1075/5992.htm.

能，因此跨国高等教育应运而生。

对于跨国高等教育的内涵，很多国际组织都进行过不同的表述，诸如，美国"跨国教育全球联盟"(Global Alliance for Transnational Education–GATE)（1998 年）、联合国教科文组织和欧盟共同起草颁布的《跨国教育行为守则》(Code Practice in the Provision of Transnational Education)（2000 年），以及联合国教科文组织和经济合作与发展组织（OECD）颁布的《跨国高等教育质量保障指南》(Guidelines for Quality Provision in Cross-border Higher Education)（2003 年）等，都对"跨国高等教育"的内涵做出了具体阐释。这些有关跨国高等教育的内涵共同点在于学习者所在的国家（地区）并非与教育资源提供的国家（地区）在同一个国家（地区）；跨国高等教育区别于传统留学形式，它是"不出国门的留学"；教育内容涵盖从课程到项目以及其他所有的教育服务形式；办学体制可以归属国家体系，也可以独立存在；办学形式可以采取多样化的形式。①

跨国高等教育机构为教育资源国际互动提供了平台。跨国高等教育机构主要形式是大学在海外设立分校。海外分校兴起于 20 世纪 90 年代，海外分校不仅输出了教育发达国家剩余的教育资源，使其获取一定的经济利益，满足教育"输入国"的需求，同时能够提高母体教育机构的声誉和社会口碑。近十几年，海外分校发展迅速。除了具有实体性质的海外分校外，还存在大量的"海外合作项目"，在不设立实体机构的情况下，对教育资源进行输出，是跨国高等教育的初级形式。

我国作为世界上最大的发展中国家，目前仍有一些专业、学科距离世界先进水平有一定的差距。一些国内相对落后，又暂无条件开设的学科专业，需要通过"引进来"提高自身的水平，属于传统意义上的教育"输入国"。我国政府不允许外国教育机构单独来华开办分校，国外高校来华办学只能通过中外合作办学的形式实现，是站在平等对话的平台上进行交流，并不是单纯的"教育进口"。在双方合作的基础上，相互促进和发展，实现共赢。中外合作办学与跨国高等教育属于矛盾的特殊性与普遍性的关系。中外合作办学是我国高等教育国际化的重要实现形式，是跨国高等教育在我国的具体实践。

当前跨国高等教育在中国的发展十分迅速，但是国外教育机构热衷于与中国东部经济发达地区高校合作，以便获取更好的社会影响力。西部地区如何克服不利因素，吸引国外教育资源，是本书研究的重要问题之一。

（三）国际或区域组织的成立和引导

经济全球化的一大表现是国际或区域组织的相继成立和发展。国际或区域组织是指两个以上国家为实现共同的政治、经济目的，按照缔约条约或法律文件建立的常设性机构。诸如联合国、世界贸易组织、亚太经合组织、美洲国家组织、阿拉伯国家联盟、欧盟、东南亚国际联盟等，这些组织在世界上具有相当的影响力，其成员国有着共同的利益追求，因此在促进国际和区域政治、经济合作方面发挥了重要的作用。我国是联合国、世界贸易组织、亚太经合组织、东亚经济组织联盟、上海合作组织等国

---

① 王剑波. 跨国高等教育与中外合作办学 [M]. 济南：山东教育出版社，2012: 49.

际组织的成员国，近年来正以大国的姿态承担着越来越重要的责任。

尽管国际和地区组织的建立是以政治、经济利益为基础的，但是这些国际组织的影响力渗透到文化、教育等各个领域。国际或区域组织作为一种特殊的力量，在促进全球教育发展方面发挥的作用愈加突出，成为主权国家之外推动人类教育发展的重要力量。[①] 近些年，一些国际或区域组织就教育方面发布了很多重要的决策报告，对区域乃至世界教育领域产生了重要影响。诸如欧盟于 2010 年通过了"欧洲 2020 战略"，规划了欧洲未来十年的发展蓝图，把教育视作未来发展的核心内容，格外强调"教育、培训与终身学习"方面的工作[②]；再如经合组织发布的《更好的技能、更好的工作、更好的生活：技能政策的战略方针》，提出"技能已经成为 21 世纪经济的全球货币"；欧盟 2002 年启动的《哥本哈根宣言》，目的是加强欧洲各国人民的终身学习，使人们使用他们的能力作为"共同的货币"在国家和地区之间、不同工作岗位之间自由流动[③]，为此提出了加强职业教育和培训领域的合作。这些国际和区域组织在促进全球教育理念更新、地区教育发展方面做出了努力，并对全球教育的发展产生了积极影响。

这些国际或区域组织客观影响到各国教育政策的制定。国际或区域组织对不同社会、政治和经济体制下的教育系统实施相似的问题诊断，并通过制定大量标准和规则等手段来影响一个国家的教育政策与发展。[④] 诸如我国加入世贸组织，就必须按照承诺有条件、有步骤地开放服务贸易领域，教育领域的开放就是其中之一，《中外合作办学条例》就是在这样的大背景下颁布的。此外，国际或区域组织推动了成员国之间的教育交流与合作，促进了各个国家和地区之间留学生的互派、涉外办学等方面的发展。我国加强并扩大与国际或区域组织之间的交往与联系，表明我国教育有秩序地融入世界，教育国际合作与交流正在迈向全方位的开放。[⑤]

我国与东盟、阿拉伯国家联盟等国际或区域组织始终保持着良好的合作关系，多次进行经贸论坛、贸易博览会等，而西部地区很多省（区、市）与这些国家在地域上接壤，很多合作论坛、博览会都设立在西部地区城市，这为促进西部地区高等教育与周边国家的交流与合作奠定了基础。

总体而言，高等教育国际化和跨国高等教育发展成为西部地区高等教育中外合作办学发展的国际背景。西部地区高等教育在未来发展中，需要通过中外合作办学这一重要方式，主动融入教育国际化的发展潮流，才能符合时代发展的要求。

---

① 商发明，李震英，李志涛，等. 近年来主要国际组织提出的十大教育新理念 [J]. 教育导刊，2014(4): 34-37.

② 欧盟. 欧洲 2020 战略. [EB/OL]. (2015-03-5)[2018-09-23]. http: //www. idcpc. org. cn/ziliao/cn_eu_party2_eu/bjzl /2020. htm.

③ 商发明，李震英，李志涛，等. 近年来主要国际组织提出的十大教育新理念 [J]. 教育导刊，2014(4): 34-37.

④ 杨锐，吴玫. 国际组织与中国高等教育发展 [J]. 复旦教育论坛，2009, 7(2): 52-55+67.

⑤ 周满生，滕珺. 走向全方位开放的教育国际合作与交流 [J]. 教育研究，2008(11): 11-18.

二、西部地区发展中外合作办学日益成为共识

高等教育国际化和跨国高等教育的发展为西部地区高等教育中外合作办学的发展提供了外部的动力。但是，西部地区高等教育中外合作办学的发展并不完全是受外在的动力而被动开展的，更重要的是西部地区经济社会发展的需要为中外合作办学的发展提供了内在动力。西部地区发展高等教育中外合作办学具有很大的必要性和紧迫性。

一方面，西部地区对外交流与合作日益加深，尤其是与东盟、中亚、东欧等周边国家和地区的经贸合作往来日益频繁，但是本土高等教育不能满足相关专业领域的人才培养，不足以提供国际合作的智力、人力支撑，因此需要通过中外合作办学培养高素质国际化人才，满足西部地区经济社会文化等方面对外交流的需求。另一方面，当前西部地区高等教育对外交流与合作不断升温，每年派遣留学生人数不断增多，国际学术交流频率不断增加，校际交流形式日益多样，都为西部地区高等教育中外合作办学的发展提供了内在动力。目前来看，西部高等教育国际交流与合作的现状还不能够满足人们日益增长的需求，越来越多的高校学生渴望通过各种对外交流方式，丰富自身的阅历，努力成为国际化人才。因此，西部地区高校需要通过发展中外合作办学，引进国外的优质教育资源，满足受教育者的需求。

尽管西部地区中外合作办学发展刚刚起步，但是各省（区、市）教育行政部门予以高度重视，并提出了相关的发展目标。本书搜集到西部地区 12 个省（区、市）制定的教育事业"十四五"规划（2021 年—2025 年），其中都涉及"教育对外交流"相关内容，与中外合作办学直接相关的表述如表 2-1 所示。

表 2-1　西部地区 12 个省（区、市）教育行政部门发布的教育事业
发展"十四五"规划（2021—2025 年）相关表述[①]

省(区、市)	各省（区、市）教育行政部门发布的教育事业发展"十四五"规划（2021—2025 年）
四川	支持高校在理工农医及我省急需的交叉前沿、薄弱空白等学科领域开展高质量中外合作办学……完善中外合作办学教育质量保障体系，推动中外合作办学质量提升。推动建设高水平、示范性具有独立法人资格的合作办学机构……到 2025 年，新增 10 个以上中外合作办学项目（机构）。
重庆	聚焦世界科技前沿，围绕大数据、智能制造等重庆急需和重点产业领域，实质性引进世界一流教育资源，举办高水平中外合作办学机构和项目。务实参与中外合作办学改革。
陕西	打造涉外办学高质量发展牵引平台，加强与世界一流大学开展中外合作办学，加快中外办学资源融合、教育教学改革和课程教材研发，开展办学水平和质量评估，引导学前教育、普通高中中外合作办学健康有序发展。

---

① 来源于各省(区、市)教育厅网站，其中。新疆维吾尔族自治区和西藏藏族自治区教育"十四五"规划尚未公开，故未统计至表格中。

续　表

省(区、市)	各省（区、市）教育行政部门发布的教育事业发展"十四五"规划（2021—2025年）
内蒙古	稳步推进中外合作办学，鼓励和支持我区高校引进外国优质资源。探索"走出去"办学，鼓励我区高校依托自身优势稳妥开展境外办学。
宁夏	培养一批具有国际竞争力人才。支持宁夏大学、宁夏医科大学等开展理工农医类专业的中外合作办学。
云南	引进世界高水平大学开展中外合作办学。聚焦国内薄弱、空白、紧缺学科和专业，结合云南产业发展优势和高等教育改革发展需要，大力引进境外优质教育资源到云南，新增1个中外合作办学机构和10个合作办学项目。举办中外合作办学论坛，搭建信息资源平台与办学资源平台，做好办学服务。大力引导高校引进一流教育资源开展合作办学，通过合作办学提升学科专业建设能力和水平。
贵州	积极推进中外合作办学。支持省内高校围绕地方经济社会发展急需人才培养和产业发展需求，实质性引进国外高水平院校优质资源开展合作办学，推动新增一批中外合作办学项目（机构）。支持省内高校与国外一流大学和学术机构开展高水平人才联合培养和科学研究。进一步加强各类中外合作办学服务监管，规范办学行为，提高办学质量和水平。
广西	支持和鼓励高校引进优质教育资源，在理工农医等领域开展中外合作办学，依法建设高水平合作办学项目和机构。规范普通高中中外合作办学。
青海	实施中外合作办学项目。
甘肃	坚持"引进来""走出去"相结合，培育"一带一路"教育行动品牌项目，办好现有中外合作办学项目，推动高校加强与国外一流大学和学术机构开展实质性合作。

　　通过对西部地区各省（区、市）教育"十四五"规划中相关中外合作办学的表述可以发现以下两方面特点。

　　第一，各省（区、市）在教育"十四五"规划中都十分重视中外合作办学的发展，基本上都提出了与中外合作办学直接相关的发展目标，表现出西部地区对中外合作办学发展的迫切需求。

　　第二，各省（区、市）在制定中外合作办学发展目标过程中，都切实根据自身的实际情况和自身定位，提出了较为科学合理的发展目标。四川、重庆、陕西三个省市，目标比较宏伟，提到要设立或举办高水平、高层次的中外合作办学机构项目，或者与世界高水平大学合作办学，从中能够反映出这三个省市的高等教育拥有相对雄厚的基础，起点较高，本土高校具备一定的实力。内蒙古、宁夏、云南、新疆、贵州、广西六个省、自治区，本身高等教育基础比较薄弱，在具体表述中能够发现，其侧重于区域合作办学，诸如突出内蒙古与俄罗斯和蒙古国，宁夏与伊斯兰国家，贵州、广西与东盟国家。这些省（区）充分考虑地域条件，以自身的实际情况为出发点，结合国家的政策方针，提出发展目标。青海和甘肃当前中外合作办学数量有限，在"十四五"规划表述中没有指出具体目标，在目前条件下，只能维持现有办学，为之后的发展做好铺垫。

通过对西部地区各省（区、市）教育"十四五"规划中有关中外合作办学发展的相关内容进行梳理，可以看出各省（区、市）政府充分认识到中外合作办学在推动教育国际交流、促进教育国际化中的作用，并且从地方实际出发，制定出相关的政策，以期中外合作办学在各省（区、市）逐渐发展壮大。截至 2025 年，西部地区各省（区、市）教育"十四五"规划已经步入收关之年，一些省份已经较好地完成所预定的发展目标，或正在努力实现。

三、国家出台各项举措鼓励西部地区中外合作办学的发展

西部地区高等教育中外合作办学的发展也面临着国家改革与发展的背景。多年来党和国家始终把西部地区高等教育的发展放在重要的位置，支持和鼓励西部高校国际交流与合作。国家教育行政部门先后出台多项举措，鼓励和支持西部地区高等教育和中外合作办学的发展。

（一）国家对西部高等教育的支持和扶持

党和国家始终高度重视西部各省（区、市）高等教育的发展。近些年，国家针对西部高等教育支持和扶持的政策主要体现在《中国教育现代化 2035》《教育强国建设规划纲要（2024—2035 年）》《中西部高等教育振兴计划（2012—2020 年）》"中西部高校基础能力建设工程""中西部高校综合实力提升工程"等相关政策和文件中。

1.《中国教育现代化 2035》和《教育强国建设规划纲要（2024—2035 年）》

2019 年和 2025 年中共中央、中国国务院先后印发《中国教育现代化 2035》和《教育强国建设规划纲要（2024—2035 年）》。《中国教育现代化 2035》聚焦教育发展的突出问题和薄弱环节，立足当前，着眼长远，重点部署了面向教育现代化的十大战略任务。其中，提出要开创教育对外开放新格局，扎实推进"一带一路"教育行动，加强与联合国教科文组织等国际组织和多边组织的合作，提升中外合作办学质量。要求在国家教育现代化总体规划框架下，推动各地从实际出发，制定本地区教育现代化规划，形成一地一案、分区推进教育现代化的生动局面。完善区域教育发展协作机制和教育对口支援机制，深入实施东西部协作，推动不同地区协同推进教育现代化建设。[①]

《教育强国建设规划纲要（2024—2035 年）》提出，支持部省合建高校加快发展，优化省部共建高校区域布局。新增高等教育资源适度向中西部地区、民族地区倾斜。完善对口支援工作机制。鼓励国外高水平理工类大学来华合作办学。要求建设高等研究院开辟振兴区域发展新赛道。面向中西部、东北等地区布局建设高等研究院，促进高水平高校、优势学科与重点行业和头部企业强强联合，以需求定项目、以项目定团队，构建人才培养、科学研究和技术转移为一体的产教融合科教融汇新样本。[②]

---

① 中共中央，国务院．中国教育现代化 2035[EB/OL]．(2019-02-23)[2025-02-04]．https://www.gov.cn/zhengce/2019-02/23/content_5367987.htm.

② 中共中央，国务院印．教育强国建设规划纲要(2024 — 2035 年)[EB/OL]．(2025-01-19)[2025-02-04]．https://www.gov.cn/zhengce/202501/content_6999914.htm.

相关要求，对我国高等教育未来的发展，提出战略部署，指明了发展目标，极大地鼓励了西部地区高等教育发展的积极性，表现出国家对西部高等教育发展的支持力度和发展决心，对未来一段时期西部高等教育发展描绘了蓝图。

2.《中西部高等教育振兴计划（2012—2020年）》

为落实《国家教育规划纲要》的要求，2012年，教育部、国家发展改革委和财政部联合印发了《中西部高等教育振兴计划（2012—2020年）》（下文简称《振兴计划》）。该计划为中西部地区高等教育中长期发展提出了目标："到2020年，中西部高等教育结构更加合理，特色更加鲜明，办学质量显著提升，建成一批有特色、高水平的高等学校，为整体提升我国高等教育发展水平、建设高等教育强国奠定坚实基础。"《振兴计划》还针对当前中西部地区高等教育发展现状提出主要任务：在未来一段时期，中西部高校需要加强优势特色学科专业建设、加强人才队伍建设、深化教育教学改革、提升科研创新水平、增强社会服务能力、促进优质资源共享、扩大中西部学生入学机会、优化院校布局结构、加强交流与合作、健全投入机制等。[①]

作为《振兴计划》的重要组成部分，教育部和财政部启动实施"中西部高校综合实力提升工程"。该"工程"是在没有教育部直属高校的省（区），专项支持一所本区域内办学实力最强、办学水平最高、有区域特色的高水平大学。

入选的14所中西部省（区）的高校，组成了非官方组织"中西部高校联盟"，在大学制度、学科建设、人才培养、队伍建设、社会服务等方面开展合作。这一联盟的成立"打破了中国教育联盟由高端大学垄断的局面"。其中包含了西部地区的9所高校，分别为云南大学、贵州大学、青海大学、西藏大学、内蒙古大学、广西大学、宁夏大学、新疆大学和石河子大学。这一"工程"的实施和联盟的成立，能够更好地反映西部地区高校的呼声，提升西部高校在我国高等教育领域的话语权。

《振兴计划》与"中西部高校综合实力提升工程"的颁布和实施标志着国家把西部高等教育发展放在十分重要的位置，对促进西部地区高等教育整体水平和质量的提升具有重要的意义，表现出政府对全面振兴西部等欠发达地区高等教育的信心和决心，同时也对促进我国高等教育布局结构调整起到十分重要的作用。

3."中西部高校基础能力建设工程"

为配合《振兴计划》的实施，2012年，教育部和国家发改委组织实施"中西部高校基础能力建设工程"（下文简称"工程"），旨在推动中西部地区高等教育的发展，推动我国高等教育区域协调发展。这一工程，重点支持中西部地区3个省、自治区、直辖市及新疆生产建设兵团的100所地方高校的发展，其中西部地区高校占45所。国家安排专项经费推进这一工程的建设，围绕提高人才培养质量、内涵式发展的要求，牢固树立人才培养的中心地位和本科教学的基础地位，推进教育教学改革，培养应用型、复合型人才，同时强化这些高校的实践教学环节。这是国家首次在中西部等欠发达地

---

① 教育部，国家发展改革委，财政部. 中西部高等教育振兴计划(2012—2020年)[EB/OL]. (2012-04-27)[2024-05-28]. http://www.moe.gov.cn/srcsite/A08/s7056/201302/t20130228_148468.html.

区设立专门资金支持其高等教育的发展，对于西部地区入选高校的覆盖度，前所未有。

该"工程"一方面对入选的中西部高校进行经济方面的直接支持，为这些高校的发展提供资金方面的保障；另一方面，"工程"入选高校在社会声誉方面会得到很大程度的提高，并努力成为这一地区高等教育的"领跑者"，成为推动西部高等教育内涵式发展的排头兵，成为服务区域经济社会发展的重要基地。①

（二）国家对西部高校开展中外合作办学的鼓励和支持

中外合作办学是我国教育事业的组成部分，国家在鼓励发展西部高等教育的同时，充分考虑到中外合作办学对推动西部地区高等教育发展的作用。我国中外合作办学由东部发达地区开始起步，目前各地区中外合作办学发展程度与该地区的文化教育程度基本呈正相关。西部地区整体上中外合作办学起步较晚，数量少，发展较为缓慢。中外合作办学在我国高等教育发展中的作用十分重要，国家近些年不断发布相关政策文件，鼓励和支持西部地区中外合作办学的发展，相关内容在《中华人民共和国中外合作办学条例实施办法》《关于当前中外合作办学若干问题的意见》《关于进一步加强高等学校中外合作办学质量保障工作的意见》《振兴计划》等政策文件中均有体现。

1.《中华人民共和国中外合作办学条例实施办法》

2004 年教育部发布并实施《中华人民共和国中外合作办学条例实施办法》（以下简称《实施办法》），其中明确指出，"国家鼓励在中国西部地区、边远贫困地区开展中外合作办学"②。作为我国第一部规范涉外办学活动的法规实施办法，就格外强调西部地区中外合作办学，充分证明国家对西部地区教育的重视程度。这一条款发出信号，即中外合作办学并不属于经济、教育发达地区的专利，西部地区也可以利用合作办学提升国际化水平，促进教育的发展，扩大文化教育的开放，带动这一地区文化教育水平的提高。

2.《关于当前中外合作办学若干问题的意见》

《中外合作办学条例》及其《实施办法》出台后，中外合作办学在全国范围内迅速扩大，为更好地促进中外合作办学健康有序稳定发展，教育部于 2006 年发布了《关于当前中外合作办学若干问题的意见》（以下简称《意见》），其中指出要"引导中外合作办学逐步向中西部地区发展"。《意见》的相关规定表明，中外合作办学在布局结构上出现了问题，反映出中外合作办学尽管数量发展迅速，但是主要集中在东部及沿海地区。经济发达地区利用区位、经济等市场因素吸引了大量国外合作高校来华合作办学，西部地区则发展十分缓慢。中外合作办学区域分布不均衡发展的势头愈演愈烈，因此需要政府出台意见，发挥宏观调控作用，防止过分集中、一哄而上的现象，从而做到及时调整。

---

① 游建军，王成端，谢华，等 . "中西部高校基础能力建设工程"及其在西部的有效推进 [J]. 高等教育研究，2014, 35(1): 46-49.

② 教育部 . 中华人民共和国中外合作办学条例实施办法 [EB/OL]. (2004-03-01)[2024-05-28]. http://www.crs.jsj.edu.cn/index.php/default/news/index/6.

3.《关于进一步加强高等学校中外合作办学质量保障工作的意见》

2013 年教育部发布了《关于进一步加强高等学校中外合作办学质量保障工作的意见》（以下简称《工作意见》），其中提到加大对中西部地区扶持力度，支持中西部地区开展中外合作办学。本《工作意见》是在党的十八届三中全会精神指导下制定的，也是在深化教育领域综合改革，深入扩大教育对外开放，提高办学质量的背景下开展的。

该《工作意见》强调加强对全国中外合作办学的合理规划和全面统筹，支持西部地区办学基础较好的高校开展中外合作办学。《工作意见》格外强调严把质量关，数量的增长建立在质量提升的前提之下。中外合作办学的发展道路由外延式逐步向内涵式发展转变。

通过对国家近些年针对西部高等教育及中外合作办学政策进行梳理可以看出，国家始终高度重视西部地区高等教育的发展，中外合作办学作为高等教育国际化的重要形式，得到了国家的肯定与支持。伴随新一轮西部大开发战略的全面展开、《振兴计划》的全面实施、综合领域全面深化改革战略的部署，中外合作办学的发展也深深地烙下时代符号。

4.《振兴计划》中相关要求

除上文提到《振兴计划》对西部高等教育整体质量提升方面的相关要求之外，《振兴计划》中还格外强调了西部地区中外合作办学的发展，明确指出西部地区高校要扩大对外交流与合作，办好一批中外合作办学项目。

《振兴计划》是根据《国家教育规划纲要》的精神而颁行的。《国家教育规划纲要》中提出"支持一批示范性中外合作办学机构和项目"，《振兴计划》提到的在西部地区"办好一批中外合作办学项目"正是反映出此项精神。西部地区确立一批办得好的"示范性"中外合作办学机构和项目，能够起到示范、引领作用，从而带动西部地区其他办学机构和项目的发展，促进整个地区中外合作办学质量提升和发展。

四、"一带一路"建设的推进与西部地区中外合作办学

"一带一路"建设是党和国家在新形势下深化国际交流与合作、统筹国内国际发展、拓展西部大开发、维护周边环境背景下做出的重大外交举措。西部地区作为连接"一带一路"的中心区域，必将对教育的对外交流与合作产生深刻的影响。

（一）"一带一路"建设的提出

2013 年 9—10 月，习近平总书记在出访中亚和东南亚国家期间，首次提出与周边国家共同建设"丝绸之路经济带"和"21 世纪海上丝绸之路"的倡议，即"一带一路"建设，并得到国际社会的热烈反响。2013 年 11 月，中共十八届三中全会审议并通过了《中共中央关于全面深化改革若干重大问题的决定》，其中强调："加快同周边国家和区域基础设施互联互通建设，推进丝绸之路经济带、海上丝绸之路建设，形成全方位开

放新格局。"①由此，"一带一路"上升为党和国家外交发展策略。随后，党和国家领导人在与欧亚多国领导人会晤、中央经济工作会议、亚太经济合作组织（APEC）峰会以及2014年、2015年《政府工作报告》中多次提及并强调"一带一路"建设。

"一带一路"建设的推进，是党中央、国务院根据全球形势变化，统筹国际、国内两个大局做出的重大决策，实质是借用古代丝绸之路的历史符号，以和平发展、合作共赢为时代主题，积极主动地发展与周边国家的经济合作伙伴关系，共同打造政治互信、经济融合、文化包容的利益共同体、命运共同体和责任共同体，对开创我国全方位对外开放新格局，推进中华民族伟大复兴进程，促进世界和平发展，都具有划时代的重大意义。②

（二）"一带一路"与文化教育对外交流与合作

"一带一路"倡议涉及欧亚非三大洲150多个国家和地区。该倡议落脚点在于国家的政治利益和经济发展，同时也为文化、教育的对外交流与合作创造了条件，提供了巨大的平台。

首先，"一带一路"建设的推进能够为文化教育的交流与合作创造稳定的外部环境。只有和平、稳定的环境才能维持国家和地区的可持续发展，包括中外合作办学在内的文化、教育国际交流与合作，必须在和平、稳定的外交环境中才能顺利进行和发展。尽管和平与发展依然是当今世界的主题，但是世界范围内局部冲突和战争时有发生，"霸权主义"依然存在，欧亚大陆的繁荣与发展也面临着这些不利因素的威胁。为了避免这些不稳定因素，实现欧亚国家共同的发展利益，必须维护欧亚国家和平、稳定与发展的大局。"一带一路"倡议，正是以促进欧亚国家互惠互利、共同发展为目标，符合各国的根本利益，把欧亚国家紧密结合起来，为实现繁荣、稳定、和谐的欧亚大陆而共同努力。这一倡议力图在政治互信的基础上，打造经济发展的互赢。在"一带一路"倡议实施过程中，中国发挥着积极的倡导作用，争取与更多的国家和地区合作，共享发展的成果。在建设过程中，格外重视与发展中国家的合作关系，向广大发展中国家提供力所能及的援助，真心实意帮助发展中国家加快发展。让世界看到一个负责任的大国正在崛起，同时消除"中国威胁论"的错误观点，更好地树立国际形象，展示大国风采。不断拓展与世界各国，尤其是"一带一路"共建国家和地区的互利与合作，能够为国家和地区之间的文化、教育的交流与合作创造有利的外部环境。

其次，"一带一路"建设的推进有利于促进文化、教育的对外交流与合作。在地理位置方面，我国共有9个省、自治区、市与周边14个国家接壤，其中西部地区省（区）占据6个，西部地区其余6个省（区、市）也都地处内陆，与周边邻国地理位置相近。这些国家都属于"一带一路"重要的合作国家。与我国毗邻的地理位置，为我国西部地区与这些国家经济、文化、教育交流与合作提供了便利，成为西部地区对外交流与合

① 中国共产党第十八届中央委员会第三次全体会议. 中共中央关于全面深化改革若干重大问题的决定 [N]. 人民日报, 2013-11-16.

② 新华社. 你应该知道的热词 [N]. 人民日报海外版, 2015-3-13(04).

作的一种潜在优势。相邻的地域，使得西部省（区、市）与周边国家和地区在文化风俗习惯上相近或相似，更有利于文化、教育的往来，为我国西部地区文化教育的对外开放提供了机遇。如我国边疆省（区）的人民与周边国家地区的人民在、饮食、服饰、节日等方面相似，能够更好地促进我国与这些国家和地区的人民的相互理解，从而带动我国西部地区与周边国家的交流与合作。

"一带一路"在名称上借用的是古代"丝绸之路"这一宝贵的世界文化遗产，在名称上就能彰显出其特殊的文化符号。古代"丝绸之路"与今天的"一带一路"共同致力于欧亚各国之间的经济、贸易往来，而文化交流是经贸往来的重要前提。在建设"一带一路"过程中，不仅可以吸收融合周边国家的优秀文化成果，更能够推动我国优秀传统文化走向世界，提升我国的文化"软实力"，同时"一带一路"作为各国文化交流的平台，能够促进欧亚文化的繁荣。

最后，"一带一路"与其他相关合作项目融为一体，共同致力于文化交流。在"一带一路"倡议正式提出之前，我国已经与周边国家建立或者正在建立多项合作项目和组织机构。诸如中国—东盟（10+1）、上海合作组织、欧亚经济联盟等合作组织，并获得了各国的支持和认可。这些组织、机构的一大共同之处是建立在我国与其他成员国之间山水相连的地域关系和悠久的交流与合作传统基础之上。诸如，我国与东盟国家建立了自由贸易区，我国西南地区省份与东盟国家通过这一平台，增进了文化教育领域的交流；广西南宁成为"中国—东盟博览会"永久的举办地；我国也利用与东盟国家的合作关系，加大力度在这些国家创办孔子学院等境外办学机构和项目。2023年11月，新疆自贸实验区挂牌成立，成为我国在西北沿边地区设立的首个自贸实验区，这一自由贸易区将会带动我国内蒙古、新疆、西藏等西北地区与中亚国家的交流与合作。"一带一路"建设的推进，并非"从零开始"，而是建立在现有我国与周边国家合作的基础之上，将有关方面的合作项目串联起来，形成"一揽子"合作，并且将会为这些机制、组织项目注入新的活力。建设"一带一路"，西部地区拥有区位优势，是主要的参与者和最大的受益者。西部地区可以利用这一建设，依托资源优势，激发经济发展的活力与潜力。在发展经济的同时，在文化教育对外交流中寻找突破口，把握时机促进教育国际化发展。

推动西部地区高等教育中外合作办学的发展是"一带一路"建设的需求，也是增强西部地区高等教育国际化的重要任务。这一重大建设的推进对西部地区高等教育中外合作办学的发展提出了新的要求。

第二节　西部地区高等教育中外合作办学发展的意义

西部地区高等教育中外合作办学的发展具有十分重要而深远的意义。本书认为，西部地区通过中外合作办学能够推动全国高等教育整体发展，满足西部地区经济社会发展的需要，同时外方合作高校也能够提升自身国际化水平，从而实现国际教育领域的"共赢"。

一、助推全国高等教育整体发展

（一）引进教育资源，推动教育公平

1. 引进优质教育资源，推动我国高等教育资源的均衡分布

教育公平是社会公平的基础，也是社会公平的底线。当前，我国高等教育公平正面临严峻的挑战，主要体现在优质高等教育资源倾斜于东部地区，在区域布局上极度不均衡，区域之间高等教育发展差距过大，不同区域居民接受高等教育的机会和质量差距凸显[①]，西部等欠发达地区高等教育整体发展水平与东部沿海发达地区相比有不小的差距。一方面，反映在全国重点高校的布局方面。例如，全国共有39所"985工程"重点建设高校，其中仅有6所位于西部地区，所占比例为15.4%；全国共有112所"211工程"重点建设高校，只有18所位于西部地区，所占比例不足9%。当前列入国家"双一流"建设的重点高校有147所，其中有24所位于西部地区，西部地区高校所占比例仅为16.3%[②]，通过数据分析，能够反映出我国高等教育资源布局不均衡的现状。

当前，党和国家十分重视社会的公平，推动区域教育公平意义重大。中外合作办学的核心是引进国外优质教育资源，"国外优质教育资源是指世界范围内具有较高水平和办学特色，具有一定领先优势的教育教学理念、人才培养模式、课程、教材、教学方式方法、教育管理制度、师资队伍、管理团队和质量保障体系等。"[③]中外合作办学能够在推进教育公平方面发挥重要的作用。西部地区高校可以通过发展中外合作办学，引进国外发展领先、西部地区经济社会发展需要的学科专业，充分为己所用，提高教育发展水平，逐步缩小与东部等发达地区的差距，促进全国高等教育发展水平趋于平衡。

2. 增加学生接受高等教育的机会

一方面，中外合作办学有助于提升高等教育毛入学率。我国高等教育已经进入普及化发展阶段，但是西部地区与全国的平均水平仍有差距，西部地区提升高等教育毛入学率的一大障碍是高校承载力有限，地区高等教育供给不足。在这样的前提下，西部地区发展高等教育中外合作办学能够分担普通高校的重任，通过引进国外的教育资源，提升高校的教育承载力，努力成为推动西部地区高等教育发展的动力，缩小与全国其他区域的差距。

另一方面，中外合作办学能够为西部地区的学生增加获取国外教育资源的机会。

① 严全治. 协调区域高等教育发展的路径 [J]. 教育研究，2012(1): 89-94.

② 教育部，财政部，国家发展改革委. 关于公布第二轮"双一流"建设高校及建设学科名单的通知 [EB/OL]. (2022-02-11)[2025-02-04]. http://www.moe.gov.cn/srcsite/A22/s7065/202202/t20220211_5987 10.html.

③ 林金辉. 中外合作办学中引进优质教育资源问题研究 [J]. 教育研究，2012(10): 34-38+68.

随着西部地区经济的发展，学生接受高等教育的选择增加，中外合作办学作为"不出国门的留学"，与传统的留学相比，大大节约教育成本，相对廉价，能够满足更多西部地区学生接受国外高等教育的需求，增加西部地区学生获取国外教育资源的机会。

（二）引进教育理念，变革文化观念

西部地区自古以来主要以农耕经济为主，传统农业文明顺从自然、安于现状，观念相对保守。中外合作办学在引进国外课程、教材、管理制度、师资队伍、教学方式和教学手段的同时，更重要的是带来了先进的教育理念，尤其对于西部地区而言，这些新观念能够作用于西部地区的青年学生，转变其保守的文化观念；同时，能够更好地促进教育对外开放的程度，将本土高等教育融入国际化的大潮，推动地区高等教育的改革与发展。

第一，中外合作办学能够让"国际化"的意识深入人心。中外合作办学是教育国际化的产物，其创办之初就深深刻下"国际化"的烙印。中外合作办学以培养具有国际视野、能够参与国际竞争的国际化人才为目标；在教育内容上引进原版教材，与世界先进水平靠拢；在办学方式上中西合璧，相互融合、优势互补；在教育合作上，促进中外师生交流互动；等等。国际化的办学意识符合时代发展规律，这对于相对闭塞、保守的西部地区而言十分重要。因此，中外合作办学能够促进西部地区高等教育更好地融入世界发展进程。

第二，中外合作办学与市场紧密结合，十分注重"竞争意识"。中外合作办学在招生方面，面向市场，要与本土普通高校竞争优秀的生源，抢占中国教育市场；在专业设置方面迎合国家和地方经济社会发展的需求，与市场紧密结合；在人才培养方面，不断创新人才培养模式，让毕业生更具市场竞争力。在办学过程中，明确标准、严格要求，需要根据学生的学习状况进行中途淘汰，竞争激烈。竞争意识贯穿于中外合作办学的整个过程，这种竞争能够为我国西部地区高等教育领域注入新的活力。

第三，中外合作办学更加强调"品牌意识"。优胜劣汰是市场经济的规律，中外合作办学属于教育"舶来品"，尤其在发展初期，需要在与本土高校竞争中赢得发展空间，得到社会的认可。因此中外合作办学，更需要重视办学特色，努力树立品牌，争取社会认可度的提升。外方合作高校来华合作办学，除经济因素外，更强调的是提高国际知名度，赢取更好的社会声誉。西部地区高校在与国外高校，尤其是与世界著名高校合作办学时，能够提升自身社会声誉，从而获取更高的"品牌"知名度。

第四，中外合作办学更加突出"合作意识"。一方面，这种合作意识体现在中外不同国家高校之间的合作上，中外合作办学建立在我国与世界其他国家睦邻友好关系的基础之上，目前设立或开展的中外合作办学机构和项目，外方合作高校多来自美国、英国、澳大利亚等西方发达国家，不同地域、不同意识形态的国家之间合作办教育，需要拥有更加包容的姿态。同时，合作双方高校有着不同的办学特点、风格、传统和优势，只有双方都具有强烈的合作意愿才能够求同存异，实现深入合作，把办学机构和项目办好。另一方面，这种合作意识体现在师生之间的合作中，中国的学生与外籍教师需要克服语言、文化和心理的障碍，通过师生深层次的互动，才能较好地完成教学任务；中国教师与外籍教师需要携手合作，共同制订教学目标、共同开发课程和教材；学生之间也需要合作完成老师布置的作业。因此合作意识体现在中外合作办学的方方面面。

此外，中外合作办学还在很多理念方面不拘一格，这些教育理念正是西部地区本土高校所缺乏并值得借鉴的。通过这些教育理念，逐步改变青年学生相对保守的文化观念，有利于西部地区高校加速与国际先进教育理念和教学方法接轨，满足教育国际化发展的需求。

（三）发挥鲶鱼效应，促进教育改革

近年来，西部地区高等教育发展逐渐壮大，为西部地区经济社会发展培养了大量的高素质国际化人才。党的十八大报告中强调，"深化教育领域综合改革，着力提高教育质量"。当前我国教育领域综合改革已经进入"攻坚期"和"深水区"，改革如逆水行舟，不进则退。西部地区更应当在高等教育改革中，利用引进的教育资源，发挥鲶鱼效应，促进本土高等教育改革。

所谓的"鲶鱼效应"指的是一种激励机制，通过引入活跃分子，刺激同行业的发展，从而带动整个行业的发展。当前我国正处于全面深化改革的关键阶段，整个教育改革进入"深水区"，而西部地区高校相对于东部沿海等发达地区而言，开放程度较低，改革难度更大。中外合作办学作为"引进来"的一种办学形式，在教育领域能够发挥"鲶鱼"的作用，甚至"倒逼"我国高等教育改革。

中外合作办学与公办高校、民办高校共同作为推动我国高等教育发展的"三驾马车"，在共同的社会环境中相互竞争、相互补充，能够形成多结构、多层次的人才培养体系。中外合作办学在人才培养方式、教育理念等方面与国际接轨，更加接近国际高等教育发展的趋势，越来越受到社会的认可。"兼容东西"的办学特色在我国高等教育竞争中独树一帜。因此，本土公办、民办高校在与中外合作办学同台竞争中压力巨大，必须进行改革与创新，不能墨守成规，只能主动适应经济社会发展和市场的需求，才能够具备一定的竞争力与其抗衡。

中外合作办学作为我国特殊的办学形式，可以当作我国高等教育改革的一块"试验田"，在办学过程中积累的经验和教训可以在全国范围内推广，推动我国高等教育体制改革与创新。当前，中外合作办学机构、项目的人才培养模式，已经直接或间接影响到我国高等教育领域的改革。诸如，一些中外合作办学机构在招生制度方面，较早地突破高考门槛，率先试行自主招生，采用高考综合评价录取模式，并取得了良好的效果，这些经验对我国正在酝酿中的高考改革大有裨益；中外合作办学在人才培养方面，采用小班授课、教授治校、自主学习等方式，使学生学习质量提升明显，毕业生更具国际竞争力；许多中外合作办学机构、项目为了提升影响力，主动与中国具体国情相结合，努力做到"中西合璧""中西互补"，吸取中西方教育优势，为我国本土院校在国际化进程中如何处理好"中"和"外"的关系起到经验的积累作用；此外，高校开

展的中外合作办学项目多建立在本校特色、优势学科基础上，招生规模小、办学灵活，成为这些院校教学、课程改革的中心。中外合作办学属于教育界的新生事物，这块"试验田"目前正焕发着生机与活力，影响着全国高等教育领域的改革和发展。

我国高等教育的发展，仅仅依靠中外合作办学引进国外教育资源进行弥补是远远不够的，引进资源发挥的只是外部作用，而我国高等教育的发展需要靠更强烈的内部动力进行内生式发展，外部力量能够起到激发内部力量的作用。当前西部地区教育的发展，需要外在因素的刺激和推动，使中外合作办学真正做到"他山之石可以攻玉"。

二、促进西部经济社会发展需求

（一）满足西部地区高等教育发展的需求

西部地区发展中外合作办学，必须建立在西部地区实际需要的基础之上。

首先，发展中外合作办学，能够拉动西部地区教育消费。扩大内需是当前我国推进经济发展的重要举措之一。早在 2014 年 10 月 29 日，在国务院常务会议上，时任国务院总理李克强就曾提出重点推进六大领域的消费，其中包括了"扩大中外合作办学"。[①] 中外合作办学学校的学生在中国境内接受国外教育资源，多数办学机构和项目学生在境内消费，避免了大量资金外流，同时通过教育消费拉动内需，能够促进经济发展。扩大内需是促进经济发展的一大动力，西部地区能够利用发展中外合作办学扩大内需，带动地区经济发展。

其次，中外合作办学能够拓宽教育投入渠道，在一定程度上能够缓解西部地区高校经费投入不足的问题。当前教育投入不足成为制约我国教育发展的一大障碍。直至2012 年，国家财政性教育经费支出占 GDP 的比例刚刚实现发展中国家 4% 的平均水平。按照国际惯例，高等教育投入占教育投入的20% 左右，而中国一直维持在10% 左右。[②] 由此可见，我国教育经费相对较低，而高等教育所分得的"蛋糕"就相对更低，西部地区作为经济、文化、教育欠发达地区，经费投入则更为不足，高等教育投入不足制约着发展潜力。在政府投入有限的情况下，更需要拓宽经费来源渠道，多路径筹集教育经费。中外合作办学作为特殊的办学形式，能够引进、利用外方资金，实现投资主体的多元化，缓解本土高等教育发展资金不足的问题。[③]

再次，西部地区高校可以通过中外合作办学提升综合实力。通过中外合作办学，西部地区高校能够加强与其他国家和地区高校的交流与合作，实现师生互动、人员往来、科研合作，提升西部高校国际化的水平。西部地区高校在发展中外合作办学中，引进的教育资源能够与本校的学科、专业实现互补，更好地服务当地的经济和社会的

---

① 中国政府网. 李克强主持召开国务院常务会议 (2014 年 10 月 29 日)[EB/OL]. (2014−10−29) [2016−02−16.]https://www. gov. cn/guowuyuan/2014−10/29/content_2772258. htm.

② 周乐，龙思红. 论财政体制改革对高等教育的影响 [J]. 辽宁教育研究，2007(11): 33−35.

③ 崔春，曹佩红. 高校中外合作办学经费筹措困境及破解策略 [J]. 延边大学学报 (社会科学版)，2013, 46(5): 134−139.

发展，提升高校的综合实力与服务社会的能力。目前西部地区高校在办的一些中外合作办学机构和项目，外方合作高校多为国际知名大学，不仅能够增强其教学、科研方面的实力，而且还能够提升社会知名度，为高校今后的发展积蓄力量。

最后，中外合作办学为西部地区增加了高等教育供给的多样性和选择性。中外合作办学提供了一条路子——"不出国门的留学"。西部地区相对而言经济基础较为薄弱，但是也有很多家庭对国外教育有着一定的向往和需求。中外合作办学能够满足这些家庭和学生的需求，在家门口接受国外的教育资源，而且教育成本相比出国留学则相对低廉，同时不需要复杂的签证程序。此外，中外合作办学与公办院校和民办院校作为我国高等教育的不同形式，也为广大学生提供了多样的选择。中外合作办学分为"项目"和"机构"，机构还可以分为法人设置和非法人设置；项目又分为"4+0""2+2"等多种形式。形式上的多样化，使家庭和个人可以根据具体情况进行选择，满足西部地区多样化的高等教育需求。

综合而言，西部地区发展中外合作办学，对政府而言能够扩大内需，促进地方经济的发展；对于西部高校来讲，能够拓宽教育经费来源渠道，提升自身的综合实力；对于西部地区学生而言，能够满足其多样化的教育需求。

（二）促进西部地区经济发展的需要

教育外部发展规律指出，教育的发展受到经济等因素的制约，但是又能够反作用于经济等方面的发展。中外合作办学作为高等教育的一种形式，能够服务区域经济的发展。

首先，开展中外合作办学，能够为西部地区培养经济社会发展急需的专业人才。教育与经济发展之间，是通过培养的人才作为纽带的。中外合作办学的目标是培养具有国际视野，具有国际竞争力，能够参与国际事务的国际化人才；开设的专业能与地方本土高校之间实现优势互补，满足地方社会、经济发展需要的专业和学科，缓解地方人才市场供与求之间的矛盾。

其次，通过教育的国际交流与合作，能够带动经济的国际交流与合作。包括中外合作办学在内的文化、教育的国际交流与合作是伴随着经济全球化而产生的，而文化、教育的国际交流与合作又能够反作用于经济国际交流与合作。发展中外合作办学促进了中外双方在文化、教育领域的合作，带动了国与国之间的政治互信，为经济的合作共赢创造了良好的基础和环境，从而深化我国与其他国家经济贸易之间的往来。西部地区可以抓住发展中外合作办学带来的契机，积极促进与其他国家和地区的经济交流与合作。

最后，中外合作办学活动中，外方教育机构来华能够获得合理回报，需要向中国政府缴纳一定的税收，与学生直接留学海外相比，能够增加国家的税务收入。目前陕西、辽宁、江苏、河北等部分省份已经对中外合作办学税收进行了尝试，针对中外合作办学的纳税政策、管理问题正在全国范围内进一步探索之中。此外，中外合作办学能够促进中外相关人员的国际、地域流动，增加了经济交流的频率。

（三）推动西部文化教育走向世界

教育国际化是一个双向的过程，能够实现中外文化、教育之间相互影响和作用。中外合作办学对于中外高校而言能够充当桥梁和纽带，起到促进交流、融合的作用。我国西部地区高校在引进教育资源带动国内高等教育发展的同时，能够让西部地区的高等教育面向世界，让西部地区的优秀文化弘扬海外。

一方面，要充分发挥中外合作办学"引进来"的作用。西部地区高校在发展中外合作办学过程中，能够促进与国外高校之间的人员往来，增进国际的交流与合作。西部地区高校在中外合作办学中引进国外的教学计划、课程、教材，有利于融入国际教育体系，促进国际化发展进程，提升自身的实力。西部地区高校的教师在中外合作办学中，通过与国外优秀教师的合作，吸收最新的教学理念，掌握国外先进的教学方法，了解最新的学术动态，提高自身的教学与科研水平。中外合作办学项目中的广大学生也可以通过"2+2""1+2+1"等"双校园"办学模式走出国门，拥有更多选择，满足自身的教育需求。

另一方面，充分发挥中外合作办学"走出去"的作用。受到历史等因素的影响，国外对于中国西部地区了解较少。事实上，西部地区聚集了众多少数民族，保留着各少数民族优秀的传统文化，但是由于地域闭塞，交通不便，这些民族文化尚未被世界认识。西部地区高校能够利用中外合作办学的平台，在教育交流与合作中促进文化领域的对外开放，让更多的国际友人认识和了解西部少数民族灿烂的文化，同时，还能够获取机会与世界其他研究机构共同开发、研究西部地区少数民族文化。主动打开西部的大门，以教育的合作交流为契机，传播西部地区民族文化，向国际树立中国西部地区的良好形象。

西部地区高校在发展中外合作办学中，不仅能够借鉴、利用国外先进的教育观念、教育方法，提升自身国际化水平和办学竞争力，而且能够依靠教育的交流与合作，带动经济、文化等领域全方位的对外开放。西部地区高等教育在传承文明的过程中有必要与外界联系，在交往合作中让世界更好地了解西部，让西部更好地走向世界。[①]

2014年教师节，习近平总书记在北京师范大学考察时提到"中西部强则中国强"；刘延东在"千名中西部大学校长海外研修计划"中期成果汇报时也强调西部地区高校应当结合中国实际、弘扬优秀传统、借鉴国外有益经验，加强与周边国家教育科技合作，为提升国家软实力做出贡献。[②]西部地区发展中外合作办学意义重大，中外合作办学的发展水平可以看作西部地区高等教育发展水平的缩影，中外合作办学的发展离不开西部地区中外合作办学的快速、稳定的发展。

---

① 金绍荣, 肖前玲, 王德青. 教育"全球化"对我国西部高等教育的影响及应对措施 [J]. 兰州学刊, 2005(6): 318-319.

② 刘延东. 全面振兴中西部高等教育 [N]. 人民日报, 2014-09-24.

三、实现高校合作共赢

（一）提升中外合作高校的国际影响力

中外合作办学在推动我国高等教育国际化进程中发挥着重要作用。首先，中外合作办学加快了师生的流动，很多教师和学生通过中外合作办学这一平台，走出国门，拉近了与世界的距离；其次，中外合作办学加快了教学资源的流动，办学机构和项目的快速发展促成了国际化课程、教材和课件的跨国流动和共享；再次，中外合作办学推动了教育理念、教学方式、教学管理的跨国传播与融合。中外合作办学在西部地区高等教育国际化进程中发挥的重要作用毋庸置疑，同时，还能够提升外方合作高校的国际影响力。

经济利益是跨国高等教育的最初目的，但是随着教育国际化的发展，尤其对于世界一流名校而言，依靠海外分校或者国际合作机构、项目获取经济利益已经不是主要的目的，而是借助时机，提升国际影响力。

首先，中外合作办学能够使外方高校获取更高的国际声誉，提升国际竞争力。对于增强市场竞争而言，努力获取良好的社会声誉往往比直接获取经济利益更为有效。外方高校来华开展中外合作办学获取经济利益并非主要出发点，尤其是一些国外一流大学，并不缺乏办学资金，设立海外分校、发展国际合作项目最重要的目的就是提升国际竞争力。诸如杜克大学之所以在中国与武汉大学合作建立昆山杜克大学，原因在于"希望借助国际化进程，弥补在本土难以打败哈佛大学的遗憾"[①]。上海纽约大学每年收取的学费，相比美国纽约大学的资金支持几乎可以忽略不计，但是纽约大学赴海外办学，面临不受认可的重大挑战，必须对风险进行慎重评估。[②]可见这些海外高校最注重的是国际名誉而非经济利益。在亚洲，相对于新加坡、马来西亚等周边东南亚国家而言，中国发展中外合作办学等涉外办学起步较晚，尤其在西部地区，目前合作办学数量少，但是市场的需求在不断上升，拥有广阔的发展前景。因此在中国西部地区开展中外合作办学市场竞争力相对较小，更容易实现外方高校"国际化"的战略目标，赢取更高的国际竞争力。

其次，通过来华合作办学，能够对外方合作高校起到很好的宣传作用。中外合作办学的毕业生去向即可反映出这一点。外方高校来华合作办学，能够利用这一平台积极推动毕业生留学工作，起到宣传作用。有学者调查研究显示，中外合作办学中有出国留学愿望的学生人数要多于毕业后就业的学生人数。[③]由于受到外方高校教师、教学模式、教学理念等方面的影响，大多毕业生会选择外方合作高校或者外方合作高校所在国的其他高校继续攻读硕士乃至博士学位。一方面，出国留学的学生将会给外方合作高校和所在国家直接带来经济利益；另一方面，这种教师和校园文化的影响，能够

① 袁新文. "本土留学"渐成时尚，中外合作办学靠谱吗？ [N]. 人民日报，2012-12-07.

② 林金辉. 别样留学需要别样保护——对提高中外合作办学质量的思考 [N]. 中国教育报，2013-3-15(08).

③ 邓洪波. 在中外合作办学项目中学生英语应用能力的培养 [J]. 教育与职业，2007(29): 119-120.

产生比经济效益更重要的结果，使培养的中国学生们认可外方高校所在国家的教育体制、办学理念、课程教学方式等，促使外方高校在中国的品牌影响力提升，同时对提升该国的文化软实力有重大的帮助。

最后，中国教育市场，尤其是西部地区的高等教育市场充满了潜力。中国已经成为世界第二大经济体，居民收入水平不断提高，对优质高等教育资源的需求不断增长，但是国内教育资源尚不能满足人民的需求。国外高校应该抓住中国市场的潜力，积极磋商来华合作办学。当前中外合作办学主要集中在东部和中部地区，西部地区所占比例很少。西部地区高等教育中外合作办学的市场拥有很好的前景，在我国政府倡导社会公平、西部地区对优质高等教育资源需求的呼声不断高涨的背景下，国外高校若率先"抢占"西部地区合作办学的高地，更容易获得当地人民的认可，能够在扩大社会影响力方面获得事半功倍的效果，这种"先入为主"的印象，将使其在激烈的市场竞争中获取一定优势。当前，我国政府鼓励国外教育机构到西部地区合作开展中外合作办学，西部地区政府也提供相应优惠的政策，对中外合作办学进行支持和鼓励，因此西部地区中外合作办学市场潜力巨大。

（二）促进科研合作

科学研究与教学、服务社会一道，构成大学的重要职能。国外高等教育机构在与中国高校合作办学过程中，能够为科研人员提供更多的研究机会和便利的科研条件，为中外高校的科研合作提供便利。

一方面，外方合作高校的教师可以通过中外合作办学与中方合作高校的教师合作，研究中国相关领域的科研项目。在教师科研合作领域，目前中外合作办学还不够成熟，但是其他国家高校创办的外海分校能够提供这方面的成功经验。例如，前英国诺丁汉大学校长大卫·格林纳威（David Greenaway）表示，海外合作办学的举措不仅可以成为吸引优质留学生的渠道，还可以通过申请当地的科研项目，为英国科研人员提供更多的科研机会。诺丁汉大学马来西亚分校已经争取到马来西亚政府的热带作物研究项目。[①]科学研究是没有国界的，但是在实际中往往会遇到国界的壁垒，制约着科学研究国际合作。中外合作办学则能够打破这一壁垒，外方合作高校所选派的外籍教师和专家来到中国，能够深入实地对中国自然、社会、人文等领域进行科学研究，满足外方合作高校教师的科研需求。中方合作高校的教师与外方合作高校的教师合作，也能够参与到外方合作高校教师的科研团队中，双方共享科研资源、共享科研成果，通过高等教育国际化推动科学研究的国际化。

另一方面，中国西部地区地处内陆，拥有着丰富的资源，为科研人员提供了巨大的研究空间。西部地区具有复杂的地貌、丰富的矿产资源、多样的动植物资源、复杂的自然气候环境，此外西部地区少数民族聚集，其风土人情、历史文化等能为科研工作者在自然科学和社会科学方面提供丰富的研究内容，为外方教师和科研人员来华任教增添动力。

---

① 孙敏，王焕现．欧美高校为何热衷海外办学 [N]．中国教育报，2011-07-05(3)．

第三章 西部地区高等教育中外合作办学发展现状

西部地区高等教育中外合作办学相对于全国其他地区而言起步较晚，发展速度较慢。本章主要研究西部地区高等教育中外合作办学发展的基本概况，统计分析发展的数量、结构、中外双方合作的高校、招生与毕业、办学经费等若干方面内容，力图从整体和发展的角度对西部地区高等教育中外合作办学的现状进行深入概括，全面呈现其发展的现状。本章在研究过程中，一方面使用了教育部中外合作办学监管工作信息平台网站公布的信息进行统计分析，另一方面搜集了近几年中外合作办学评估参评单位公示的自评信息。本节主要对自评报告的办学经费、招生就业、师资队伍、教学与课程等方面进行统计，对西部地区高等教育中外合作办学的发展现状进行分析研究。

第一节 西部地区高等教育中外合作办学的数量

一、整体数量

截至 2024 年 12 月 31 日，西部地区 12 个省、自治区、直辖市经教育部审批通过的正在实施本科及以上层次的中外合作办学机构和项目共 193 个，其中机构 25 个，项目 168 个。[①] 西部地区各省（区、市）本科及以上层次中外合作办学数量、比例的具体情况如表 3-1 所示。

通过统计可以看出，西部地区设立或创办的高等教育中外合作办学机构和项目，主要集中在陕西、重庆、四川三个省（市），这三个省（市）设立或创办的中外合作办学机构和项目数量共计 110 个，占西部地区中外合作办学总数的 57%。相比之下，宁夏、新疆、青海三个省（区）办学数量所占西部地区办学总数比例均在 2% 以下；截至 2022 年西藏自治区还没有设立或创办中外合作办学机构和项目。

---

① 如未详细注明，本书统计数据均来自教育部中外合作办学监管工作信息平台网站，截止时间为 2024 年 12 月 31 日。

表3-1　西部地区12省（区、市）本科及以上层次中外合作办学数量分布表（单位：个）

省（区、市）	项目	机构	合计	比例
陕西	28	10	38	19.7%
重庆	33	4	37	19.2%
四川	28	7	35	18.1%
广西	22	1	23	11.9%
云南	22	0	22	11.4%
贵州	16	2	18	9.3%
内蒙古	9	0	9	4.7%
甘肃	4	1	5	2.6%
宁夏	3	0	3	1.6%
新疆	2	0	2	1.0%
青海	1	0	1	0.5%
西藏	0	0	0	0%
合计	168	25	193	100.0%

二、数量发展

中外合作办学的发展是一个动态的过程，其发展规模和速度是不断发生变化的，因此需要用动态的、发展的视角对西部地区高等教育中外合作办学进行分阶段统计分析。当前很多研究从不同角度对中外合作办学发展阶段进行了划分，例如，有研究认为，中外合作办学发展先后经历了探索发展阶段（改革开放前）、恢复发展阶段（1978—2000年）、法制化建设（2001—2009年）和规范发展（2010年至今）四阶段；还有研究认为中外合作办学经历谨慎探索与缓慢发展时期（1978—1992年）、政府鼓励与规模扩张时期（1993—2002年）、制度完善与规范调整时期（2003—2009年）和质量提升与特色发展时期（2010年至今）；另有学者认为中外合作办学经历了起步阶段（1978—1994年）、政府鼓励与支持阶段（1995—2002年）、调整阶段（2003—2009年）和质量建设工程实施阶段（2010年至今）。本研究认为，分析中外合作办学的发展阶段划分需要考虑两个因素：其一，时间跨度要合适，跨度太长、太短均无法体现学科专业布局的时代特点；其二，需要充分考虑划分不同阶段的中外合作办学发展数量，数量太少无法显著呈现学科专业的布局结构。

综合已有研究成果，将中外合作办学分为以下四个阶段进行专业数量统计：第一个阶段为2003年《中华人民共和国中外合作办学条例》（2019年修订，下文简称《中外合作办学条例》）实施之前；第二阶段为 2003—2010 年，即《中外合作办学条例》正式实施至《国家中长期教育改革和发展规划纲要（2010—2020 年)》(下文简称《国家教育规划纲要》)发布时期；第三阶段为 2011—2015 年，即《国家教育规划纲要》实施的前五年；第四阶段为 2016—2024 年，即中共中央办公厅、国务院办公厅印发《关于做好新时期教育对外开放工作的若干意见》至今。即分别以 2003 年、2010 年和 2015 年作为时间节点，对西部地区不同时期高等教育中外合作办学发展规模进行统计分析，从动态的角度分析西部地区高等教育中外合作办学机构及项目的数量。

根据教育部中外合作办学监管工作信息平台网站公布的信息显示，西部地区高等教育中外合作办学最早可追溯到 2000 年重庆工商大学国际商学院这一非法人设置中外合作办学机构的成立。在此之后，西部地区各省（区、市）高等教育中外合作办学机构和项目逐渐发展起来。具体发展情况如表 3-2 所示。

表 3-2　西部地区本科及以上层次中外合作办学数量审批情况 [①]

时间	2023 年之前	2023—2010 年	2011—2015 年	2016—2024 年	合计
数量（个）	4	12	72	116	204
比例	1.96%	5.88%	35.29%	56.86%	100.00%

由表 3-2 可以看出，西部地区高等教育中外合作办学在 2011 年之前的发展十分缓慢，12 个省（区、市）共有 16 个办学机构和项目，尤其在 2003 年之前仅有 4 个。但是《国家教育规划纲要》颁布实施以来，西部地区中外合作办学发展速度明显加快，2011—2015 年的五年时间里，共有 72 个办学机构和项目相继通过教育部的审批，2016 年之后审批数量达到了 116 个，由此可见，西部地区高等教育中外合作办学在《国家教育规划纲要》颁布实施以来取得了迅速发展，发展的势头逐渐增强，尤其是党的十八大以来发展速度不断加快。

第二节　西部地区高等教育中外合作办学的结构

高等教育结构是指高等教育系统的内部各要素的构成状态，广义的高等教育结构包括宏观结构、微观结构以及个体结构。宏观结构指整个高等教育系统的构成，主要有层次结构、科类与专业结构、地区布局结构等；微观结构指高等学校内部的教育结构，主要有课程结构、师资结构、基础设施结构等。[②] 本节主要分析西部地区高等教育中外合作办学的层次、科类专业结构，以及课程、师资结构等相关内容。

---

① 西部地区先后有 11 个办学机构和项目在办学过程中退出。
② 潘懋元 . 新编高等教育学 [M]. 北京 : 北京师范大学出版社 , 1996: 134.

一、层次结构

（一）整体层次结构情况

经教育部审批通过的西部地区设立或开办的中外合作办学机构和项目，涉及本科、硕士、博士三个层次。截至 2024 年 12 月 31 日，西部地区正在运行的本科层次中外合作办学机构和项目共有 152 个，占西部地区中外合作办学总数的 80%；硕士研究生层次办学机构和项目有 31 个，占区域总数的 16%；博士研究生层次办学机构和项目有 6 个，占总数的 3%。[①]具体数量和比例分布如图 3-1 所示。

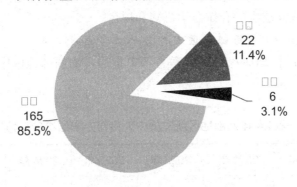

图 3-1　西部地区中外合作办学层次结构图（单位：个）

数据统计结果显示，西部地区高校设立或开展的中外合作办学机构和项目主要是以本科层次为主，数量占总数的 85.5%；硕士研究生层次的办学数量相对较少，博士研究生层次办学数量所占比例仅为 3.1%。

（二）西部地区中外合作办学层次结构发展情况

西部地区高等教育中外合作办学的层次结构在不同的发展阶段也有一定的变化与发展，本书统计了西部地区中外合作办学在不同发展阶段层次结构布局的发展情况，如表 3-3 所示。

表 3-3　西部地区高等教育中外合作办学层次结构发展情况（单位：个）

办学层次	2003 年前		2003—2010 年		2011—2015 年		2016—2024 年	
本科	3	75.0%	6	50%	67	93.1%	98	84.5%
硕士	1	25.0%	6	50%	3	4.2%	14	12.1%
博士	–	–	–	–	2	2.8%	4	3.4%

---

① 为便于统计，办学机构中涉及本、硕、博不同层次办学的，只计入最高层次。

通过表 3-3 可以看出，西部地区在中外合作办学发展的早期办学层次都相对较高，具体分析可见，在 2003 年之前西部地区高校设立或开展的 4 个办学机构和项目中，尽管没有博士层次办学机构和项目，硕士研究生层次办学占 25%；2003—2010 年，研究生层次办学数量所占比例更是达到了 50%，反映出西部地区中外合作办学发展初期办学层次较高的特点。即使在《国家教育规划纲要》颁布之后的 2010—2015 年，也有 7% 的办学属于博士和硕士研究生层次，其中博士研究生层次办学比例为 2.8%。2016 年之后，尽管本科层次办学逐渐达到了 98 个，但是博士和硕士研究生层次办学比例也达到 15.5%。通过对办学层次结构的统计研究，能够发现西部地区中外合作办学在发展初期相对比较慎重，重视高层次的合作办学机构和项目。

（三）2018—2022 年西部地区中外合作办学层次发展

本书还专门分析了 2018—2022 年教育部审批通过的西部地区中外合作办学层次发展情况如见表 3-4 所示。

表 3-4　2022—2024 年西部地区新发展中外合作办学层次分布情况（单位：个）

	2020 年	2021 年	2022 年	2023 年	2024 年	总数及比例	
本科	5	18	19	6	0	48	85.7%
硕士	0	2	0	2	1	5	8.9%
博士	1	1	0	1	0	3	5.4%

通过统计可以看出，2022—2024 年教育部审批的西部地区中外合作办学机构和项目数量为 56 个，其中本科学历的有 48 个，硕士和博士研究生层次共有 8 个，除 2022 年之外每年都有研究生层次办学发展。综合上述分析，西部地区中外合作办学在层次结构方面有以下三方面特点。

第一，整体上讲，西部地区设立或开展的高等教育中外合作办学机构和项目，以本科层次办学为主，所占比例达到 85.5%；研究生办层次尤其是博士研究生层次办学数量相对较少。

第二，西部中外合作办学在发展初期（2011 年之前），主要是研究生层次的办学，随着近年来的发展，研究生层次办学数量发展放缓，本科层次办学数量发展较快。可以反映出，西部地区中外合作办学在发展初期较为慎重，毕竟研究生层次的教育规模相对较小。伴随西部地区中外合作办学的不断发展，西部地区整体办学层次在降低，本科层次的办学数量不断增加，说明西部地区通过中外合作办学这种形式接受高等教育的学生数量在逐步增长，社会认可度在不断提升，社会需要也在不断扩大。西部中外合作办学层次逐渐扩展，能够满足受教育者接受不同类型教育的需求。

第三，西部地区自 2011 年以来发展的研究生层次的中外合作办学机构和项目主要位于四川、重庆、陕西三个经济社会相对发达的西部省市，其他省（区）新发展的中外合作办学均以本科层次为主，体现出西部地区高层次中外合作办学布局不均衡的现象。

二、科类与专业结构

学科专业是中外合作办学引进"优质教育资源"的重要组成部分，我国政府鼓励高校通过中外合作办学引进地方急需、空白和薄弱的学科专业，培养致力于我国现代化建设的国际化人才。

目前全国本科层次中外合作办学在专业设置方面基本在《普通高等学校本科专业目录》（以下简称《目录》）的框架内进行设置，而研究生层次开设专业相对灵活，没有局限于《目录》，很多专业属于交叉学科、新兴前沿学科领域。本书的研究对西部地区本科和研究生层次中外合作办学涉及的专业、学科分别进行统计分析。

（一）整体学科分布

1.西部地区本科层次中外合作办学涉及学科门类分布

截至2022年12月31日，西部地区设立或开办的本科层次中外合作办学机构和项目，除不含哲学、军事学相关学科门类外，共涉及其余11个学科门类，具体学科门类分布数量和所占比例分布如表3-5所示。

表3-5　西部地区本科层次中外合作办学学科门类分布表（单位：个）

学科	数量	比例	学科	数量	比例
工学	110	45.45%	农学	5	2.07%
管理学	42	17.36%	文学	5	2.07%
艺术学	41	16.94%	医学	7	2.89%
经济学	16	6.61%	法学	1	0.41%
教育学	7	2.89%	历史学	1	0.41%
理学	7	2.89%			

通过表3-5可以看出，西部地区本科层次中外合作办学以工学、管理学、艺术学为主，上述三个学科门类涉及专业占西部地区中外合作办学总数的近80%，尤其是工学相关专业，所占比例超过西部地区中外合作办学整体的45%。相比之下，教育学、理学、农学、文学、医学、法学和历史学相关专业数量在10个以下，所占比例均在3%以下。

根据《教育部关于公布2023年度普通高等学校本科专业备案和审批结果的通知》[①]，

---

① 教育部关于公布2023年度普通高等学校本科专业备案和审批结果的通知 [EB/OL]. (2024-02-05)[2025-01-20]. http://www.moe.gov.cn/srcsite/A08/moe_1034/s4930/202403/t20240319_1121111.html.

西部地区开办的本科层次中外合作办学机构和项目共涉及 53 个专业类别，具体分布情况如表 3-6 所示。

表 3-6 西部地区本科层次中外合作办学专业类别分布表（单位：个）

专业类别	数量	专业类别	数量
工商管理类	23	护理类	2
机械类	23	管理学类	2
计算机类	20	工业工程类	2
戏剧与影视学类	16	安全科学与工程类	2
电子信息类	17	植物生产类	2
土木类	15	环境科学与工程类	2
设计学类	14	医学技术类	2
电气类	9	药学类	2
音乐与舞蹈学类	8	文学类	1
经济学类	7	数学类	1
食品科学与工程类	6	生物工程类	1
金融学类	6	能源动力类	1
管理科学与工程类	5	心理学类	1
材料类	5	历史学类	1
旅游管理学类	4	酒店管理类	1
教育学类	4	经济与贸易类	1
物流管理与工程类	4	建筑类	1
外国语言文学类	3	化学类	1
体育学类	3	化工与制药类	1
美术学类	3	国际经济与贸易类	1
公共管理类	3	自然保护与环境生态类	1
临床医学类	3	法学类	1
生物科学类	2	动物生产类	1
矿业类	2	电子商务类	1
交通运输类	2	地理科学类	1

专业类别	数量	专业类别	数量
自动化类	1	草学类	1
新闻传播学类	1		

通过表 3-6 可以看出，西部地区高校开办的本科层次中外合作办学机构和项目中，涉及最多的专业类别为工商管理类、机械类、计算机类、电子信息类、戏剧与影视学类、土木类等相关专业。

2. 西部地区研究生层次中外合作办学专业门类分布

西部地区研究生层次中外合作办学机构和项目较少，硕士层次中外合作办学涉及 20 个专业类别，具体专业类别和数量如表 3-7 所示。

表 3-7　西部地区硕士研究生层次中外合作办学专业门类分布表（单位：个）

专业门类	数量	专业门类	数量
戏剧与影视学类	13	纺织类	1
工商管理类	11	化学类	1
机械类	6	环境科学与工程类	1
医学类	4	计算机类	1
土木类	3	建筑类	1
材料类	3	酒店管理类	1
音乐与舞蹈学类	3	理疗类	1
设计学类	3	法学类	1
管理科学与工程类	2	植物生产类	1
能源动力类	2	生物医学工程类	1
电子信息类	2		

博士研究生层次中外合作办学专业门类数量更少，仅有 2 个机构和 3 个项目，涉及工商管理学、管理学、动力工程与工程热物理、材料科学与工程、管理科学与工程、机械工程、土木工程、信息与通信工程、设计学和金融学，共计 9 个专业。

纵观西部地区本科及以上层次所有的中外合作办学机构和项目，开设的专业主要集中在管理学、经济学、工学、艺术学等相关专业。农学、医学、法学、理学等相关学科专业则明显偏少，反映出西部中外合作办学在学科门类与专业结构布局方面过于集中的现象。这种集中的分布情况，反映出西部地区高等教育中外合作办学在专业设置方面不够科学合理。

（二）西部地区高等教育中外合作办学专业设置发展情况

本书分别以 2003 年、2011 年和 2015 年为时间节点，统计分析了西部地区高等教育中外合作办学专业设置发展和变化情况，具体统计分析如下。

1. 2003 年以前

2003 年之前，西部地区共有两个中外合作办学机构和 5 个办学项目，涉及 19 个专业。根据《全国本科专业代码》，可以将这 19 个专业分为 7 个专业类别，具体分布如表 3-8 所示。

表 3-8　2003 年之前西部地区中外合作办学专业类别分布情况（单位：个）

专业类别	数量	专业类别	数量
工商管理类	6	电子信息类	1
戏剧与影视学类	6	金融学类	1
经济与贸易类	2	外国语言文学类	1
音乐与舞蹈学类	2		
合计	19		

通过表 3-8 可以看出，在 2003 年之前，西部地区高等教育中外合作办学的专业仅涉及管理学、艺术学、经济学、工学和文学 5 个学科，主要是管理类和艺术类等相关专业。具体分析，这一时期设立的两个中外合作办学机构（重庆大学美视艺术学院、重庆工商大学国际学院）共开设了 14 个专业，分别以艺术类、经贸类为主要专业。5 个中外合作办学项目中，管理学、经济学专业也占据了 4 个。因此，这一时期西部地区中外合作办学的专业设置较少，集中在管理类和艺术类相关专业。

2. 2003—2010 年

2003—2010 年，西部地区共发展了 1 个中外合作办学机构和 16 个中外合作办学项目，共计发展了 18 个专业，涉及 10 个专业类别。具体分布如表 3-9 所示。

表 3-9　2003—2010 年西部地区中外合作办学专业类别分布表（单位：个）

专业类别	数量	专业类别	数量
管理科学与工程类	5	机械类	1
工商管理类	4	经济与贸易类	1
设计学类	2	旅游管理类	1
草学类	1	食品科学与工程类	1

专业类别	数量	专业类别	数量
纺织类	1	自然保护与环境生态类	1
合计	18		

通过表 3-9 可以看出，2003—2010 年的 7 年时间里，西部地区高等教育中外合作办学发展的专业数量基本上与 2003 年之前的数量持平，这一时期仅发展了 1 个机构，这一机构仅设两个专业。而 2003 年之前有两个机构，每个机构设置了 3~5 个不同的专业。这一时期西部地区中外合作办学涉及管理学、艺术学、农学、工学、经济学 5 个学科，专业设置最集中的是管理科学与工程类和工商管理类专业，共计 9 个，占这一时期新发展中外合作办学数量的一半。整体上看，管理学仍然是主要的办学专业，艺术学相关专业数量较上一时期相对减少，农学相关专业诸如草学类、自然保护与环境等专业逐渐发展。专业分布逐渐向多元化的方向发展。

3.2011—2015 年

2011—2015 年，西部地区共设立了 3 个中外合作办学机构，开展了 68 个中外合作办学项目，总计 79 个专业，涉及 30 个专业门类。具体专业类别分布如表 3-10 所示。

表 3-10　2011—2015 年西部地区中外合作办学专业类别分布表（单位：个）

专业类别	数量	专业类别	数量
工商管理类	11	工业工程类	1
机械类	9	管理科学与工程类	1
电子信息类	8	管理学类	1
计算机类	5	交通运输类	1
土木类	5	法学类	1
戏剧与影视学类	4	经济学类	1
电气类	4	经济与贸易类	1
护理学类	3	能源动力类	1
医学技术类	3	生物工程类	1
公共管理类	2	食品科学与工程类	1
金融学类	2	体育学类	1
旅游管理类	2	外国语言文学类	1
设计学类	2	心理学类	1

专业类别	数量	专业类别	数量
材料类	2	音乐与舞蹈学类	1
教育学类	2	自动化类	1
合计	79		

通过表3-10的统计结果可以看出，2011—2015年这四年来，随着西部地区中外合作办学数量的增长，新发展的专业、学科也逐渐增多，囊括了管理学、工学、艺术学、医学、经济学、法学、教育学、文学、理学9个学科门类。整体上看，工商管理等管理类专业依旧是主要的学科专业，但是与前一阶段相比，工学类等相关专业发展突飞猛进，诸如机械类、电子信息类、计算机类等专业类别取得了很大的发展。需要指出的是，这一时期，西部地区发展了综合型和交叉型专业，诸如物理治疗、灾害护理、无损检测、义肢矫形学、职业治疗等专业是近年来新兴的专业，也符合西部地区经济社会发展的实际需求。由此可见，近些年来西部地区中外合作办学在专业设置方面取得了一定的成绩。

4.2016—2024年西部地区中外合作办学专业发展情况

2016—2022年西部地区12个省（区、市）新发展了116个中外合作办学机构和项目，共开设182个专业，涉及45个专业类别，具体分布情况见表3-11所示。

表3-11 2016—2024年西部地区中外合作办学专业类别分布表（单位：个）

专业类别	数量	专业类别	数量
机械类	20	材料类	5
计算机类	15	食品科学与工程类	4
土木类	14	临床医学类	4
设计学类	13	物流管理与工程类	3
戏剧与影视学类	12	美术学类	3
工商管理类	10	旅游管理类	3
电子信息类	10	环境科学与工程类	3
音乐与舞蹈学类	7	植物生产类	3
金融学类	6	药学类	2
管理科学与工程类	5	外国语言文学类	2
电气类	5	体育学类	2

续　表

专业类别	数量	专业类别	数量
生物科学类	2	历史学类	1
矿业类	2	经济与贸易类	1
教育学类	2	经济学类	1
建筑类	2	交通运输类	1
化学类	2	计算机类	1
安全科学与工程类	2	化工与制药类	1
公共管理类	2	法学类	1
医学技术类	1	动物生产类	1
信息类	1	电子商务类	1
新闻传播学类	1	地理科学类	1
数学类	1	工业工程类	1
生物医学工程类	1	合计	182

通过统计可以看出，整体上西部地区高等教育中外合作办学热衷于建设工学、管理学、艺术学等学科，每阶段新发展的专业中，上述三个学科门类数量基本上位列前三名，尤其是工学，新发展中外合作办学中近一半都属于工学学科。但是，法学、文学、历史学等相关专业发展相对缓慢。西部地区高等教育中外合作办学学科分布不均衡的现象在继续扩大。

教育部曾经公布了全国与各省（区、市）就业率低的"红牌"本科专业[1]，这些专业与国家和地方经济社会发展的需求差距较大，存在重复设置的现象。笔者分析了西部地区中外合作办学近两年的新设置专业，发现也有不少属于这些警告专业的范畴。西部地区2016年以来新发展的本科层次中外合作办学机构和项目中的"红牌"专业，占新发展本科层次中外合作办学总数的24.5%，能够说明西部地区一些高校不顾国家和地方经济与社会发展的需要，盲目开设专业的状况，反映出"一哄而上"的现象。中外合作办学的核心是吸引优质教育资源，从而弥补我国高等教育发展的不足。优质教育资源应当与本土高等教育资源互补，应开设国家和地区急需的学科专业，或者国内暂无条件开设的学科专业。但是从西部地区近年来新发展的高等教育中外合作办学所开设的专业来看，与"优质"还有一定的距离。诸如，一些涉及西部地区民生、医疗卫生及农业生产等相关的学科专业开设很少，反映出西部地区中外合作办学中方合作高校

---

① 教育部新闻办. 近两年 (2012、2013 年) 全国和分省的就业率较低的本科专业名单 [EB/OL]. (2014−10−15) [2016−02−13]. http://www. moe. gov. cn/jyb_xwfb/35147/201410/t20141015_175978. html.

存在盲目开设的现象，需要在今后的审批和监管中注意，防止重复建设造成资源浪费。

通过上文的统计分析，本书认为西部地区中外合作办学在专业设置方面，近年来逐步开设了一些新兴前沿的学科专业，弥补了地区高等教育部分专业设置的空白，这是值得肯定的。但是，也需要注意，西部地区中外合作办学专业设置主要集中在工学、管理学、艺术学等专业，还不能够充分体现地方的特色，新办专业仍有国家公布的"红牌"警告专业，专业设置未能充分结合地方经济社会发展的实际需求，因此，在未来的发展中中外合作办学专业设置方面需要对专业结构进行更加科学、合理的调整。

三、师资结构

师资队伍是中外合作办学引进优质教育资源的载体，师资队伍质量是中外合作办学高质量发展的关键，决定着引进的教育资源是否能够顺利转化为学生所掌握的知识和技能。针对师资队伍的发展情况，本书统计并分析了西部地区中外合作办学机构和项目中外双方派遣的教师数量和比例，以及师资的学位、职称等方面的相关内容。

（一）中外双方高校派遣的教师数量

本研究对西部地区高等教育中外合作办学机构和项目中中外合作高校各自派遣的教师人数进行了统计分析。结果显示，西部地区有 17.2% 的中外合作办学机构和项目的外方高校派遣教师数量多于中方高校派遣教师数量；3.4% 的办学机构和项目中中外双方派遣教师人数一样多；79.4% 的办学机构和项目中方高校派遣的教师数量多于外方高校派遣的教师人数。西部地区中外合作办学机构和项目外方合作高校派遣的师资数量比例，如表 3-12 所示。

表 3-12　西部地区中外合作办学外方合作高校派遣教师所占办学师资比例

外方派遣师资所占比例（x）	$x < 33.3\%$	$33.3\% \leq x < 66.6\%$	$x \geq 66.6\%$
项目所占比例	65.5%	20.7%	13.8%

通过表 3-12 可以看出，西部地区高等教育中外合作办学中，有超过 65% 的办学机构和项目外方合作高校派遣教师人数占办学师资队伍总数的比例在 1/3 以下；近 35% 的办学机构和项目外方派遣教师人数占师资队伍总数的比例在 1/3 以上，其中有 2 个办学项目外方派遣教师人数占师资总数的 100%，即全部由外方合作高校派遣的教师进行授课。

通过统计数据和分析可以看出，当前西部地区中外合作办学在吸引外方高校师资方面并不均衡，有些办学机构和项目实现了 100% 引进外方派遣的教师，但是有些办学机构和项目的这一比例仍为零。整体而言，西部地区中外合作办学的教师队伍主要是由中方合作高校派遣，多数西部地区的中外合作办学的师资队伍中，中方高校派遣的教师数量多于外方高校派遣的教师数量。

（二）中外国籍教师数量比较

在中外合作办学机构和项目中，中方高校所派遣的教师中有部分是外籍教师，外方机构所派遣的教师中也有一部分为中国籍教师，因此本书对中外国籍教师的数量进行了统计和比较分析。

就中方合作高校派遣的教师中，有17.2%的办学机构和项目派遣了外籍教师；另外的28.8%的办学机构和项目仅选派中国籍教师。就外方合作高校派遣的教师中，有55.1%的办学机构和项目派遣了外籍教师；另有17.2%的办学外方合作高校仅派遣中国籍教师，没有派遣外籍教师。能够反映出西部地区一些中外合作办学在师资派遣中面临的一些问题。

当前，国家教育行政部门对中外合作办学外籍教师比例及授课数量比例有相关的规定。一些办学机构和项目为了达到规定的要求，不得不在中国境内聘请"外国脸"充当外籍教师，这种做法能够达到国家规定的数量比例标准。但是这些临时聘请的教师，仅能充当语言教师，无法胜任专业课的教学，因此在教学质量上无法满足中外合作办学的需求。这是西部地区中外合作办学质量发展必须要重点解决的问题。

就西部地区中外合作办学师资队伍整体而言，有44.8%的办学机构和项目没有派遣和聘请外籍教师，均由中国籍教师承担教学任务。西部中外合作办学中派遣聘请的外籍教师占机构和项目师资队伍的数量比例情况，如表3-13所示。

表3-13　西部地区中外合作办学外籍教师数量比例

外籍教师所占比例（x）	$x<33.3\%$	$33.3\% \leqslant x<66.6\%$	$x \geqslant 66.6\%$
项目比例	72.4%	20.7%	6.9%

通过表3-13可以看出，西部地区超过70%的办学机构和项目中，外籍教师人数拥有量尚未达到师资总数的1/3，仅有6.9%的办学机构和项目的外籍教师人数所占比例超过了2/3。反映出，目前西部地区中外合作办学主要是中国籍教师承担教学，外籍教师人数较少。

（三）师资队伍学位、职称构成

仅靠师资的数量还不能完全衡量西部地区高等教育中外合作办学师资队伍的质量。通常来讲，判别高校师资队伍的质量主要从教师的学位、职称等方面进行评价。拥有博士学位、高级职称的教师，无论在业务水平、专业能力和工作经验方面都十分突出，选聘这些教师在中外合作办学机构和项目中任教，对机构和项目的办学质量而言十分重要。

1.学位构成情况

本研究统计了西部地区中外合作办学机构和项目师资队伍中博士学位拥有者的数量所占比例情况，具体如表3-14所示。

表 3-14　西部地区中外合作办学师资中博士学位拥有者的比例

博士拥有者比例（x）	$x<33.3\%$	$33.3\% \leqslant x<66.6\%$	$x \geqslant 66.6\%$
办学比例	55.2%	27.6%	17.2%

　　通过统计可以看出，西部地区超过一半的中外合作办学的师资队伍中，博士学位拥有者的数量在 1/3 以下，其中 13.8% 的中外合作办学中博士学位拥有者数量为零，即教师队伍中没有博士学位拥有者。有 44.8% 的办学机构和项目教师队伍中博士拥有者所占比例超过了 1/3，有 17.2% 的办学机构和项目教师队伍中博士学位拥有者超过了2/3。从统计中能够反映出，西部地区各中外合作办学机构和项目在师资学历方面差异很大，整体上师资队伍的学历还不够高，博士学位拥有者的数量比例偏低。

　　本书就西部地区中外合作办学中中外双方派遣的教师学位构成情况分别进行统计分析。中外双方派遣的教师中，博士学位拥有情况，如表 3-15 和表 3-16 所示。

表 3-15　中方派遣博士学位拥有者的比例

博士拥有者比例（x）	$x<33.3\%$	$33.3\% \leqslant x<66.6\%$	$x \geqslant 66.6\%$	其他
办学比例	62.1%	17.2%	13.8%	6.9%

说明："其他"表示该中外合作办学中，中方高校没有派遣教师。

　　根据中方高校派遣教师的学位情况，经过统计可以看出，西部地区 62.1% 的中外合作办学机构和项目中，中方派遣师资队伍中博士学位拥有教师数量所占比例在 1/3 以下；西部地区 31% 的中外合作办学机构和项目中博士学位拥有教师数量所占比例超过了 1/3，其中，中方高校选派博士教师比例达到 2/3 以上的办学机构和项目数量所占比例为 13.8%。

表 3-16　外方派遣博士学位拥有者的比例

博士拥有者比例	$x<33.3\%$	$33.3\% \leqslant x<66.6\%$	$x \geqslant 66.6\%$	其他
办学比例	24.1%	17.2%	41.4%	17.3%

说明："其他"表示该中外合作办学中，外方高校没有派遣教师。

　　就外方高校派遣的教师方面，西部地区有 24.1% 的中外合作办学机构和项目外方派遣教师数量比例在 1/3 以下；外方派遣师资队伍中博士学位拥有教师数量所占比例在1/3 以上的办学机构和项目所占比例为 58.6%。通过分析西部地区中外合作办学中中外合作高校派遣的师资队伍学位情况，能够反映出，外方派遣的师资队伍，整体上学历水平要高于中方派遣的教师队伍，拥有博士学位的教师数量所占比例较高。

2.职称构成情况

本研究统计了西部地区中外合作办学机构和项目中拥有高级职称（教授、研究员）的教师人数比例，具体情况如表 3-17 所示。

表 3-17　西部地区中外合作办学高级职称教师的比例

高级职称教师所占比例（x）	$x<33.3\%$	$33.3\% \leqslant x<66.6\%$	$x \geqslant 66.6\%$
办学比例	20.7%	37.9%	41.4%

通过表 3-17 可以看出，西部地区有 20.7% 的中外合作办学机构和项目中高级职称教师数量比例在 1/3 以下；近 80% 的办学机构和项目中高级职称教师数量比例超过了 1/3；其中，41.4% 的办学机构和项目中，高级职称教师数量的比例超过了 2/3。为了更为详细地分析西部地区中外合作办学师资中教师职称情况，本书统计了西部地区中外合作办学中外双方派遣的教师高职职称比例构成情况，具体情况如表 3-18 和 4-19 所示。

表 3-18　中方派遣的高级职称教师的比例

高级职称教师比例（x）	$x<33.3\%$	$33.3\% \leqslant x<66.6\%$	$x \geqslant 66.6\%$	其他
办学比例	23.3%	38.8%	30.0%	6.9%

说明："其他"表示该办学中，中方高校没有派遣教师。

经过统计可以看出，西部地区有 23.3% 中外合作办学机构和项目，中方派遣的高级职称教师占中方派遣教师数量比例在 1/3 以下；有 68.8% 的中外合作办学机构和项目，中方派遣的高级职称教师数量比例占中方派遣教师数量的 1/3 以上，其中中方派遣的高级职称教师数量比例超过 2/3 的办学机构和项目占总数的 30.0%。

表 3-19　外方派遣的高级职称教师的比例

高级职称教师比例	$x<33.3\%$	$33.3\% \leqslant x<66.6\%$	$x \geqslant 66.6\%$	其他
办学比例	17.2%	13.8%	51.7%	17.3%

说明："其他"表示该办学中，外方高校没有派遣教师。

西部地区有 17.2% 的中外合作办学机构和项目，外方派遣的高级职称教师占外方派遣教师总数的比例在 1/3 以下；65.5% 的中外合作办学机构和项目中外方派遣的高级职称教师占外方派遣教师总数比例超过了 1/3，其中 51.7% 的中外合作办学机构和项目中，外方派遣的高级职称教师占外方派遣教师总数的比例超过了 2/3。

通过对西部地区中外合作办学中中外双方派遣教师职称情况进行分析，可以看出，中外双方在派出高级职称教师所占比例方面，外方要好于中方，派出高级职称教师的比例相对要大。整体而言，西部中外合作办学的师资水平还有一定的提升空间。因此，在未来西部地区中外合作办学中，如何吸引和建立一支高水平的师资队伍，是其面临的一个重要挑战。

四、教学与课程设置

中外合作办学作为不出国门的留学，区别其他涉外办学形式的关键所在是其实质性地引入外方合作高校的教育资源，教学与课程则是引进教育资源的重要组成部分。本书对西部地区高等教育中外合作办学引进外方高校课程、共同开发课程和外方教师承担专业核心课程人均分布等情况进行了分析研究。

（一）引进外方课程门数

中外合作办学引进的外方的课程主要包括外方合作高校开设的公共课程、专业基础课程、专业核心课程、选修课程和实践课程。经过统计分析，50% 的西部地区中外合作办学机构和项目达到或超过了引进外方课程门数占总课程数量 1/3 的标准，其中有 23.3% 的办学机构和项目超过了 2/3，但是仍有 50% 的办学机构和项目尚未达到 1/3 的标准。具体比例分布如表 3-20 所示。

表 3-20　西部地区中外合作办学引进外方课程门数比例分布表

引进课程比例分布（x）	$x < 33.3\%$	$33.3\% \leqslant x < 66.6\%$	$x \geqslant 66.6\%$
西部办学数量比例	50.0%	26.7%	23.3%

经过具体分析，西部地区开办的中外合作办学中，引进外方课程门数占总课程门数的比例存在两极化的现象。部分办学机构和项目，引进外方课程门数的比例达到了 100%，即全部引进外方课程，这些中外合作办学的中方合作高校多为国家"985 工程"重点高校，也全部都是研究生的办学层次。另有一定数量的办学机构和项目引进外方课程数量为 0，即没有引进外方任何课程，这些办学机构和项目的中方合作高校都是地方普通院校，开办的都是本科层次中外合作办学机构和项目。

本书还分析了西部中外合作办学引进外方专业核心课程门数。中外合作办学专业核心课程由中方、外方和中外共同开发三个部分组成。通过统计西部地区高等教育中外合作办学引进外方专业核心课程门数占专业总核心课程门数的比例可以看出，西部地区有 36.7% 的中外合作办学机构和项目没有达到 1/3 的标准；63.3% 的办学达到并超过了这一规定的比例；53.3% 的办学超过了 2/3 的比例。具体引进比例如表 3-21 所示。

表3-21　西部地区中外合作办学引进外方核心课程门数比例分布表

引进课程比例分布（x）	$x<33.3\%$	$33.3\% \leqslant x<66.6\%$	$x \geqslant 66.6\%$
办学比例	36.7%	10.0%	53.3%

具体分析，西部地区中外合作办学中在引进外方核心课程门数方面，也存在两极分化现象，一些办学引进核心课程的数量比例达到了100%，即核心课程全部引进国外合作高校，这些办学机构项目的中方合作高校都是国家"985工程"重点高校。但是，也有部分办学引进外方核心课程门数的比例为0，即没有引进外方核心课程。能够反映出，西部地区各高校中外合作办学在引进国外核心课程方面出现的巨大差异。

（二）共同开发课程和实践课程的开设情况

研究中外合作办学的教学与课程，除了对办学所引进的课程及专业核心课程数量所占比例情况进行统计分析之外，还需要研究和分析中外合作办学合作高校的共同开发课程和实践课程，这两方面是中外合作办学课程设置中的重要组成部分。

1.中外双方共同开发课程

中外合作办学突出的是"合作"，"合作"不仅仅意味着简单地复制，而是要发挥"1+1>2"的作用。在中外合作办学发展初期，主要是复制、吸收和引进外方的教育资源，但是这属于浅层次的合作，不符合中外合作办学的发展方向。随着中外合作办学进一步深化发展，要求中外双方进行更深层次的合作，从"复制"和"吸收"逐步向"融合"与"创新"转变。在课程设置方面，由中外双方高校合作共同开发课程是中外高校之间更深层次的合作形式。中外合作办学的共同开发课程，不仅仅是简单复制外方的课程，也不是将中外课程简单拼凑到一起，而是需要中外教师共同参与课程目标的制订、课程内容的选择、教学方式的运用，这种合作不仅有利于课程内容的创新，更有利于推动人才培养模式的改革。

中外合作办学的共同开发课程主要包括中外共同开发的公共课程、专业基础课程、专业核心课程、选修课程和实践课程。本研究统计并分析了西部地区中外合作办学的中外共同开发课程情况。如表3-22所示。

表3-22　西部地区中外合作办学的中外共同开发课程比例

比例分布（x）	$x=0$	$0<x<33.3\%$	$x \geqslant 33.3\%$
西部办学数量比例	63.3%	30%	6.7%

统计结果显示，西部地区63.3%的中外合作高校共同开发课程数量为0，即没有设置中外共同开发课程，仅有36.7%的中外合作办学机构和项目中开设了共同开发的课程。其中，30%的中外合作办学项目和机构中外双方共同开发课程所占所有课程总量的比例在1/3以下，仅有6.7%的办学机构和项目中外双方共同开发课程超过1/3，但是

均没有超过 2/3。由此可见,在共同开发课程方面,西部地区中外合作办学发展速度偏慢,这也从侧面反映出西部地区中外双方合作高校,特别是西部地区的中方合作高校对共同开发课程方面还不够重视,投入不足。当前西部中外合作办学没有进入深层次的合作,更谈不上"创新"的发展阶段。

2.实践课程开设情况

在国内高校的课程设置中,实践课设置比例偏低,学生缺乏理论应用于实际的经验,长期以来构成国内课程设置中的短板,被相关专家学者广泛讨论。在中外合作办学中,需要通过引进国外优质的课程和先进的教育理念,解决在实践课设置比例上的问题。中外合作办学实践课程主要由中方、外方或中外双方共同开发三种形式组成。本研究统计并分析西部地区中外合作办学实践课程的开设情况,具体情况如表 3-23 所示。

表 3-23　西部地区中外合作办学实践课程比例情况

比例分布（x）	x=0	0<x<10%	x ≥ 10%
西部办学数量比例	33.3%	46.7%	20.0%

统计结果显示,西部地区中外合作办学实践课程的开设情况并不如预期,西部地区设立或开办的 33.3% 的中外合作办学机构和项目中没有开设实践课程;在开设实践课程的中外合作办学机构和项目中,46.7% 的机构和项目实践课程比例占课程总数的 10% 以下,20% 的办学实践课程比例占 10% 以上。

由上述统计分析可以反映出,整体上西部地区中外合作办学开设的实践课程数量少,同时,西部地区中外合作办学的实践课程主要由中方高校单独设置,外方合作高校开设的实践课程与中外高校共同合作开发的实践课程所占比例较少。

（三）外方教师承担专业核心课程人均分布情况

外方派遣的教师在中外合作办学教育资源的引进与融合中发挥着重要的作用。但是不能单纯以外方派遣教师的人数、外方教师授课门数作为唯一的标准。如果一位外方教师承担过多的核心课程门数,或者承担过多的专业核心课程时数,教学质量则会得不到有效保障。因此还应当对外籍教师承担专业核心课程人均课程门数以及平均授课时数进行综合分析。

1.外方教师人均承担专业核心课程门数分布情况

从统计情况看,西部地区除去没有引进外方核心课程的办学机构和项目,且没有派遣教授专业核心课程的外方教师之外,西部地区中外合作办学外方派遣教师人均承担专业核心课程 1.19 门 / 人。

如表 3-24 所示,分析各个办学机构和项目具体情况可以发现,外方教师人均承担专业核心课程超过 1 门的中外合作办学机构和项目所占比例为 24.1%,也就是说,在开设了外方核心课程的办学机构和项目中,有近五分之一的机构和项目,外方派遣的教师需要负责 1 门以上的专业核心课程。在一些办学机构和项目中，外方派遣教师人均承担专业核心课程门数甚至达到 3 门。

从这一点上看，本书认为可能存在两种可能：其一，同一位外方教师需要同时负责多门专业核心课程的教学工作；其二，同一位教师需要在不同学期负责多门专业核心课程。从一定程度上看，本书认为第一种情况无疑是加大了教师的工作量和工作压力。专业核心课程在整个课程该体系中的重要性是毋庸置疑的，对教师课程安排过于紧密必然会影响专业核心课程的实施质量。

表 3-24　西部地区中外合作办学外方教师人均承担专业核心课程门数

人均课程门数（x）	$x \leq 1$ 门	1 门 $<x<2$ 门	$x \geq 2$ 门	其他
比例	44.8%	17.2%	6.9%	31%

说明："其他"指的是外方没有开设专业核心课程，同时也没有派遣相应的外方教师。

2. 外方教师承担专业核心课程人均课程时数分布情况

除去外方没有开设专业核心课程，同时没有派遣相应教师之外，西部地区中外合作办学中外方教师承担专业核心课程人均课程时数为 54.5 学时，这一平均时数，超过全国 34.1% 的平均水平。从比例分布上看，有 17.3% 的机构和项目，外方教师承担专业核心课程时数比例低于 30%，有 37.9% 的机构和项目，这一比例在 30%~60% 之间，有 20.7% 的机构和项目这一比例超过了 60%，如表 3-25 所示。但是，具体到各中外合作办学机构和项目，之间的差异很大。有些办学机构和项目外方教师承担专业核心课程时数为 4.8 学时，但最高的达到了 137 学时。就目前我国普通高校课程而言，基本上一门课程教学时数为 40~60 学时，每周教学时数通常为 3~5 学时，这样计算，外方教师在国内教学实践几乎能够覆盖一年。

本书认为，造成这一情况的原因之一是各机构和项目在计算学时数方式方面有所区别，导致西部中外合作办学外方教师承担的核心课程平均学时分布上两极分化现象非常明显。但是不能否认，一些办学机构和项目中，外方教师承担了过多的专业核心课程时数。反映出，西部地区中外合作办学在引进国外优秀教师负责核心课程的教学方面仍需提高。

表 3-25　西部地区中外合作办学外方教师人均承担专业核心课程时数

人均课程时数（x）	$x \leq 30$	$30<x<60$	$x \geq 60$	其他
比例	17.3%	37.9%	20.7%	24.1%

说明："其他"指外方开设的专业核心课程时数为 0，或者没有设置专业核心课程。

通过对西部地区中外合作办学教学与课程设置的相关研究分析，能够反映出其整体情况不容乐观。引进国外专业课程尤其是专业核心课程所占比例较低；实践课程设置数量较少、中外合作双方共同开发课程比例较低；外方教师承担专业核心课程门数和时数不够合理；等等。这些因素成为西部地区中外合作办学质量发展的重要障碍。因此，西部地区中外合作办学在未来的发展中，需要在引进国外优质教育资源，尤其是在课程、师资方面继续努力，促进办学质量的进一步提高。

第三节 西部地区高等教育中外合作办学的高校

中外合作办学在办学形式上"中西合璧"，通过中外双方实质性的合作，在办学过程中能够充分融合中外合作高校各自的优点。研究中外合作办学必须要对办学的中外合作高校进行分析。中外合作办学机构或项目质量的高低，与其合作高校的资质水平、管理水平密不可分。本节主要对西部地区高等教育中外合作办学的高校进行统计分析研究。

一、中方合作高校

（一）中方合作高校分析

根据教育部公布的《2024 年全国高等学校名单》[①] 的统计，截至 2024 年 6 月 20 日，西部共有本科院校 324 所（含民办和独立学院，不含中外合作大学），因此可以计算出西部地区发展中外合作办学的高校比例（发展中外合作办学的高校数量/地区高校总数量）为 32.7%，即截至目前西部地区共有 32.7% 的本科高校设立了中外合作办学机构和项目。

西部地区高校设立的 193 个中外合作办学机构和项目中，包括了 20 所国家"双一流"重点大学设立的 69 个中外合作办学机构和项目。国家"双一流"建设重点大学开展中外合作办学的数量，占西部地区中外合作办学总数的 35.8%。

西部地区各省份开展中外合作办学数量最多的高校分别是西安交通大学、重庆大学、云南财经大学、四川大学和西南交通大学等。这些高校多属于国家"双一流"重点大学，而且均来自陕西、重庆、四川等西部地区经济文化相对发达的省份。从这一统计中可以反映出中外合作办学在西部地区内部也出现了布局集中的现象。

通过分析可以看出，截至 2024 年 12 月，西部地区中外合作办学的中方合作高校主要来自西部地区的"双一流"重点大学，一些办学机构和项目实现了中外高水平大学的高水平合作，体现出重点大学在对外交流与合作中具有的优势。但是，西部地区地方普通高校开展中外合作办学的比例相对较低，反映出西部各省份地方普通院校的办

---

① 教育部. 2024 年全国高等学校名单 [EB/OL]. (2024-05-20)[2025-01-21]. http://www.moe. gov. cn/jyb_xxgk/s5743/s5744/202406/t20240621_1136990. html.

学积极性仍待提升。

（二）中方合作高校的发展情况

2003 年《中外合作办学条例》颁布之前，西部地区已经有 3 所高校设立了中外合作办学机构和项目，分别是重庆工商大学、云南财经大学、电子科技大学，具体高校和设立数量如表 3-26 所示。

表 3-26　2003 年之前西部地区开展中外合作办学的高校

办学数量（个）	高校
2	云南财经大学
1	重庆工商大学、电子科技大学

2003 年《中外合作办学条例》颁布之后，直至 2010 年《国家教育规划纲要》的颁布实施，西部地区共有 9 所高校新开展了中外合作办学机构和项目，其中西安交通大学、重庆大学、西南交通大学和贵州大学作为"双一流"重点高校共开展了 4 个，占这一阶段西部中外合作办学开展总数的 33.3%。具体高校和开展数量如表 3-27 所示。

表 3-27　2003—2010 年西部地区开展中外合作办学的高校[①]

办学数量(个)	高校
2	内蒙古科技大学、内蒙古农业大学、云南财经大学
1	四川农业大学、贵州大学、重庆大学、重庆工商大学、西南交通大学、西安交通大学

《国家教育规划纲要》出台之后，2011—2015 年又有 47 所西部地区的高校新开展了中外合作办学机构和项目。其中有四川大学、西南交通大学、重庆大学、西南大学等国家"双一流"重点高校 10 所，共设立了 20 个中外合作办学机构和项目，占这一阶段西部地区新开展总数的 27.8%。具体新发展高校名单和办学数量如表 3-28 示。

表 3-28　2011—2015 年西部地区开展中外合作办学的高校[②]

办学数量（个）	高校
4	西南大学、西南交通大学
3	重庆理工大学、重庆邮电大学、重庆大学、云南师范大学

---

① 其中有 4 个项目和机构已经退出办学。
② 其中有 6 个项目和机构已经退出办学。

办学数量（个）	高校
2	电子科技大学、成都理工大学、广西科技大学、广西艺术学院、贵州财经大学、内蒙古工业大学、西安电子科技大学、西安科技大学、云南财经大学、云南农业大学、重庆交通大学
1	北部湾大学、成都学院、广西财经学院、广西大学、广西民族大学、广西师范大学、广西医科大学、广西中医药大学、贵州民族大学、桂林电子科技大学、桂林理工大学、呼伦贝尔学院、南宁师范大学、内蒙古财经大学、内蒙古民族大学、内蒙古师范大学、四川大学、四川师范大学、四川外语学院、西安航空学院、西安交通大学、西安邮电大学、西北民族大学、西北农林科技大学、西南财经大学、西南政法大学、新疆农业大学、榆林学院、重庆第二师范学院、重庆邮电大学移通学院

2016—2024 年，西部地区有 83 所高校新开展了中外合作办学，其中电子科技大学、西安交通大学、西北工业大学、西北农林科技大学等 16 所"双一流"建设高校开展中外合作办学数量为 40 个，占总数的 34.5%。具体新开展高校名单和办学数量如表3-29 示。

表 3-29　2016—2024 年西部地区开展中外合作办学的高校 [①]

办学数量（个）	高校
4	电子科技大学、西南财经大学、云南大学、贵州大学
3	西南大学、广西财经学院、长安大学、西安交通大学
2	西北大学、西北工业大学、西南交通大学、桂林旅游学院、重庆医科大学、昆明理工大学、兰州大学、西北农林科技大学、陕西科技大学、成都大学、广西师范大学、西北师范大学、宁夏大学
1	西南政法大学、渭南师范学院、四川师范大学、广西大学、云南民族大学、贵州财经学院、四川美术学院、重庆邮电大学、重庆文理学院、西安外国语大学、西安建筑科技大学、西南林业大学、贵州理工学院、贵州财经大学、赤峰学院、重庆科技学院、重庆第二师范学院、重庆师范大学、四川理工学院、成都理工大学、内蒙古财经大学、新疆农业大学、长江师范学院、四川电影电视学院、贵州商学院、西安理工大学、四川大学、云南艺术学院、贵州医科大学、四川外国语大学、重庆邮电大学移通学院、榆林学院、西安财经大学、西安电子科技大学、商洛学院、咸阳师范学院、成都体育学院、桂林理工大学、北部湾大学、昆明医科大学、贵州师范大学、贵州中医药大学、青海民族大学、重庆文理学院、西安欧亚学院、西安科技大学高新学院、西安工程大学、陕西理工大学、四川传媒学院、四川旅游学院、桂林电子科技大学、桂林航天工业学院、云南农业大学、凯里学院、黔南民族师范学院、铜仁学院、北方民族大学、重庆财经学院、西安工业大学、西南科技大学、四川文化艺术学院、成都中医药大学

---

① 　其中有 1 个项目已经退出办学。

（三）西部地区中外合作办学中方合作高校的发展特点

通过统计和分析不同时期西部地区中外合作办学中方合作高校的发展情况，可以发现以下若干特点。

首先，西部地区发展中外合作办学的高校范围在不断地扩大，开展中外合作办学的高校数量在逐渐地增长。2003 年之前，仅有 3 所高校开展了中外合作办学，2003—2010 年有 9 所高校新开展中外合作办学，2010—2015 年有 47 所高校开展了中外合作办学，2016—2024 年这一数量达到 83 所。随着时间的推移，将会有越来越多的高校着手开展中外合作办学，推动西部地区中外合作办学的整体发展。

其次，西部地区中外合作办学的中方合作高校，逐渐由重点高校为主，扩展到地方普通高校。在上文的统计中可以看出，西部地区国家"双一流"重点高校的中外合作办学数量基本上占西部地区总数的 1/3。但是，2011 年之后，地方普通院校开展的数量逐渐增多，国家重点高校在数量上的优势逐渐弱化。这一时期，西部的民办院校（含独立学院）中外合作办学开始萌芽，重庆邮电大学移通学院成为西部地区第一所开展中外合作办学项目的民办高校。本书认为，由于西部地区国家重点院校的数量有限，并且很多重点院校都有相当数量的在办机构和项目。当前"高质量"发展已经成为中外合作办学发展的趋势，因此西部地区重点高校已经不再把扩大中外合作办学规模作为发展的主要任务，而是把工作重点放在提升办学质量上，争取在西部地区中外合作办学整体发展中发挥示范、引领的作用。西部地区的应用本科院校，近些年逐渐看到发展中外合作办学的重要性，积极性在逐渐提升。因此近些年，重点院校开展中外合作办学数量所占比例在减退，地方普通院校开展比例在增多。

此外，目前西部地区各高校开展中外合作办学并没有出现严重的"一哄而上""盲目开设"的现象。多数西部高校设立或举办机构和项目的数量控制在 3 个以内，仅有少数重点高校举办数量较多，能够反映出西部高校根据自身的办学实力和需求进行发展，这是值得肯定的地方。

二、外方合作高校

（一）外方合作高校国别分布

1. 外方合作高校整体分布

截至 2024 年 12 月 31 日，西部地区正在运行的中外合作办学机构和项目来自 25 个国家。其中，美国、英国、澳大利亚等国家的高等教育机构居多，与我国西部地区省份高校合作的中外合作办学数量均在 20 个以上。纵观西部地区中外合作办学中的所有外方合作高校，其主要来自欧美传统的发达国家和地区。具体分布情况见表 3-30 所示。

表 3-30 西部度本科及以上中外合作办学外方合作高校国别分布表 [①]

国别	数量（个）	比例	国别	数量（个）	比例
美国	54	27.8%	爱尔兰	2	1.0%
英国	43	22.2%	西班牙	2	1.0%
澳大利亚	19	9.8%	阿联酋	1	0.5%
意大利	11	5.7%	法国	1	0.5%
俄罗斯	9	4.6%	芬兰	1	0.5%
法国	8	4.1%	葡萄牙	1	0.5%
德国	7	3.6%	瑞典	1	0.5%
韩国	7	3.6%	瑞士	1	0.5%
加拿大	6	3.1%	乌克兰	1	0.5%
波兰	5	2.6%	希腊	1	0.5%
泰国	4	2.1%	匈牙利	1	0.5%
新西兰	4	2.1%	印度	1	0.5%
马来西亚	3	1.5%			

通过表 3-30 可以发现，我国西部地区中外合作办学外方合作高校在国别布局范围上还不够广，合作国家相对比较单一，截止 2024 年，与东南亚、南亚、中欧和北欧等相邻国家和地区的合作办学比例较低，这种布局结构显然未能发挥西部地区面向东亚、东南亚地区的特殊地理优势。当前，"一带一路"建设的实施，将对我国西部地区中外合作办学外方合作国别布局调整起到巨大的推动作用，同时中外合作办学在合作国别调整中，又能够服务于"一带一路"建设的实施。

2. 外方合作高校国别发展

西部地区中外合作办学外方合作高校国别的布局结构也在不断变化和发展之中。本书统计了西部地区中外合作办学在不同发展阶段，外方合作高校国别的分布情况。

表 3-31 2003 年以前西部地区中外合作办学外方合作高校国别分布表

国家（地区）	美国	澳大利亚	合计
合作数量（个）	3	1	3

如表 3-31 所示，2003 年之前，西部地区中外合作办学外方合作高校仅有美国和澳

---

① 有 12 项国外合作者为 2 个不同国家的 2 所高校，分别计入。

大利亚两个国家，这一时期西部地区中外合作办学尚处于发展起步阶段，合作国家数量十分有限。

2003—2010年的8年间，西部地区与国外高校合作办学发展开始逐渐加速，外方合作高校拓展至5个国家，数量达到了12个[①]，具体分布如表3-32所示。

表3-32　2003—2010年西部地区中外合作办学外方合作高校分布表

国家（地区）	美国	澳大利亚	加拿大	英国	波兰	合计
合作数量（个）	3	3	3	2	1	12

由表3-32可以看出2003年之后受到《中外合作办学条例》颁布实施的影响，西部地区中外合作办学数量在逐渐增多，合作高校国别由美国和澳大利亚扩展到加拿大、英国、波兰等国家。纵观这一时期外方合作高校国别，主要是北美、西欧等传统的教育输出国家，合作国家区域分布范围还不够广。

在2011—2015年的四年间，西部地区与国外高校合作办学数量上达到72个[②]，外方合作高校国别数量达到13个。具体分布如表3-33所示。

表3-33　2011—2015年西部地区中外合作办学外方合作高校国别分布表[③]

国家（地区）	合作数量（个）	国家（地区）	合作数量（个）
英国	22	俄罗斯	2
美国	18	意大利	2
澳大利亚	13	葡萄牙	1
新西兰	3	加拿大	1
法国	3	爱尔兰	1
德国	3	波兰	1
韩国	3		
合计	73		

由表3-33统计可以看出，《国家教育规划纲要》颁布实施四年以来，西部地区中外合作办学伴随着数量的增多、规模的扩大，外方合作高校国别和地区分布也更加多元化发展。通过统计能够看出英国、美国、澳大利亚三个传统教育输出国依旧是外方合作高校中最多的来源国家，并且形成了绝对的数量优势。其中，英国作为老牌教育

---

① 其中4个项目、机构已经退出办学。

② 其中6个项目、机构已经退出办学。

③ 其中有12项国外合作者为2个不同国家的2所高校，分别计入。

输出国，成为赴中国西部开展中外合作办学数量最多的国家，合作数量达到了 22 个，美国、澳大利亚等国家高等教育与西部高校合作办学数量优势依旧存在；从统计中还可以看出，除了传统欧美国家外，韩国成为这一时期与中国西部高校合作办学唯一的亚洲国家；此外，就欧洲国家而言，由以往集中在西欧国家逐步拓展至东欧如俄罗斯、北欧如爱尔兰和中欧的波兰等国家和地区。但是需要强调的是，2011—2015 年西部中外合作办学发展过程中，没有一个外方合作高校来自南亚、东南亚、中亚等周边国家和地区。

2016—2024 年，西部地区中外合作办学外方合作高校国别数量更达到了 23 个，具体见表 3-34 所示。

表 3-34 2016-2024 年西部地区中外合作办学外方合作高校国别分布表

国家（地区）	合作数量（个）	国家（地区）	合作数量（个）
美国	32	爱尔兰	2
英国	22	西班牙	2
意大利	9	加拿大	2
俄罗斯	7	新西兰	2
法国	6	瑞典	1
澳大利亚	5	印度	1
泰国	4	阿联酋	1
韩国	4	芬兰	1
德国	4	希腊	1
波兰	3	乌克兰	1
马来西亚	3	匈牙利	1
瑞士	2	合计	116

统计显示，2016—2024 年西部地区中外合作办学外方合作高校分别区域更加广泛，其中美国和英国依然是最主要的外方合作国别，与此同时，泰国、韩国、马来西亚、印度、阿联酋等亚洲国家高校来华合作办学逐渐展开，进一步推动了办学的活力和多样性。

3. 西部地区高等教育中外合作办学外方合作者特点分析

通过上文的统计分析能够看出，英美澳等传统教育输出国家依旧是西部地区中外合作办学最主要的外方合作高校来源国家。尽管近年来西部地区中外合作办学外方合作高校国别在逐渐拓宽，但是，截至 2024 年 12 月 31 日，与英国、美国和澳大利亚三国合作办学的数量（116 个）占到西部中外合作办学总数的 60.1%。在未来一段时间内西部高校与上述国家高校合作的热潮不会发生根本改变。

一方面，上述三个国家作为传统的教育输出国家，其高校在国际教育领域有着广泛的影响力，拥有大量优质教育资源，在世界大学排名上就能够充分体现。根据上海交通大学公布的2023年世界大学学术排名[①]，美国在世界前500名大学中占114个，世界名校的占有数量远远领先其他国家和地区，是名副其实的高等教育强国；英国高校在世界大学排名前500名中占35个；澳大利亚也有24个高校进入世界前500名。上述三国进入世界前500名的高校数量达到了173个，占总数的34.6%，充分证明这些国家高校综合实力的强大。此外，除了综合型大学外，上述三国拥有其他优质教育资源，诸如美国有大量的文理学院，尽管规模小，但是办学质量高，具有鲜明的办学特色，虽然在世界大学排名中不占优势，但是学术水平很高，属于优质教育资源的范畴。整体而言，这些国家丰富的优质教育资源，在世界范围内拥有着很大的优势，这些国家高校也成为西部中外合作办学引进国外优质教育资源的重要考虑对象。

另一方面，这些国家的高校尤其是世界名校，在市场竞争进入白热化阶段，目前重要的一大战略目标是实现国际化，提升自身的国际影响力，在国际生源竞争中赢得优势。同时，这些国家又是国际上较早推进教育国际化的国家，十分重视教育的国际合作。尤其以澳大利亚为典型，其把高等教育作为最大的服务出口行业。这些国家都在海外设立了大量的国际分校和国际合作项目，试图通过海外合作办学、设立海外分校实现国际化战略目标。

因此，西部地区中外合作办学在未来的发展中，与英、美、澳等国家合作办学的数量还将继续迅速发展。当前"一带一路"建设的实施，以及与周边国家政治、经济等合作日益加深的背景下，如何引领西部地区中外合作办学外方合作高校国别地区分布更加多元化发展，是西部地区发展中外合作办学发展面临的重要任务。

（二）外方合作高校合作数量

2013年7月教育部国际司发布了《关于近期高等学校中外合作办学有关情况的通报》（以下简称《通报》），通报了高等学校中外合作办学中存在的突出问题，其中包括"外国高校'连锁店'办学"。该《通报》所提到的外方高校举办"连锁店"是指一所外方院校与多所国内院校在同一专业举办多个项目，或与国内众多院校举办不同项目；还有的同时在本科、专科层次举办多个项目。[②] 当前，一些国外高校在中国举办了"连锁店"式中外合作办学，部分办学项目的专业甚至相同，导致外籍教师出现"飞行教学"的现象。这些办学项目一味追求办学的利益，影响到办学的质量，违背了公益性的办学原则。鉴于此，本书对西部地区外方合作高校来华合作办学项目的数量进行统计。其中，英国斯泰福厦大学、英国爱丁堡龙比亚大学、加拿大阿尔伯塔大学、韩国

---

① 上海交通大学. 2024世界大学学术排名 [EB/OL]. (2024-08-15)[2025-01-21]. https://www.shang-hairanking.cn/rankings/arwu/2024.

② 教育部国际司. 关于近期高等学校中外合作办学有关情况的通报（教外司办学 [2013]1210号）[EB/OL]. (2013-07-31)[2023-11-29]. http://www.cfce.cn/a/jianguan/gonggao/2013/1121/2176.html.

科学技术院分别合作举办了3个；其余外方合作高校均合作1到2个。就西部地区而言，这种"连锁店"办学现象尚不明显。但是，本书认为应当把视野拓宽到全国整体情况的统计之中。

截至2024年12月31日，共有42个国家的教育机构与西部地区高校合作设立中外合作办学项目。

就全国中外合作办学整体而言，共有930所外方教育机构来华合作设立了本科及以上层次的中外合作办学项目和机构，具体情况如表3-34所示。其中，有34所外方院校来华合作设立了5个及以上中外合作办学项目，即构成了中外合作办学"连锁店"，这些"连锁店"办学总数达到了208个。

表3-35 外方合作高校来华合作办学数量分布

在办项目数量（个）	高校数量（所）	构成 (%)	累计百分比
1	645	43.7%	19.1%
2	156	21.1%	64.8%
3	61	12.4%	77.2%
4	32	8.7%	85.9%
5	19	6.4%	92.3%
6	6	2.4%	94.8%
7	4	1.9%	96.7%
8	5	2.7%	99.4%
9	1	0.6%	100.0%

本书进一步统计了这34所来华合作设立5个及以上中外合作办学项目的外方合作高校，其中有11所外方高校在西部合作设立了30个中外合作办学项目。截至2024年12月，西部地区共有中外合作办学数量193个，即西部地区15.5%的中外合作办学外方合作高校在华设立了5个及以上办学项目，属于"连锁店"的办学形式。由此可见，西部地区中外合作办学"连锁店"的问题凸显，相关办学主体和研究应给予关注。

（三）外方合作高校排名

在传统认知中，在世界大学排名中越靠前，外方合作高校的资质水平就越高，世界排名在一定程度上确实能够反映出外方高校的综合水平。经统计，在西部地区省份设立的193个中外合作办学机构和项目中，共有74个机构或项目的外方合作高校入围世界大学排行榜的前500名，占西部中外合作办学总数的38.3%。西部地区超过1/3的中外合作办学机构和项目外方合作高校入围世界前500名，反映出外方合作高校资质较优的特点。

第四章 西部地区高等教育中外合作办学发展面临的困境与挑战

在本书第三章，对西部地区高等教育中外合作办学的现状进行了研究，反映出其在发展中存在问题。西部地区中外合作办学的发展所面临的问题受到很多因素的制约和影响。促进西部地区高等教育中外合作办学的发展，需要对这些制约和影响因素进行分析研究。本章分析了西部地区高等教育中外合作办学发展面临的困境与挑战。

第一节 西部地区高等教育中外合作办学发展面临的困境

一、经济因素的制约

高等教育中外合作办学的发展与经济发展密不可分。当前西部地区高等教育中外合作办学的中方合作者多为公办院校，设立的机构和项目都是非营利性质。因此，西部地区高等教育中外合作办学机构和项目的经费来源，一方面是依靠学费收入，但是国家在中外合作办学收费方面制定了严格的限制；另一方面主要是依靠国家财政教育经费的投入，但需要挤占普通专业的办学经费。办学经费是制约西部地区中外合作办学发展的重要因素。此外，发展中外合作办学需要较高的办学成本，学费收取相对较高，西部地区相对较低的居民收入水平也制约着中外合作办学的发展。

（一）经济发展水平的制约

经济发展水平和高等教育的发展密不可分，有学者已经证明了经济发展水平越高，高等教育毛入学率也越高[1]，高等教育人口所占的比例也就越大[2]，高等教育的层次水平也越高，整体高等教育水平也就越高[3]。高等教育的发展受到经济发展水平的制约，西部地区高等教育中外合作办学的发展受到西部地区经济发展水平的制约。

生产总值（GDP）是一个地区经济发展水平的重要指标，一个地区的 GDP 发展快、规模大，能够反映出这一地区经济发展的蓬勃和消费能力的提升。本书统计了 2022 年西部地区 12 个省份 GDP 总量及在全国的排名情况，如表 4-1 所示。

---

① 蒋凯. 全球化时代的高等教育：市场的挑战 [M]. 北京：北京大学出版社，2013: 100.

② 周仲高. 中国高等教育人口的地域性研究 [M]. 北京：中国经济出版社，20019: 150.

③ 赵庆年. 区域高等教育差异发展问题研究 [M]. 广州：华南理工大学出版社，2010: 113.

表4-1　2024年西部地区12省份GDP及在全国的排名情况

全国排名（位）	省份	GDP总量（亿元）	中外合作办学数量（个）
6	四川	64 697	35
14	陕西	35 538.77	38
17	重庆	32 193.15	37
18	云南	31 534.1	22
19	广西	28 649.4	23
20	内蒙古	26 314.6	9
22	贵州	2 267.12	18
23	新疆	20 534.08	2
27	甘肃	13 002.9	5
29	宁夏	5 502.76	3
30	青海	3 950.79	1
31	西藏	2 764.94	0

数据来源：全国各省份政府工作报告和新闻媒体公开报道（不含港澳台地区）。

从表4-1中可以看出，整体而言西部地区各省份GDP排名处于中等偏下的位置，由此可以看出西部地区经济发展水平相对较低。

从表4-1还可以发现，各省份高等教育中外合作办学的规模与其所在省份GDP总量之间大体上呈现出正相关，即一个地区中外合作办学数量，必须要有一定的GDP作为保障基础。整体上看，一个省份的GDP总量越高，其开展的中外合作办学数量往往越多，诸如四川、陕西、重庆等省份GDP总量在西部地区排名较高，中外合作办学数量也相对较多；青海、西藏等省区GDP总量排名较低，其开展的中外合作办学数量也相对较少。尽管近年来，"唯GDP论"越来越受到人们的质疑和批判，但是GDP总量毕竟是衡量国家和区域经济发展的重要指标，对区域经济的发展水平和速度具有一定的参考价值。通过上述分析能够反映出，经济发展水平的高低决定着其中外合作办学的规模和速度，西部地区高等教育中外合作办学的发展受到经济发展水平的制约。

（二）办学经费投入的制约

我国普通高校教育经费的投入主要是由国家财政性教育经费投入、社会教育经费投入以及受教育者个人教育经费投入构成。[①]当前，我国教育经费投入短缺，从整个制度层面上看，政府教育经费转移的非均衡化、多元融资机制不够健全及教育成本分担制度上的缺失都使高等教育经费出现投入不足的问题。西部高等教育经费不足的矛盾更为突出。[②]因此，西部地区高校只能在有限的经费中抽取部分投入中外合作办学之中。本书从西部地区财政教育经费投入、高等教育生均公共财政预算教育事业费、公用经费和非财政预算教育经费的投入等方面进行统计分析。

1. 财政教育经费投入

财政教育经费投入，主要是中央地方财政部门的财政预算中实际用于教育的费用，是目前我国高校经费最主要来源。当前西部地区高等教育中外合作办学机构和项目多是由公办高校设立的，母体高校的公办性质决定了其设立中外合作办学机构和项目的公办性质。整体上看，西部高校在教育经费筹措渠道上十分单一，基本上依靠国家的财政教育经费的投入，在自筹经费方面能力较低，其他投资渠道也十分有限。

就国家财政教育经费投入方面而言，早在 1993 年《中国教育改革和发展纲要》中就曾提出，到 20 世纪末全国财政性教育经费要占 GDP 比例 4% 的目标，2006 年全国人大通过的《国民经济和社会发展第十一个五年规划纲要》再次重申"逐步使财政性教育经费支出占国内生产总值的比例达到 4%"，2010 年《国家教育规划纲要》再次提出 2012 年实现国家财政性教育经费支出占国内生产总值比例达到 4% 的目标，国务院于 2011 年印发《关于进一步加大财政教育投入的意见》，直至 2012 年这一目标才得以实现。2023 年这一比例仍为 4%，而 4% 的水平，仅仅是发展中国家的平均水平，高等教育在这 4 个百分点中所分得的"蛋糕"更少，更何况西部地区高等教育，乃至西部地区高等教育用于中外合作办学的经费。

就全国各地区而言，由于我国经济发展的不平衡，以及教育资源配置的不合理，教育经费投入在不同地区存在较大的差异，需要对不同地区的教育经费情况做不同的分析。本书就此统计了全国 31 个省份 2023 年公共财政教育支出的情况，如表 4-2 所示。

---

① 慈玲玲,曲铁华.近年我国普通高等学校教育经费投入构成比例探析——基于《中国统计年鉴》(2001-2012 年)的数据验证 [J].现代教育管理,2014(09):36-41.

② 王长楷.西部高等教育与经济发展关系研究 [M].海口:海南出版社,2007:431.

· 83 ·

表 4-2　2023 年全国各省份一般公共预算教育经费增长情况 [①]

区域	省份	一般公共预算教育经费（亿元）	一般公共预算教育经费本年比上年增长（%）	一般公共预算教育经费占一般公共预算支出比例（%）
东部	广东省	3 965.57	2.65	21.4
	山东省	2 665.53	2.64	21.19
	江苏省	2 636.93	3.64	17.3
	浙江省	2 297.89	5.28	18.6
	河北省	1 802.24	2.71	18.76
	福建省	1 216.77	1.67	20.77
	北京市	1 199.94	3.35	15.05
	上海市	1 161.21	6.23	12.05
	天津市	484.9	2.11	14.78
	海南省	357.4	16.69	15.89
	东部平均	1 778.84	4.70	17.58
中部	河南省	1 939.85	5.1	17.55
	湖南省	1 581.9	3.37	16.51
	安徽省	1 515.99	6.75	17.54
	江西省	1 373.8	4.3	18.33
	湖北省	1 356.81	6.02	14.59
	山西省	903.46	5.56	14.24
	中部平均	1 445.30	5.18	16.46
东北	辽宁省	736.64	-0.88	11.2
	黑龙江省	615.34	0.11	10.65
	吉林省	527.9	6.14	11.98
	东北平均	626.63	1.79	11.28

[①]　表 4-2、5-3、5-4、5-5 的数据均来自教育部、国家统计局、财政部关于 2023 年全国教育经费执行情况统计公告的统计。

区域	省份	一般公共预算教育经费（亿元）	一般公共预算教育经费本年比上年增长（%）	一般公共预算教育经费占一般公共预算支出比例（%）
西部	四川省	1 929.1	3.92	15.15
	贵州省	1 186.21	2.9	19.12
	广西	1 176.75	3.12	19.29
	云南省	1 166.73	0.69	17.34
	陕西省	1 090.22	3.6	15.19
	新疆	1 045.88	7.32	17.34
	重庆市	855.61	3.38	16.13
	内蒙古	754.66	11.93	11.04
	甘肃省	712.5	2.02	15.76
	西藏	334.94	5.77	11.92
	青海省	234	1.33	10.69
	宁夏	219.76	2.88	12.55
	西部平均	892.20	4.07	15.13
全国平均		1 259.56	4.27	15.80

从表4-2可以看出，2023年全国31个省份公共财政教育支出情况。就西部地区12个省份而言，仅有四川高于全国的平均水平。

表4-2还将西部地区公共财政教育支出的情况与全国其他地区省份的平均情况进行比较，可以看出，西部地区12个省份平均公共财政教育支出（892.2亿）要低于全国的平均水平（1 259.56亿），也低于东部、中部区域，可见其与东部等发达地区存在较大的差距；在一般公共预算教育经费占一般公共预算支出比例方面，西部地区（15.13），也低于东部发达地区的平均水平。

通过统计能够反映出，当前全国各地区经济社会发展不平衡，教育发展水平也不平衡，总体上教育经费投入在不断增长；同时反映出，国家对西部等欠发达地区教育事业给予了政策、经费的支持，但是整体上西部地区公共财政教育支出还不能够满足高等教育发展的需求。

2.高等教育生均公共财政预算教育事业费、公用经费

高等学校生均公共财政预算教育事业费和公共财政预算公用经费是反映我国高等教育维持和发展状况总体保障水平的重要指标。高等学校生均公共财政预算教育事业

费即高校生均经费，是保证高校正常运转所必需的经费。

公共财政预算公用经费，包括学校维持正常运转所必需的各种业务费、公务费、设备购置费、维修费等用于公用性质的费用。公用经费包括在教育事业费当中，属于下位概念。作为衡量高等教育发展的指标，本书分别对两者进行了统计和分析。

表 4-3　2023 年全国各省份高等教育生均一般公共预算教育事业费支出增长情况

区域	省份	2023 年（元）	增长率（%）
东部	北京市	58 414.75	−3.81
	海南省	38 256.48	31.27
	上海市	36 568.6	0.92
	广东省	26 561.82	−2.42
	浙江省	25 650.09	−1.9
	江苏省	21 101.73	0.44
	天津市	19 880.1	11.49
	福建省	18 798.37	−4.85
	河北省	18 531.97	−10.76
	山东省	18 359.42	5.77
	东部平均	28 212.33	2.62
中部	山西省	21 275.94	2.66
	湖北省	19 555.85	6.04
	江西省	17 351.59	0.76
	安徽省	16 750.52	1.01
	河南省	15 440.36	6.99
	湖南省	14 515.04	1.58
	中部平均	17 481.55	3.17
东北	吉林省	17 485.4	2.83
	黑龙江省	16 612.99	−4.61
	辽宁省	15 767.68	0.26
	东北平均	16 622.02	−0.51

续　表

区域	省份	2023 年（元）	增长率（%）
西部	西藏	52 841.17	13.87
	青海省	33 463.12	12.11
	贵州省	24 906.92	27.77
	宁夏	24 845.34	3.25
	内蒙古	22 943.35	17.52
	新疆	21 866.16	9.75
	四川省	19 840.34	−2.49
	云南省	17 825.19	−0.02
	甘肃省	17 553.09	9.12
	重庆市	16 664.4	4.26
	陕西省	15 201.19	−2.26
	广西	13 887.69	3.79
	西部平均	23 486.50	8.06
全　国		21 260.46	1.6

表 4-3 统计了 2023 年全国 31 个省份高等教育生均公共财政预算教育事业费。可以看出，仅有西藏、青海、贵州、宁夏、内蒙古、新疆 6 个省区高于全国平均水平，6 个省份增长速度低于全国的平均水平，其中 3 个西部省份出现了负增长。通过数据统计能够反映出，近年来国家不断通过政策增加西部地区省份高等教育生均公共财政预算教育事业费，诸如西藏、青海等省份明显高于全国平均值。但是整体上看，西部地区还没有达到国家的平均水平，如四川、重庆、陕西、云南等这些西部相对发展较快的省市，教育事业费仍低于全国平均水平，西部地区高等教育事业费整体上相对较少。

本书还统计了 2021 年全国 31 个省份高等教育生均公共财政预算公用经费及增长情况，如表 4-4 所示。

表 4-4　2023 年全国各省份高等教育生均一般公共预算公用经费支出增长情况

区域	省份	2023 年（元）	增长率（%）
东部	海南省	23 677.76	32.77
	北京市	19 547.74	−9.85

续　表

区域	省份	2023 年（元）	增长率（％）
东部	上海市	17 692.33	2.31
	浙江省	9 600.39	−12.34
	广东省	9 496.36	−9.62
	江苏省	8 707.48	−0.4
	天津市	7 470.12	26.9
	福建省	6 970.92	−7.34
	河北省	6 237.14	−7.36
	山东省	4 357.63	−9.35
	东部平均	11 375.79	0.57
中部	山西省	8 954.69	−5.04
	湖北省	7 604.26	9.12
	河南省	7 578.21	10.21
	安徽省	7 174.74	−0.75
	江西省	6 017.93	6.27
	湖南省	4 741.4	9.48
	中部平均	7 011.87	4.88
东北	吉林省	9 500.5	6.63
	辽宁省	7 753.01	4.15
	黑龙江省	5 535.37	−12.97
	东北平均	7 596.29	−0.73
西部	西藏	25 645.74	44.72
	青海省	20 473.02	28.42
	贵州省	13 069.52	45.36
	宁夏	12 338.79	11.78
	内蒙古	10 272.08	62.38
	甘肃省	9 651.31	13.99
	重庆市	8 671.89	11.92
	新疆	7 822.47	16.83

续　表

区域	省份	2023 年（元）	增长率（%）
西部	四川省	7 741.83	-8.45
	陕西省	7 602.72	3.91
	云南省	7 376.92	-5.45
	广西	6 955.45	0.35
	西部平均	11 468.48	18.81
全　国		8 324.39	2.17

通过表 4-4 可以看出，西部地区高等教育在生均公共财政预算公用经费方面，2023 年西藏、青海、贵州、宁夏、内蒙古、甘肃、重庆 7 个省份高于全国的平均水平的，其余 5 个省份均低于全国的平均水平。增长速度方面，西部地区 3 个省份增长速度要低于全国的平均水平。通过与全国其他区域数据统计比较分析，可以看出，西部地区各省份高等教育生均公共财政预算公用经费仅管增速较快，但与全国的平均水平仍有不小的差距，与东部发达地区相比，公用经费数量相对较少。

因此就财政经费总体投入而言，西部地区与全国其他区域还有不小的差距，这种差距在短时期内还将持续，不能得到根本的改变。

3. 非财政预算教育经费的投入

当前，我国高等教育财政性教育经费比较稳定，在短时期内实现快速增长，并不现实。因此，近年来，政府一直在鼓励高校吸引非财政预算教育经费的投入，缓解教育经费的不足。非财政性教育经费包括社会捐资、集体办学、个人捐赠及其他投入等。但是西部地区高校受到经济、政治、文化等方面影响，上述非财政教育投入力度有限，很难成为西部高等教育经费来源的主要依靠。

纵观西部地区高等教育的经费投入和来源可以发现，其主要依靠的是国家财政性教育投入，尽管近年来西部省份高等教育经费已经有了较大的增长，教育经费投入逐年增加，但是与东部相比相差很远，依旧存在经费不足的现象。西部地区很多高校面临办学经费短缺的困难，导致西部高校生均拥有的教学用房、教学设施、实验室等都低于全国平均水平[1]，部分高校不得不把经费用于学校的维持，甚至维持学校的基本运转都有困难[2]。

根据教育部中外合作办学监管信息平台上的信息显示，西部地区高校设立的中外合作办学机构和项目中，都没有要求取得合理回报，坚持着办学的公益性，不要求从办学中获取经济利益。中外合作办学在经费来源上只能与母体高校挤占国家财政教育

① 王嘉毅. 西部地区高等教育发展面临的困难与对策 [J]. 高等教育研究, 2006(11): 49-55.
② 罗和安. 加大中西部高等教育投入 [N]. 人民日报, 2009-03-11.

投入以及收取的学费维持运营，在办学经费有限的前提下，中外合作办学在西部地区的发展步履维艰。

（三）受到居民收入水平的制约

中外合作办学的发展速度和规模，受到市场因素的影响。市场繁荣的重要因素是购买能力，反映到中外合作办学市场中，即学生家庭能否能够承担起中外合作办学的学费支出。一个区域中外合作办学的发展规模与速度，与居民收入水平息息相关。由于中外合作办学引进国外的课程、师资等教育资源，成本较高，收取学费较高，就全国高等教育中外合作办学项目而言，学费在每年 1 万 ~ 2 万元不等，中外合作办学机构则更高，多则五万、十万元。因此，高昂的学费要求就读学生的家庭需要有良好的经济条件。本书统计了 2022 年和 2021 年西部地区 12 个省份居民人均可支配收入情况，如表 4-5 统计所示。

表 4-5　2021—2022 年西部各省份居民收入情况（单位：元）

地区	2022 年	2021 年
全国	36 883	29 975
重庆	35 666	33 830
四川	30 679	29 080
陕西	30 116	28 568
宁夏	29 599	27 904
贵州	25 508	23 996
广西	27 981	26 727
青海	27 000	25 919
新疆	27 063	26 075
西藏	26 675	24 950
甘肃	23 273	22 066
内蒙古	35 921	34 108
云南	26 937	25 666
西部平均	28 868	27 407

数据来源：2021—2022 年国家与各省份统计部门官方网站。

由表 4-5 可以看出西部地区各省份人均收入与全国总体情况的差距，西部地区人均收入平均值都低于全国的平均水平。而中外合作办学学费相对较高，一名中外合作办学学生学费几乎能超过居民人均可支配收入总数。可以看出西部地区中外合作办学学费相对于居民收入而言可谓价格不菲，导致很多家长和学生只能望而却步。相对较低的整体收入水平和相对较高的学费标准，直接导致西部地区学生参与中外合作办学的积极性不高，影响到西部地区中外合作办学的发展。

因此，通过西部地区各省份高校的经费来源与西部居民收入情况的具体分析可以看出，西部地区中外合作办学，一方面，高校"办不起"，另一方面，学生"读不起"，从而导致了中外合作办学发展缓慢，步履维艰的现状。①

二、教育基础相对薄弱

中外合作办学是建立在一定文化教育基础之上的，没有坚实的文化基础，中外合作办学只能成为无本之木，无源之水。一个区域如果文化教育基础相对较好，其中外合作办学的水平相对较高；反之，若文化教育基础相对薄弱，中外合作办学发展的水平就相对较低。西部地区中外合作办学的发展，受到地方的文化教育基础的影响。

（一）高校的数量和质量与其他区域相比不占优势

截至 2024 年，全国共有 1 273 个高等教育中外合作办学项目，是中外合作办学的重要形式；中外合作办学机构也主要以非法人设置机构为主，数量共有 203 个。这两种办学形式都是设在母体高校内部或者以某一专业的合作项目为形式，或者以若干相近的学科群组建二级学院为形式，都不具有法人资格。本书认为，一个地区高等教育的规模决定了其中外合作办学规模的基础。

1. 西部地区高等学校的数量较少

根据教育部公布的《2024 年全国高等学校名单》②的统计，截至 2024 年 6 月 30 日，全国共有本科院校 1 291 所（不含中外合作大学），各省份具体高校数量、本科中外合作办学机构和项目的数量对比情况如表 4-6 所示。

表 4-6 2024 年全国各省份高校数量与中外合作办学数量对比表

省份	高校数量（所）	办学总数（个）	省份	高校数量（所）	办学总数（个）
河南	60	146	重庆	28	37
江苏	76	136	四川	54	35
山东	71	115	江西	47	29

---

① 李阳. 西部地区中外合作办学发展路径探析 [J]. 煤炭高等教育, 2015, 33(04): 10-15.

② 教育部. 2024 年全国高等学校名单 [EB/OL]. (2024-05-20)[2025-01-21]. http://www.moe.gov.cn/jyb_xxgk/s5743/s5744/202406/t20240621_1136990.html.

省份	高校数量（所）	办学总数（个）	省份	高校数量（所）	办学总数（个）
上海	39	105	安徽	47	27
浙江	60	92	广西	40	23
北京	68	89	云南	33	22
湖北	67	80	海南	8	20
吉林	38	78	贵州	30	18
辽宁	64	75	内蒙古	17	9
黑龙江	40	70	甘肃	25	5
河北	63	53	山西	34	4
广东	63	47	宁夏	8	3
湖南	53	41	新疆	21	2
天津	30	39	青海	6	1
陕西	58	38	西藏	4	0
福建	39	37	全国	1291	1476

通过表 4-6 可以看出，就全国整体而言，一个省份高校设立中外合作办学项目和机构的数量基本上是与该省份高校数量呈正相关的，即一省份高校数量越多，其中外合作办学数量往往也就越多。但是西部地区本身高校数量较少，据统计，西部 12 省份共有普通本科高校 324 所，占全国本科高校总数的 25.1%；中部地区 6 个省份，共有高校 308 所，占全国总数的 23.86%；东北地区 3 个省份，有 142 所高校，所占比例为11%；东部地区 10 个省份共有 517 所高校，所占比例为 40.05%。就地区平均高校数量而言，西部平均每省有 27 所高校，东北地区平均是 47 所，中部是 51 所，东部是 52 所。通过数字可以看出，西部地区高校数量少，这就决定了西部中外合作办学基数小，这是造成西部地区中外合作办学规模小、数量少的重要原因。

2. 每百万人口的高校数量

由于各个地区和省份的人口基数不同，仅从某一个区域的高等学校的数量还不能充分说明这一地区高等教育的发展水平，还需要结合这一省份的人口进行统计分析，每百万人口的高校数量则可以充分说明这一情况。本书统计了全国各省份每百万人口的高校数量，如表 4-7 所示。

表4-7　全国各省份每百万人口拥有大学数量排名情况（单位：所）[①]

省份	百万人口高校数	省份	百万人口高校数
北京	6.39	湖北	2.05
天津	5.46	重庆	2.03
上海	4.68	安徽	1.88
宁夏	3.15	湖南	1.87
辽宁	2.76	广东	1.81
福建	2.54	河北	1.75
陕西	2.50	甘肃	1.74
山西	2.40	云南	1.59
新疆	2.31	山东	1.57
江西	2.30	贵州	1.49
青海	2.27	广西	1.47
浙江	2.26	河南	1.34
内蒙古	2.23	四川	1.26
江苏	2.19	海南	0.21
吉林	2.15	西藏	0.02
黑龙江	2.12		

通过表4-7可以看出，西部地区的宁夏、陕西、新疆三个省份的每百万人口大学拥有数量能够排进全国前十位。但是从全国整体情况来看，西部地区各省份这一数量排名在全国处于中下游水平，甘肃、贵州、云南、广西、四川、西藏五个省份每百万人口拥有大学的数量都在2所以下。反映出西部地区人均接受高等教育机会较少，高等教育整体发展水平有待提高。

3. 西部地区高等学校的资质和水平

一个地区高等教育中外合作办学的发展水平不仅仅需要有一定数量的高校，而且与其高校自身的资质和水平有着很大的关系。往往高水平的大学率先具备国际化发展条件，制订国际化的发展目标，在实践中率先开展中外合作办学，同时带动其他地方高校中外合作办学的发展。

一方面，高水平大学尤其是国家重点大学，首先，由于得到国家财政的倾斜支持，

[①]　数据来源：国家统计局第七次全国人口普查数据，https://www.stats.gov.cn/xxgk/sjfb/zxfb 2020/202105/t20210511_1817198.html.

经费方面的压力相对较小，有充足的资金开展中外合作办学；其次，包括重点高校在内的高水平大学，与地方普通高校相比在生源质量上有一定的保证而当前面临的主要问题不在于如何吸引更优秀的生源，而在于如何实现更高层次的需求，如如何实现国际化成为越来越多重点高校的发展目标。中外合作办学作为高等教育国际化的重要形式，率先受到重点高校的青睐。另一方面，国家鼓励和支持国内高校与世界一流名校、高水平大学进行合作办学，对于国外高水平、一流大学而言，在选择合作伙伴时也十分慎重：注意考察合作方的综合实力和资质水平，只有相同层次、实力接近的高校才更容易进行深入合作。

从国家"双一流"重点高校设立中外合作办学机构和项目的数量上，即可反映出高水平大学在中外合作办学中的示范、引领作用。全国共有 147 所"双一流"建设重点高校，占全部本科院校比例不足 10%，但是截至 2024 年 12 月 31 日，这些重点高校设立的中外合作办学机构和项目数量达到 414 个，占全国中外合作办学机构和项目总数的 28.7%，就西部地区而言这一比例达到 35.8%。可见国家重点高校在中外合作办学的发展中发挥着引领的作用，尤其在中外合作办学发展初期，国家重点高校往往成为发展的先锋。

当前衡量一所高校的资质和水平，除了看是否被列入"双一流"建设的国家重点高校，另外就是参考大学排行榜。尽管这受到社会舆论的批判，但是其确实能够作为一种参考标准进行大体上的衡量。笔者参考了武书连的《2024 年中国大学排行榜》，西部地区 12 个省份本科高校排名在全国前 100 位的只有 14 所。在前文中也统计了西部地区重点高校、重点学科的比例，可以看出西部地区高校的整体实力相对较弱。西部地区很多地方院校目前面临的首要问题是解决生源问题，以及提高教育物质条件方面，还无暇顾及更高层次国际化的问题；此外，受限于自身的水平，也较难吸引国外高水平大学与之合作。

通过上述分析研究可以看出，西部地区高校的数量和质量制约着与中外合作办学的发展。

（二）高等教育毛入学率相对较低

高等教育毛入学率是指高等教育在校生占总适龄人口（18~22 岁年龄段人口数）的比例，高等教育毛入学率标志着高等教育相对规模和教育机会，是衡量高等教育发展水平的重要指标。我国自 1999 年高校扩招以来，高等教育毛入学率不断提升，2002 年达到 15%，进入了高等教育大众化发展阶段，2019 年我国高等教育毛入学率超过 50%，进入了高等教育普及化发展阶段。

但是，我国各地区高等教育发展水平不同，各省份的高等教育毛入学率相差很大，本书统计了 2021—2022 年西部地区各省份高等教育毛入学率。

表 4-8　2022—2023 年西部地区 12 个省份高等教育毛入学率

省份	2022 年	2023 年	省份	2022 年	2023 年
重庆	62.60%	63.50%	云南	55.61%	57.40%
陕西	60%	60.83%	甘肃	–	55.30%
宁夏	59.90%	60.30%	广西	53.40%	54.90%
四川	59.60%	60.20%	青海	48.83%	51.90%
内蒙古	59.70%	59.70%	贵州	47.80%	50.50%
西藏	56.31%	57.62%	新疆	58.19%	–
全国	59.60%	60.02%			

数据来源：全国及各省份教育统计公报、国民经济和社会发展统计公报

　　通过表 4-8 可以看出，2022 年和 2023 年，全国高等教育毛入学率分别达到 59.6%和 60%，但是西部地区各省份高等教育毛入学率除重庆、陕西、宁夏、四川、之外，均没有达到全国的平均水平。相比之下，东部等地区一些省份高等教育毛入学率已经达到 60%，反映出我国高等教育发展水平的地区差异，即西部地区与东部地区相比还有较大的差距。

（三）每百万人口中在校大学生数较少

　　每百万人口中的在校大学生数是衡量一个地区教育发展程度的重要标志。改革开放以来，全国每百万人口中的高等学校在校生人数发生了很大变化，各地区发展很不平衡，西部与全国其他地区的差距十分突出。本书统计了西部地区各省份每百万人口中在校大学生人数情况，如表 4-9 所示。

表 4-9　西部地区 12 省份每百万人口中在校大学生人数（单位：人）[①]

省份	人数	省份	人数
内蒙古	2 042	西藏	1 508
广西	1 834	陕西	3 525
重庆	2 734	甘肃	2 145
四川	2 037	青海	1 133
贵州	1 392	宁夏	2 107
云南	1 566	新疆	1 596
全国	2 335		

---

① 表 4-9、5-10 根据国家统计局第七次全国人口普查数据计算得出。

从表 4-9 中可以看出，全国平均每百万人口中在校大学生人数为 2335 人，而西部地区只有陕西省超过了这一水平。笔者将西部地区与全国其他地区进行对比分析，如表 4-10 所示。

表 4-10　全国各地区每百万人口中在校大学生人数（单位：人）

地区	人数
东部	2 935
中部	2 354
东北	2 714
西部	2 162

由表 4-10 统计可以看出，全国东部、中部和东北地区都达到了全国的平均水平，诸如北京、天津等省份超过了 5000 人。由此看出，西部地区每百万人口中在校大学生人数与其他地区有明显的差距，能够反映出西部地区高等教育发展水平及文化教育水平相对落后于全国其他区域。

三、教育国际化水平相对较低

西南交通大学自 2013 年以来连续发布"大学国际化水平排名"，该"排名"以学生国际化、教师国际化、教学国际化、科研国际交流、文化交流、国际显示度、国际化保障等作为主要参考指标[①]，能够为研究我国大学的国际化水平提供一定的参考。在 2022 年的排名中，西部地区列入前 100 位的高校有四川大学、西安交通大学、电子科技大学、重庆大学、兰州大学、西北工业大学、西南交通大学、广西大学、西南大学、西北大学、西安电子科技大学、内蒙古大学、云南大学、西北农林科技大学、陕西师范大学、新疆大学、长安大学、贵州大学，共计 18 所。而在"排名"前 100 位中，东部、中部地区的高校占据了半壁江山。反映出，西部地区高等教育国际化程度低于全国其他区域。本书认为西部地区中外合作办学的发展水平受到教育国际化程度偏低的制约。

（一）涉外办学形式较少

目前，各高校为推动高等教育国际化，发展了多种形式的涉外合作办学。根据厦门大学中外合作办学研究中心研究统计，截至 2024 年全国共有 16 种涉外办学形式，如表 4-11 所示。

---

① 西南交通大学发布国内首个教育部直属高校国际化水平排行榜 [EB/OL]. (2013-11-25)[2025-01-21]. https://sme.swjtu.edu.cn/info/1094/1023.htm.

表 4-11 我国涉外办学的主要形式

1	中外合作办学	9	语言强化项目
2	境外办学	10	海外远程教育
3	孔子学院	11	外籍人员子女学校
4	国际联合培养	12	苏世民学者项目
5	国际交换生、访学项目	13	英国高等教育文凭项目（CSCSE-SQA HND）
6	留学预科班	14	国际通识教育课程项目
7	短期文化体验项目	15	国际本科学术互认课程项目（ISEC）
8	海外实习项目	16	特色学院

在这些涉外办学形式中，中外合作办学法规政策体系最完备，政策界限最明确，是推进高等教育国际化最有效的途径，是涉外办学中最重要的形式之一。各种涉外办学丰富了我国高等教育的形式，能够满足人民群众多样化的需求。

但是，总体而言，西部地区与东部等其他地区相比，高校对外交流与合作的机会较少，教师出国访学、深造的机会不多，学校在聘请外教人数较少，出国交流、联合培养学生的数量上都处于劣势，反映了西部地区高等教育的国际化程度较低的现实。面对上述现状，一些高校偏安一隅，强化闭塞心理，不主动推动教育国际化的发展。面对中外合作办学这一新事物，一些高校尚未给予足够重视，只是袖手旁观，坐等其成。同时国外高校对中国西部高等教育没有足够了解，限制了西部地区发展中外合作办学的步伐。

中外合作办学是建立在高等教育国际化程度基础之上的，双方人员的往来促进了双方的交流与合作，达成相关共识。中外合作办学是高层次的中外教育交流与合作的形式，西部地区国际化刚刚起步，一定程度上制约了中外合作办学的发展。

（二）发达地区中外合作办学发展具有先发优势

本书第二章对后发优势理论做出了详细阐述，与后发优势相对应的是先发优势。先发优势也是经济学、管理学相关领域基本理论，是指企业在其他竞争对手打入新市场、开发新产品或服务之前，在行动上的"先人一步"，从而获取在市场竞争中的领先地位。先发优势可以给企业树立一种开拓者、领先者的形象或声誉，其采取的经营方法有可能被整个行业所接受，并成为行业的标准。[①] 高等教育中外合作办学目前的布局可以用先发优势来进行阐释。

东部地区作为中外合作办学的引领者，率先扛起发展中外合作办学的大旗。于改

---

① 陈传明，周小虎. 管理学原理 [M]. 北京：机械工业出版社，2012: 335-336.

革开放初期，在办学体制上做出大胆尝试，在公办、民办体制之外创立了合作办学模式，办学实践走在了政策制定和理论研究之前。据统计 2003 年《中外合作办学条例》颁布之前，全国已经有本科及以上中外合作办学机构和项目 201 个，其中有 196 个位于东中部省份；位于西部省份的仅有 5 个，并且全部是在 2002 年才获得批准。可以看出，西部地区中外合作办学整体上比东中部地区发展晚，西部地区省份高校开始着手发展中外合作办学之际，东中部地区高校已经有了相当一段时间的历史积淀，积累了一定的办学经验，探索出了基本的办学形式，逐渐把握了办学规律，形成了一定的理论基础，并且得到社会的初步认可，在中外合作办学市场中成为引领者。如果把全国中外合作办学市场看作一个赛场，东部地区高校则比西部地区在起跑线上要领先一步，利用率先发展所建立起来的资源、影响、品牌等方面的优势，拉大与西部地区中外合作办学的距离。

近年来，西部地区高等教育中外合作办学发展速度在逐渐加快，新疆、甘肃、广西、青海等省份先后填补了该省份中外合作办学的空白，越来越多的西部地区高校着手发展办学项目。从整体上看，西部地区中外合作办学表现出有力的发展势头。本书在理论基础部分提出西部地区中外合作办学在未来发展中拥有着后发优势，从西部中外合作办学近年来发展状况看，后发优势已经初步显现，但是短时间内，还不足以实现与东部发达省份中外合作办学的规模相互平衡的布局结构。

东部和西部地区省份高校在发展中外合作办学中，都在努力吸引国外的优质教育资源，吸引优秀的生源，可以将其当作一种市场竞争的关系，这种竞争贯穿着先发优势和后发优势激烈"博弈"的过程。短时间内，东部地区中外合作办学的先发优势依然占据市场的主导作用，暂时无法改变中外合作办学机构和项目集中在东部发达地区的现状。中外合作办学区域布局不均衡的客观现实，在短时间内无法得到彻底的改善。但是，理论研究者和管理者不能袖手旁观，等待市场自我调节作用，需要创造条件促进西部省份发挥后发优势，利用政府的宏观调控推动西部地区中外合作办学的发展，使全国中外合作办学区域布局更加科学与合理，满足西部地区高等教育国际化发展的需求。

第二节　西部地区高等教育中外合作办学发展面临的挑战

一、中外合作办学发展历史的影响

（一）历史发展脉络：东部先行

中外合作办学的发展是伴随着改革开放的发展而逐渐发展起来的，是我国教育领域对外开放的重要形式。因此，中外合作办学的发展受到我国改革开放政策的影响。就其历史发展而言，与改革开放发展脉络一致，即由东部沿海发达地区，逐步扩展至中西部内陆地区。

党的十一届三中全会上，党中央作出改革开放的决策，明确确定了"重点开放沿海地区，逐步向内地开放"的战略。这一战略决定了东部沿海地区作为改革开放的先行者，率先打开国门。在此之后，东部高校就着手成立或设立具有中外合作办学性质的研究中心和教学中心。诸如 1985 年设立的北京日本学研究中心，原天津财经学院（现更名为天津财经大学）与美国俄克拉荷马市大学合作举办的 MBA 班，1986 年设立的南京大学—约翰斯·霍普金斯大学中美文化研究中心等，都属于早期中外合作办学的先例，[①] 为随后中外合作办学项目和机构的发展奠定了合作基础。今天，很多中外合作办学机构和项目都是从这些教学中心与研究中心发展而来的。改革开放优先发展东部的政策推动了中外合作办学在东部地区的诞生和发展。随后，中外合作办学由点到带、由带到面，从少数东部地区城市延伸发展至全国范围。从教育部审批通过的中外合作办学机构和项目的数量可以看出中外合作办学由东部地区向西部区域发展的趋势。

据统计，截至 1994 年，全国已经开展中外合作办学机构和项目 70 多个，至 1999 年，全国共有各类各级中外合作办学机构 500 余个，增长速度十分惊人。[②] 但是这些早期的中外合作办学机构和项目都地处东部和中部地区，直至 2001 年教育部审批通过了重庆市 2 个高等教育中外合作办学机构，才填补了西部地区中外合作办学的空白。由此可以看出西部地区中外合作办学起步要比东部地区晚很多，但是时至今日，西部地区高等教育中外合作办学发展的数量和发展速度仍远远落后于东部和中部地区。因此，我国改革开放优先发展东部的政策，在客观上导致了我国区域中外合作办学布局不均衡的现状。

从 2001 年《中外合作办学条例》颁布实施开始，有关中外合作办学的相关政策、法规不断出台，使得中外合作办学的法律法规不断完善，各项政策法规也逐步细化和具体。与此同时，各省份也紧紧围绕国家政策法规的精神，一方面接受国家政策的指导，另一方面因地制宜，结合地方的具体情况制定具有地方特色、符合地方需求的相关政策措施。[③]

但是，从整体上可以看出，西部地区 12 个省份的政府及其教育行政部门制定的与中外合作办学直接相关的地方性政策法规数量少，不能满足办学高质量发展的要求。从中能够反映出，一方面，西部地区中外合作办学发展水平较低，在过去还没有出台政策法规的必要对其进行专门监管；另一方面，随着西部地区中外合作办学的逐步发展，没有政策法规的现状是不符合其发展规律的，政策应当走在实践的前列，更好地指引实践。综合而言，在过去中外合作办学的发展中，东部地区各省份出台的有关中外合作办学的相关政策要早于西部地区，东部一些省份有关中外合作办学的规章制度已经逐步完善，但是西部地区则处于起步状态。2023 年 9 月 1 日起施行《中华人民共

①　陈昌贵，谢练高. 走进国际化：中外教育交流与合作研究 [M]. 广州：广东教育出版社，2010: 313.

②　于福增，江波，朱小玉. 教育国际交流与合作史 [M]. 海口：海南出版社，2011: 301–303.

③　杨岭. 中外合作办学近十年政策法规分析 [J]. 教学研究，2011, 34(05): 10–13+91.

和国中外合作办学条例》，西部地区省份如何在《中外合作办学条例》的框架内，制定出符合自身特点的地方政策法规，仍需不断探索，从而服务好、引导好、监督好西部中外合作办学的发展。

（二）未来发展走向：东部"示范""引领"

国家先后出台多项政策措施，支持和鼓励西部中外合作办学的发展，力图缓解当前区域布局不均衡的现状。西部地区包括中外合作办学在内的高等教育，要努力追赶，缩小与其他地区的差距。

《中外合作办学条例》颁布实施以来，东部等发达地区中外合作办学发展速度较快，规模逐渐扩大，东西部地区之间的数量差距逐渐拉大，这种区域布局不平衡的现状向来饱受学者的批评。近年来，国家开始出台相应举措，鼓励西部地区发展中外合作办学，调整中外合作办学的布局结构，使其更加合理。诸如上文所提到的《教育部关于当前中外合作办学若干问题的意见》（2006年）、《中西部高等教育振兴计划》（2012年）、《教育部关于进一步加强高等学校中外合作办学质量保障工作的意见》（2013年）等，都突出强调要鼓励、支持和引导西部高校开展中外合作办学，加大对西部中外合作办学的扶持力度。

国家在鼓励和支持西部高校发展中外合作办学的同时，并没有限制东部地区中外合作办学的发展，而是将工作重点放在提高在办机构和项目的质量建设方面，努力办好若干所示范性中外合作办学机构和项目。这种"示范性"，一方面体现在办得好的机构和项目对办得一般的机构和项目发挥示范作用，带动中外合作办学整体质量的提升；另一方面包含了东部地区已经发展成熟的机构和项目对西部地区中外合作办学的发展发挥示范和引领作用。这就对东部地区高校及中外合作办学提出了新的要求。当前，质量建设已经成为中外合作办学发展新阶段的鲜明主题[①]。西部地区高等教育中外合作办学不能只追求数量的发展，更要注重"质"的提高，西部高校在发展中外合作办学之初，就应当树立起质量至上的观念，争取做到办一所好一所。

东部和西部地区中外合作办学的发展关系，正如同我国社会主义本质规定和奋斗目标——实现共同富裕。我国在实现共同富裕的途径方面，采取"先富带动后富"，逐步实现共同富裕。中外合作办学的整体发展进程也十分相似，当前东部地区中外合作办学经过30多年的发展已经初具规模。在今后的发展中，一方面要加强自身质量建设，实现内涵式发展；另一方面，还要带动西部等经济欠发达地区中外合作办学的发展和质量提升，从而实现整体布局的合理优化。

通过国家、地方政府及其教育行政部门出台的一系列政策可以反映出：在过去，东部地区中外合作办学得到优先发展的机会，并且取得了丰硕的成果；在未来，东部地区要扛起"质量发展"的大旗，发挥引领、示范作用。西部地区中外合作办学则在历史发展进程中则扮演着追随者的角色。

---

① 林金辉，刘梦今. 论中外合作办学的质量建设 [J]. 教育研究，2013, 34(10): 72-78.

二、东部地区高等教育中外合作办学的竞争

随着西部地区经济社会的发展，人民收入将不断提升，在未来，西部居民收入将不再成为选择中外合作办学、接受优质教育的主要障碍。但是西部地区高校举办的中外合作办学却在整个中外合作办学市场竞争中不占优势，面临着巨大的挑战。

（一）东部地区整体办学实力较强

从我国高等教育中外合作办学的整体发展情况看，东部地区在办学数量方面要远多于其他区域，办学的历史也长于其他地区。东部地区中外合作办学在发展过程中具备了一定的优势，主要表现在以下两个方面。

一方面，东部地区一批开办较早的中外合作办学机构和项目已经逐渐发展成熟，经过多年的经验积累和历史积淀，这些中外合作办学机构和项目已经有了若干届完整的培养周期，培养了一大批毕业生，有的办学机构和项目成为中外合作办学市场中的"老字号"。这些"老字号"的办学机构和项目，形成了自身的办学特色，在中外合作办学市场上拥有先发优势。此外，优秀毕业生的宣传以及在工作岗位上的努力和取得的突出成绩，让更多的人转变了对中外合作办学的态度，赢得了社会的肯定，同时也让这些"老字号"的中外合作办学机构和项目的知名度、影响力不断提升。

另一方面，东部地区一些中外合作办学机构和项目，中方合作高校属于国家重点高校，外方合作高校属于世界一流大学，这些办学机构和项目合作起点高、基础好，办学层次和水平较高，对中外合作办学质量建设起到了重要的推动和导向作用。东部一些办学机构和项目，已经开始发挥示范和引领作用，在未来发展中，将引领和带动其他地区中外合作办学的发展。

相比之下，西部地区中外合作办学刚刚起步。从统计中可以看出，西部地区近一半中外合作办学机构和项目是在2010年《国家教育规划纲要》颁布实施后发展起来的，很多办学机构和项目还没有完整的培养周期，在人才培养方面还没有形成完善的机制，没有形成成熟的人才培养模式，没有形成一定的办学经验，也没有树立起办学品牌，因此在与东部中外合作办学市场竞争中处于劣势，在优秀生源吸引方面困难重重。西部地区一些有意向选择中外合作办学完成学业的学生，便把目光锁定在东部地区"老字号"中外合作办学机构和项目。

（二）法人设置中外合作办学机构深刻的影响

法人设置中外合作办学机构，即中外合作大学，与中外合作办学项目、中外合作办学二级学院相比，具有更深刻的社会影响力。

但是截至2024年，已经招生或者正在筹备的11所法人设置高等教育中外合作办学机构都位于东部发达地区，并且面向全国招生。这些办学机构，办学层次上覆盖面较广，涵盖了本科、硕士及博士层次；在人才培养、科学研究和社会服务方面取得了一系列进展；质量建设方面全面推进，培养出了数量可观的高素质国际化人才；同时，在合作院校方面，引进了一批优秀的国外合作院校，甚至是国外名校，为全面深化教

育领域综合改革做出了有益探索，提供了重要经验。目前，东部地区的法人设置高等教育中外合作办学机构的在校生人数稳步增长，除个别新建的法人设置高等教育中外合作办学机构外，其他机构在校生已达到一定规模，且拥有部分国际学生。法人设置高等教育中外合作办学机构生源相对稳定，毕业生就业率和就业质量较高，他们不但发挥了高等教育改革的"探路者"、中外合作办学"领头羊"的作用，也体现了独特的优势，在我国高等教育领域占有重要的地位。很多法人设置高等教育机构面向西部省份招生，吸引了西部地区优质的生源，对西部地区中外合作办学的发展，尤其是生源竞争方面带来挑战。

需要指出的是，西安交通大学作为第一所西部地区高校与英国利物浦大学合作了法人设置中外合作办学机构，但是并没有设立在中方母体高校所在的陕西省西安市，而是选择异地办学，将其设立在东部地区的江苏省苏州市。在其选择办学地点方面就可以显示出，在西部地区发展中外合作办学面临的困难。

三、教育国际化与开放教育市场的冲击

当前，发展中外合作办学是实现高等教育国际化的重要途径，但并不是唯一的途径。诸如最传统的人员流动，即出国留学，以及近年来在全国各地逐渐发展的各种涉外办学形式，都是教育国际化的实现形式。不同的形式，具有各自的特点和优势，在繁荣我国高等教育的同时，各种办学形式之间也存在相互竞争的关系。西部地区中外合作办学也一定会受到其他涉外办学形式的冲击和挑战。

（一）出国留学的冲击

西部地区高等教育国际化的发展，对于中外合作办学是一把双刃剑：一方面其能够促进中外合作办学在西部地区的不断发展；另一方面，越来越多的家庭也选择将其子女送出国门，选择留学，这给中外合作办学的发展带来市场挑战。

随着教育国际化的观念深入人心，西部地区的人民也在不断突破封闭、守旧的观念，开始把目光投向海外。在过去，影响西部地区中外合作办学的制约因素是经济因素，很多家庭无法承担高昂的学费，但是这一因素的影响将逐渐弱化。也会有越来越多的家庭，宁愿支付更多的钱，选择将子女送出国门，赴海外留学，接受更为原汁原味的国外教育，同时真实体验海外生活。这相对于"不出国门去留学"的中外合作办学而言，更能够体现"留学"的价值。因此，通过留学的方式，实现接受国外的教育资源将会给西部地区中外合作办学带来一定的竞争压力。

（二）其他涉外办学形式的影响

近些年，尽管整体上西部地区高等教育国际化程度较低，但是西部地区的高校也逐渐发展了各种形式的涉外办学。

中外合作办学是目前政策界限最为明确的一种涉外办学形式，除此之外，境外办学、孔子学院、外籍人员子女学校主要针对外籍学生，其余涉外办学项目外多设立在所属院校教学单位之内，形式相对灵活。通过形式多样的涉外办学，在校学生可以通

过诸如国际双学位项目，获取外方高校或者合作中外高校联合签署的学位证书；学生可以通过联合培养、交换生等办学项目赴国外合作高校进行短期的交流与学习，实现走出国门、开阔眼界、丰富阅历的目的。各种涉外办学形式多样，为教育消费者提供了更多的选择机会，同时也为中外合作办学带来一定的挑战。

首先，一些媒体发表的不负责任的错误舆论，误导了人们对中外合作办学的认识。当前，一些媒体故意或无意混淆中外合作办学与其他涉外办学的政策界限，甚至将一些违法办学行为扣在中外合作办学身上，诸如"中外合作办学是高考失利者的避难营"，"留学预科也是中外合作办学"，[1] "合作办学是打着外国院校幌子骗中国家长钱"[2] 等错误观点广泛存在，误导舆论。这些观点捕风捉影，给中外合作办学扣"黑锅"；一些不良媒体或唯利是图或水平低劣，为中外合作办学舆论的偏向提供了滋生的土壤。其没有正确看到中外合作办学在培养符合国家和地方需求的专业人才方面的重要意义，也没有充分认识到中外合作办学已经成为我国教育事业的重要组成部分。

其次，由于涉外办学形式多样，很多不良机构都打着"出国"的幌子，很多家长和学生又不清楚各种涉外办学的具体政策界限，仅以实现出国、获得国外高校的学位证书为目的，因此在选择出国路径方面出现了盲目性，甚至把其他涉外办学形式当作中外合作办学。笔者在进行调研中发现，这种情况不在少数，甚至一些高校的工作人员也不能正确明辨中外合作办学与其他涉外办学形式的政策界限。

最后，西部地区相对保守，中外合作办学是新鲜的事物，在过去一段时期还没有完全被社会认可。其他涉外办学形式，诸如交换生、联合培养都设置在母体高校普通教学单位中，学校每年选派一定数量的学生赴国外学习、交流，保留母体学校的学籍，最终获得的学位学历证书与其他学生一致，或者颁发国内外高校共同签署的学历学位证书。但是中外合作办学则不同，计划外招生的办学项目只颁发国外学位证书，或者在证书上注明中外合作办学。西部地区中外合作办学刚刚起步，社会认可度还不高，一方面，很多学生忌讳被贴上中外合作办学的标签；另一方面，由于被不良媒体错误舆论的误导，在毕业求职时，这些学生有可能会受到用人单位的冷视。因此，很多学生更保守地选择高校开办的其他涉外办学形式，实现出国开阔眼界、增长学识的目的。

综上所述，在思想意识观念相对保守、中外合作办学尚未被市场充分认可的西部地区，中外合作办学将与其他涉外办学进行激烈的生源竞争。但是这对西部地区中外合作办学未必是一件坏事。一方面，这为西部地区中外合作办学的质量发展提出重要的要求，不能以短浅的目光，只看到眼前的利益，中外合作办学的发展需要提高质量赢得市场。另一方面，在激烈的市场竞争中，让人们更加明晰中外合作办学的政策界限，逐渐提升社会的关注和认可程度。

---

① 胡本末. 不要被中外合作办学项目的帽子遮住双眼 [EB/OL]. (2015-03-21)[2020-02-19]. https://www.yjbys.com/edu/zhongwaiheban/11150.html

② 汤叔. 合作办学是打着外国院校幌子骗中国家长钱 [EB/OL]. (2015-07-26)[2020-02-19]. https://edu.sina.com.cn/zl/oversea/blog/2015-07-06/10282829/1744362175/67f8dabf0102vp78.shtml

四、维护国家安全的根本要求

中外合作办学是我国教育国际合作与交流的重要形式，在办学活动中必须坚决维护我国的教育主权和国家安全。综合目前学者的观点，"国家安全"包括两方面：一方面，包括了传统安全的基本价值内涵，主要有国家的军事、领土和主权安全。另一方面，包括了非传统的内涵，强调政治、经济、科技、信息、环境和文化安全。对于西部地区中外合作办学而言，在维护国家安全方面更面临巨大的挑战，主要体现在以下两个方面。

（一）面对维护我国教育主权的考验

教育主权是国家主权的一部分，是一国处理与该国教育有关事务的最高权力，对内表现为一国处理其国内教育事务的最高权力，对外表现为其处理教育事务时的独立自主权。[①]中外合作办学突破了我国传统的公办、民办的办学模式，很多国外的教育机构成为办学的合作方。这种办学形式，对维护我国教育主权带来了极大的考验。

目前，中外合作办学的相关政策和法规，在维护我国教育主权方面做出了相关规定，诸如规定只允许外国教育机构同中国教育机构合作开展中外合作办学，不允许合资、外方单独办学；中外合作办学机构董事会成员一半以上由中国人担任；校长也需要有中国国籍；等等。但是，在办学实践中仍然存在危害教育主权的危险。诸如，出现了外国投资集团收购我国民办学校的情况[②]。还出现了外方将合作机构的资产非法转移出境，办学不规范导致低水平合作和内部管理混乱，产权不清、权利义务不明引发中外双方的矛盾，等等[③]。这些实例，为西部地区中外合作办学维护我国教育主权敲响了警钟，也对我国中外合作办学政策法规的完善提出了新的要求。西部地区发展中外合作办学在维护教育主权方面，面临巨大的压力和挑战。

（二）面对严防意识形态渗透的考验

高等院校思想政治教育，需要引导学生明辨是非，自觉抵制西方腐朽思想、意识形态渗透和破坏国家统一、分裂祖国的行为。西部地区高等教育中外合作办学的发展，面临着西方不良意识形态渗透带来的挑战。西部地区中外合作办学在思想政治教育上面临着更为艰巨的任务。

当前在国际交流与合作中，影响国家安全的主要有显性手段与隐性手段。显性手段主要包括对国外教育资金的过度依赖、人才的外流和管理职权的丧失；隐性手段包括思想意识形态被西化和同化等。[④]就显性手段而言，中外合作办学"引进来"国外教育资源，这些资源包括师资和管理队伍。西部地区教育经费、师资队伍等资源相对

---

① 潘懋元，黄建如. 教育主权与教育产权关系辨析 [J]. 中国高等教育，2003(06): 16–18.

② 陈大立. 中外合作办学法律问题研究 [M]. 厦门：厦门大学出版社，2014.

③ 罗明东，杨颖. 中外合作办学进程中教育主权问题研究 [J]. 云南师范大学学报 (哲学社会科学版)，2007(6): 24–27.

④ 茹宗志. 教育主权让渡问题研究 [J]. 教育评论，2008(2): 18–22.

紧张，在办学过程中很有可能造成对外方资金、师资等资源的依赖。就隐性手段而言，西方不良意识形态的渗透也可能随着教育资源的引进随之而来。一些反华组织，很有可能会借助中外合作办学，对年轻学生"洗脑"，来实现他们的西化目的。中外合作办学的学生，作为西方国家最容易接触到的青年群体，是西方意识形态渗透的重要对象。[①] 同时这种思想意识的渗透，也伴随着文化侵略，在受教育的学生群体中贯彻"西方文化至上"的观点。西方的社会价值观念、思维和行为模式、生活方式很有可能从根本上摧毁国家的主流文化价值体系，危及和侵犯国家的文化安全和国家安全。[②] 因此西部地区中外合作办学在意识形态方面必须引起高度警惕。

---

① 赵伟,孙秀成.中外合作办学的大学生主流意识形态教育 [J].中国成人教育.2013:(08)49–51.

② 马焕灵,荣雷.论教育主权 [J].教育理论与实践.2006(6):10–12.

第五章　西部地区高等教育中外合作办学发展的优势和机遇

在上文中，笔者分析了西部地区高等教育中外合作办学发展面临的困境与挑战。但是困境和挑战往往与潜在优势和机遇并存。我们不能因为看到深刻的问题和严峻的挑战因噎废食，从而退缩；我们还应当看到西部地区高等教育中外合作办学在发展中潜在的优势和机遇。

第一节　西部地区高等教育中外合作办学发展潜在的优势

西部地区在发展高等教育中外合作办学中，在一些方面拥有着便利的条件，这些条件成为西部地区中外合作办学发展的潜在优势。笔者认为，这些潜在优势主要体现在地缘、文化、市场和资源等方面。在未来发展中，应当充分利用这些有利条件和潜在优势，促进西部地区高等教育中外合作办学持续健康有序发展。

一、地缘优势

西部地区在发展中外合作办学中，拥有一定的地缘优势。地缘优势，原本是经济学的概念，建立在国家或地区间由于地域上的邻近性而产生地缘经济关系的基础之上。地缘优势是指由于地理位置上的联系而形成的优势，这种优势既蕴藏在诸如区位、距离、边界线长短、接壤邻国多少及自然资源等自然要素中，也蕴藏在经济、历史、文化、民族、交通、口岸等人文因素中。① 西部地区在发展中外合作办学过程中的地缘优势，主要体现在其占据的特殊地理位置上。尽管西部地区 12 个省份基本上都地处内陆，远离国家政治、经济和文化中心，但是西部地区疆域辽阔，其中有 5 个省份与周边国家和地区接壤，陆地边境线长达 1.8 万公里，约占全国陆地边境线的 91%。西部地区省份与蒙古国、俄罗斯、哈萨克斯坦、塔吉克斯坦、吉尔吉斯斯坦、巴基斯坦、阿富汗、尼泊尔、不丹、印度、缅甸、越南和老挝共 13 个国家在陆地上接壤。此外，还有 1 595 公里的大陆海岸线，与许多南亚、东南亚国家隔海相望。

由此可见，西部地区省份是我国与中亚、东亚、西欧地区内陆国家以及南亚、东南亚国家和地区对外交流与合作的重要窗口。漫长的边境线，将我国西部地区与众多

---

① 杨文选，宋开元. 地缘优势型区域经济合作研究 [J]. 商场现代化，2007(11)：193-194.

周边国家和地区紧密联系起来，为西部地区的对外开放与国际合作提供了优越的地缘条件。地缘优势在中外合作办学发展中发挥着很大的作用，这在我国其他省份的中外合作办学发展过程中已经得到充分体现。例如，东北地区的黑龙江省，截至 2015 年 12 月 31 日，全省共有本科层次中外合作办学 176 个，主要是依靠毗邻俄罗斯的地缘优势。黑龙江省与俄罗斯的高校已经合作设立 84 个中外合作办学项目，占全省中外合作办学总数的近一半。可见地缘条件对中外合作办学的发展具有十分重要的影响。

从地理位置上讲，西部地区大体上可以分为西北和西南两大区域。西北地区包括陕西、甘肃、青海、宁夏、新疆和内蒙古大部分地区；西南地区包括重庆、四川、云南、贵州、西藏和广西六个省份。西北地区省份，毗邻的是中亚和东亚等国家和地区，是我国向西开放的重要门户；西南地区省份毗邻的主要是南亚、东南亚国家和地区，是我国向西南开放的重要窗口。由此可见，西部地区各省份在对外交流与合作过程中地缘优势特色十分明显。当前，东南和西南地区省份的省会或较大城市已经逐渐成为我国西部地区对外开放、实现睦邻友好的"桥头堡"，逐渐形成了面向西北边境和西南边境的开放前沿。

（一）西北地区省份发挥面向中亚、东亚的"桥头堡"优势

以陕西、甘肃、青海、宁夏、新疆和内蒙古为代表的西北地区各省份，是中国向西开放的桥头堡，是我国"东联西出"的国际大通道[①]，同时也是丝绸之路经济带建设的重要前沿地区。

当前，西部地区面向西北欧亚国家和地区的对外交流与合作已经逐渐开启，并日益加深。例如，截至 2023 年，陕西省西安市已经连续举办了 10 届欧亚论坛，围绕欧亚区域经济、资源、经贸等方面的交流，推动了中国与欧亚国家深层次的合作；丝绸之路国际贸易洽谈会，依托甘肃兰州的产业优势，推动了甘肃等西北省份的优势基础产业"走出去"，成为西部地区面向中亚、欧洲国家开放的平台；中国（新疆）自由贸易区，利用与中亚国家邻近的地理优势，成为对外开放的突破口；宁夏回族自治区银川市多年来加强与阿拉伯国家的合作，连续举办中阿博览会，并且于 2013 年打造了中阿综合保税区，逐渐成为中阿贸易的重要枢纽。

通过多年的努力，西北地区对外开放已经取得了一定的成绩，西部地区一些城市已经成为面向中亚、东亚等国家和地区对外贸易的重要窗口。西安、兰州、银川、乌鲁木齐等西部地区省会城市正在打造内部对外开放的新高地。此外，边境沿线城市诸如喀什、霍尔果斯市也正在成为我国重要的对外贸易口岸。如正在筹建的"中国—吉尔吉斯斯坦—乌兹别克斯坦"和"中国—巴基斯坦"两条国际铁路的起点都位于喀什，可见其国际窗口的重要作用愈发显现。

（二）西南地区省份发挥面向东盟国家"桥头堡"的优势

以重庆、四川、云南、贵州、西藏和广西为代表的西南地区省份，地处我国西南边陲，是我国走向印度洋的重要通道，也是连接我国与南亚、东南亚国家和地区开展

---

① 申建良. 中国新疆与中亚国家高等教育合作研究 [D]. 乌鲁木齐：新疆农业大学，2014：59.

对外经贸合作的重要枢纽，更是维护我国西南边疆安全的重要屏障。西南地区省份，正发挥着面向东南亚、南亚地区国家的"桥头堡"作用。

当前，西南地区省份与南亚、东南亚国家和地区的对外交流与合作逐渐深化，并取得了积极成果。在新一轮西部大开发进程中，党和国家政府审时度势，充分抓住西南地区省份在与南亚、东南亚国家交流与合作中地理位置的重要作用，提出要把云南省建设成为面向东盟国家的"桥头堡"。云南省在中国—东盟自由贸易区的建设中已经成为区域经济合作的前沿，同时云南省参与澜沧江—湄公河次区域经济合作等国际组织，突出了区位优势；截至 2023 年，中国—东盟博览会已经在广西南宁市举办了 20 届，不但是中国和东盟 10 国共同搭建的经贸等多领域有效合作的大平台，也是中国—东盟自贸区建设的助推器；西藏自治区近年来打造环喜马拉雅经济合作带，加强基隆口岸跨境经济合作区的建设，依靠铁路等基础设施的完备，逐渐加快了对外开放的节奏；重庆市正在利用区位优势，大力推动内陆开放，成为丝绸之路经济带的重要战略支点、海上丝绸之路的产业腹地、长江经济带的西部枢纽；四川省也在着力建设链接东西、贯通南北、通江达海的西部综合交通枢纽，努力实现成为西部地区对外开放的最大平台和窗口。这些省份在对外交流与合作中的作用愈加凸显。

综上所述，我国西部地区与周边国家和地区在政治、经济等方面的合作突飞猛进，同时，各省份针对自身的区位特点，制定出对外开放的具体定位与目标。政治、经济领域的交流合作，以及合作目标的实现和政策的执行，需要依托的是大量精通行业知识、技能以及外语的国际化人才，这就为西部地区中外合作办学的发展提供了巨大的机遇。当前，我国西部省份中外合作办学的外方合作高校以欧美等传统教育输出国家为主，周边西亚、中亚及南亚、东南亚国家和地区来华合作办学数量有限，而在未来一段时间，在国家和地方政策指导下，西部地区省份与上述这些国家的交流与合作将不断地升温，与这些国家合作办学存在着广泛的发展空间。因此，以地缘优势促进政治、经济合作，带动文化、教育的合作成为西部地区中外合作办学发展的一大优势。

二、文化优势

我们所说的文化是指人类和人民群众在社会历史实践过程中所创造的物质财富和精神财富的总和。[①] 物质文化包括人类依靠工具、技术和生产制度在内的技术体系所创造出来的物质财富和创造物质财富过程中所显现的技术形态；精神文化，主要包括宗教、道德、法律、传统、习俗以及各类科学与文化艺术等各种社会意识形态。[②] 我国西部地区省份多为少数民族聚集区，无论在物质文化还是精神文化方面，都拥有巨大的财富。充分利用文化方面的优势，能够在推动西部地区高等教育中外合作办学的发展方面起到积极的作用。

---

① 冯天瑜 . 中华文化词典 [M]. 武汉：武汉大学出版社，2010: 2.

② 冯天瑜 . 中华文化词典 [M]. 武汉：武汉大学出版社，2010: 4.

（一）拥有大量的文化遗产和文化古迹

西部地区是中华文明的重要发源地，拥有悠久的历史和丰厚的文化底蕴。从西部地区所拥有的文化遗产数量即可管中窥豹，看出西部地区在中华文化发展过程中留下的光辉印记。

截至 2024 年 8 月 6 日，我国共有世界遗产 59 处，有 23 处位于西部地区省份，其中包括 11 处世界文化遗产、11 处世界自然遗产和 1 处世界文化与自然双重遗产。[①] 西部地区众多的世界文化遗产，作为西部地区的文化名片，更让世人瞩目和向往。

除了世界文化遗产外，西部地区各省份还拥有大量的全国重点文物保护单位。根据《中华人民共和国文物保护法》的相关规定，全国重点文物保护单位是我国政府对不可移动文物所制定的最高保护级别，选定单位具有重大历史、艺术和科学价值。截至 2019 年 10 月 7 日，全国共公布了八批国家级重点文物保护单位，共计 5 058 处[②]，其中位于西部地区省份的有 1 533 处（陕西 273 处，四川 272 处，内蒙古 149 处，云南 170 处，甘肃 152 处，新疆 133 处，贵州 81 处，广西 81 处，重庆 64 处，西藏 70 处，青海 51 处，宁夏 37 处），占全国重点文物保护单位总数的 30.3%，陕西、四川、内蒙古、云南等西部省份作为文化大省，拥有的全国重点文物单位在全国各省份排名中位列前茅，可见，西部地区在文化遗产数量方面实力雄厚。

上述世界文化遗产和国家重点文物保护单位，能够反映出西部地区在物质文化方面的优势。中国作为世界文明古国，源远流长的文化、宝贵的历史遗迹，无一不吸引着世界各国人民的到访，西部地区作为文物古迹的集中区域，更能够吸引世界的目光。发展中外合作办学，可以利用这些物质文化资源，在吸引外方合作高校和专家、学者方面发挥作用。

一方面，要发挥文化遗产、文物古迹在沟通中外文化方面的作用，让世界对中国西部有更加正确、深入的认识。充分利用这些文化遗产、文物古迹在世界范围内的吸引力，吸引大量国外游客到访、参观，这样必然能拉近西部与世界的距离，也让更多的国际友人真正认识西部，消除人们在认识层面对中国西部地区的误解。人员往来的增多，必将会带来文化、教育交流与合作的机会，为西部地区中外合作办学的发展奠定基础。

另一方面，要发挥教育的文化传承功能。随着教育方式的不断变革和发展，教育在人类文化传承中将产生越来越大的影响。在高等教育中外合作办学中，很多外籍教师对中国优秀传统文化兴致十足，成为其来华任教的主要动力。西部地区的文化遗产、文物古迹，可以吸引外籍专家、学者通过与中方高校、教师的深入交流与合作，更好地研究中华文化，让民族传统技艺、文化遗产等更好地"走出来"，进而实现文化的创新。

---

① 根据联合国教科文组织世界遗产地数据统计整理。
② 根据国家文物局公布的数据统计得出。

（二）拥有光彩夺目的非物质文化遗产

西部地区除了拥有大量的物质文化遗产外，还拥有丰富的非物质文化遗产。

非物质文化遗产作为载体，同样能够促进旅游业的发展，促进中外双方人员往来、研究人员的合作，还能够为文化、教育领域的交流合作提供平台。我国西部地区很多省份属于少数民族聚集区，形成了多样化的民族文化特点、丰富的非物质文化遗产。①

截至 2024 年 12 月，我国已经拥有 44 个世界非物质文化遗产，是世界上拥有世界非物质文化遗产数量最多的国家。其中，有 13 个属于西部地区特有的非物质文化遗产，还有 3 个被列入"急需保护的非物质文化遗产名录"。

截至 2024 年 12 月，我国国家级非物质文化遗产代表性项目共有 1 557 项，包含 3 610 个子项。西部地区 12 个省份拥有的国家级非物质文化遗产共 1 088 个子项。其中，四川 153 项、贵州 159 项、西藏 105 项、内蒙古 106 项、陕西 91 项、宁夏 28 项、青海 88 项、甘肃 83 项、广西 70 项、重庆 53 项、云南 145 项、新疆 7 项②，超过全国的 1/3。

这些文化遗产正在吸引越来越多的世界目光，无论前来参观游览，还是研究保护，都有利于促进西部地区对外文化交流平台的搭建，为西部地区文化教育的对外交流与合作提供载体与机遇。

（三）与周边国家文化的相似性

我国西部地区除了拥有大量的文化遗产之外，与周边国家和地区在文化方面有着很大的相似性。尤其是宗教信仰、风俗习惯等方面的相近或相似，更有利于双方之间的交流与合作，以文化为纽带增进双方的感情沟通，减少了国际交流与合作中经常出现的文化冲突，有助于消除合作障碍。当前我国政府推行"一带一路"建设，东盟、中亚等周边国家位于战略的重点辐射区域，文化相似成为政治、经济、文化、教育领域合作的一大优势。

一方面，在生活习惯方面，西部地区省份与周边国家和地区相近。由于地理位置的接近，西部地区省份与周边国家在起居饮食、节日习俗等方面接近，甚至中国的一些节日在周边国家得到热捧，周边国家的风俗也或多或少影响了西部各省份。相互之间的生活习惯融合甚至一体化，使得沟通方面的障碍逐渐减少。

另一方面，西部地区与周边国家合作办学还存在着语言环境优势。诸如许多中亚国家的民族语言多属于阿尔泰语系突厥语族，与新疆少数民族语言十分接近。③东南亚、南亚国家的语言与广西、贵州、云南许多少数民族的语言同源。语言相似更加便利了双方之间的交流，减少了合作的障碍。

---

① 中国入选联合国教科文组织非物质文化遗产名录（名册）项目 [EB/OL]. (2024-08-06)[2025-02-04]. https://www.ihchina.cn/chinadirectory.html#target1.

② 国家级非物质文化遗产代表性项目名录 [EB/OL]. (2021-06-30)[2025-02-04]. https://www.ihchina.cn/project#target1.

③ 申建良. 中国新疆与中亚国家高等教育合作研究 [D]. 乌鲁木齐：新疆农业大学, 2014: 60.

当前，很多学者强调合作国家和地区之间的"共同利益"，主要研究的是合作国家之间共同的政治、经济利益。但是如果没有相似的文化背景，这种共同利益难以维系。紧邻的地域环境不一定会产生共性，有可能会滋生仇恨，诸如巴尔干半岛上由于分属不同文化的国家和民族，国家关系十分紧张，这一地区被称作欧洲的"火药桶"。因此，在探讨我国西部地区与周边国家合作关系基础时，文化的相似性是不能低估的。[①]相似的文化基础之上形成的价值观共同性，有利于合作的长期性和稳定性，因为共同的价值观能够消减恐惧和疑虑，带来信任与和平，易于相互共存，熟悉对方的设想、动机和社会行为。[②]

总之，地理位置的相邻，文化相近或相似，更有利于国家之间的合作。纵观当前国际上的很多区域组织，都是依靠相近的地理位置和相似的文化而成立的，我国西部地区省份与周边国家地缘的接近、文化的相似，成为合作的一大优势。这种文化价值观方面的共识，有助于政治、经济、文化、教育领域的持续性合作。

三、市场优势

西部地区高校发展中外合作办学还具备较大的市场发展潜力，能够成为未来发展的一大优势。中外合作办学的生存与发展，主要面对的是与普通高等学校的竞争，以及与其他中外合作办学项目、机构之间的竞争。就西部地区内部而言，高等教育整体发展水平较低，中外合作办学面临的竞争相对较弱。西部地区对中外合作办学的需求日益高涨，也对其发展带来一定的促进作用。

（一）市场竞争相对较小

1.中外合作办学之间的竞争压力较小

高等教育中外合作办学在发展初期，生源主要来自本省，随着办学逐渐成熟，招生规模不断扩大，招生的范围也逐渐拓宽至周边省份，乃至全国。当前，东部地区一些中外合作办学机构和项目招生范围辐射到全国大部分地区，但是西部地区中外合作办学机构和项目办学历史较短，仍处于发展初期，招生的对象基本上是以省内生源为主。当前东部等发达地区高等教育中外合作办学市场竞争激烈，相比之下，西部地区中外合作办学机构和项目在招生过程中所面临的生源竞争压力相对较小。

东部地区高等教育中外合作办学数量在近十年发展速度迅猛，与地方普通院校在生源方面进行了激烈的竞争。近年来，全国高考报名人数总体上出现了下降的趋势，一些省份高校面临的生源压力日益严峻，甚至出现了"生源危机"。尤其是一些独立学院和高职院校在招生方面愈加困难，甚至出现零投档，面临倒闭的危险。本土高等院校面临如此严峻的压力，中外合作办学作为教育领域的新事物，在发展初期面临的挑战和压力则更为巨大。东部地区中外合作办学数量较多，一些办学机构和项目的中

---

① 庄国土.文化相似性和中泰关系：历史的视角[J].华侨大学学报(哲学社会科学版),2013(2):5-14.

② Samuel P. Huntington. The Clash of Civilizations and the Remaking of World Order[M]. London: Simon & Schuster UK Ltd, 1997: 129.

方合作高校为国家重点高校，外方合作高校为世界一流高校。甚至在一些一线城市中，中外合作办学出现"扎堆"现象，诸如北京、上海等城市中外合作办学数量超过了100个，在整体生源有限的情况之下，这些办学机构和项目为争夺优质的生源，更好地树立办学品牌，相互之间的竞争十分激烈。

相比之下，西部地区本土高等院校数量较少，高水平综合型大学数量更是凤毛麟角，中外合作办学数量也十分有限，甚至一些省份中外合作办学还没有取得零的突破，西部地区内部中外合作办学机构和项目之间的竞争压力则小很多。因此，在市场竞争方面，西部地区与东部地区相比压力相对较小，这成为西部地区中外合作办学发展的一个优势。

2. 与地方本土高校竞争压力相对较小

中外合作办学除了区域内部机构、项目之间的竞争之外，这些办学机构和项目与地方本土高等院校之间也存在竞争关系。中外合作办学经常被人们比作我国高等教育中的"鲶鱼"，这条"鲶鱼"要同地方本土高等院校在市场上进行公平竞争，为我国高等教育领域注入新的活力，从而带动全国高等教育的发展。

当前我国中外合作办学主要集中在东部等发达地区省份城市，而这些发达地区省份城市中，自身高等教育资源相对比较充裕，重点高校比较集中，无论公办还是民办的高等院校数量较多。很多地方本土高校办学历史较长，形成了办学特色，在当地也拥有着较好的社会口碑。在人才市场中，这些地方高校的毕业生也占有一定的优势，得到了用人单位的肯定和信赖。若在这些地区另辟蹊径，发展中外合作办学，并且树立品牌，将会面临很大的市场竞争压力，一方面，需要与本土普通高等院校在生源市场上进行竞争，争夺优质的生源；另一方面，需要在已经建立起来的高等教育秩序中寻找自身立足与发展的突破口，得到社会的肯定。

然而西部地区中外合作办学在这方面的压力则相对较小。西部地区各省份重点高校数量以及本省的地方普通高等院校数量较少，市场竞争激烈程度与东部地区相比相差甚远。发展中外合作办学，在西部地区更容易找到立足点和突破口，在与普通高校竞争中面临的压力与东部地区中外合作办学相比要小很多。

（二）社会多样化的教育需求日益明显

当前西部地区中外合作办学发展刚刚起步，数量较少。但是，随着经济全球化的蔓延，教育国际化的观念日益深入人心，社会多样化的教育需求日益明显。中外合作办学作为新的办学方式，日益引起西部地区政府、高校、社会层面的广泛关注。

首先，西部地区很多省份在各自的中长期教育改革和发展规划纲要中，把鼓励、促进发展中外合作办学列入未来一段时期工作的重点，作为扩大教育对外交流与合作的重要组成部分。这是西部地区各省份教育行政部门在顶层设计方面做出的重要指向，各省份对发展中外合作办学表现得积极、主动。政府明确支持与鼓励的态度，必将引领西部地区高等教育中外合作办学在未来一段时期内快速发展。

其次，西部地区各高校对发展中外合作办学也表现出十足的动力。西部地区一些重点高校，更是突出国际合作的重要性。在一些重点高校制定的发展规划战略中，不约而同对中外合作办学在内的国际化发展目标勾勒出宏伟的蓝图。本节统计了西部地区部分高等学校发展规划中国际化发展目标，见表5-1所示。

表5-1 西部地区部分高等学校国际化发展目标

大学	规划目标（节选）
西安交通大学	以高水平中外合作办学机构（项目）与国际联合实验室（中心）建设、高质量留学教育、高端人才培训为内涵，打造弘扬丝绸之路精神、汇聚全球英才、融合产学研用的高等教育全球发展示范区。（《西安交通大学全球发展行动计划》）
重庆大学	充分利用优质国际教育资源，大力推动国际联合培养与中外合作办学，持续推进与美国辛辛那提大学合作办学，重点推进与美加、亚太、俄乌、西欧地区及港澳地区高水平大学的合作办学项目，大力提升学生国际交流能力和全球胜任力。（《重庆大学"十四五"发展规划》）
四川大学	加快全球高端国际合作布局。加强与世界顶尖大学战略合作，研选若干有一定合作基础、优势互补的世界顶尖大学作为战略合作对象，推进全方位、多层次的战略合作，探索与其共同设立海外研究中心，建立长期稳固的合作机制。重点支持一批一流学科与海外顶尖学科（群）建立稳定合作关系，开展实质性、高水平的科学研究，推进世界一流学科建设。（《四川大学"十四五"发展规划》）
兰州大学	搭建优质平台，拓展教学科研国际发展空间。重点做好中外合作办学项目（机构）建设，引进优质教育资源，建设高水平合作办学项目或机构，力争实现境外办学新突破。（《四川大学"十四五"发展规划》）
西南大学	实施国际交流合作人才培养质量提升计划。更加注重中外合作办学的"引进、消化、融合、创新"，深入推进"国内——国外、24校际之间"合作办学模式，强化"中外合作办学"的示范引领。（《西南大学"十四五"事业发展规划和二〇三五年远景目标》）
西北农林科技大学	实施新一轮国际化战略，与世界高水平大学和科研机构的实质性教育科技合作迈上新台阶，国际合作办学取得新突破，初步建成助推"一带一路"建设的标杆。（《西北农林科技大学"十四五"发展规划》）

资料来源：各高校官方网站。

通过表5-1列出的西部地区部分高校制定的发展规划战略可以看出，很多高校都把实现"国际化"的发展目标放在重要位置，实现这一目标的重要途径就是发展中外合作办学。一些高校把"设立或举办一批中外合作办学机构和项目"明确写进了战略发展规划，表现出对其极高的重视程度。尤其是西部地区"双一流"重点大学当仁不让，都指出要促进中外高校间实质性合作，担当西部中外合作办学的开拓者，以期促进高校的国际化进程，提高社会影响力。西部地区的国家重点高校往往成为西部地区中外合作办学的"领导者"和"示范者"，带动这一地区其他普通院校中外合作办学的发展。

此外，在受教育者需求方面，尽管西部地区整体上居民收入水平与东部发达地区有相当大的差距，但是满足学生日益增长的多样化教育需求的期望是相同的。一些西部地区家庭，也希望自己的子女享受更加国际化的教育环境与国外的优质教育资源，实现"不出国门的留学"。而这些需求，随着西部地区经济社会的不断发展而逐渐高涨，越来越多的西部地区人民发出了这样的呼声。需求决定着市场，据此西部地区高校发展中外合作办学拥有很大的市场潜力。

综上所述，西部地区高等教育中外合作办学在发展过程中，一方面，各高校体现出强烈的发展意愿，有充足的内部动力；另一方面，在外部竞争中压力相对较小，有利于发展壮大；此外，西部地区多样化的教育需求日益明显，使西部地区高等教育中外合作办学在未来的发展中拥有着市场优势。

四、资源优势

"资源"最早是经济学的概念，是指生产实践的物质基础和自然条件。联合国环境规划署（UNEP）1972年指出："自然资源，是指在一定的时间、地点条件下，能够产生经济价值以提高人类当前和未来福利的自然环境因素的总称"。《中国资源科学百科全书》则定义为："自然资源是人类可以利用的、自然生成的物质与能量"。由此可见，在传统的观念中，资源仅指自然的、有形的资源。但是今天我们所说的资源已经跳出了狭义的观念，人类生存发展和享受所需要的一切非物质和物质的要素都被纳入广义的资源概念中。资源与高等教育的关系密不可分，中外合作办学也与资源有着密切的联系。

（一）西部地区丰富的资源

1. 自然资源

西部地区的自然资源主要体现在三个方面：首先，西部地区矿产资源的储备巨大；其次，西部地区拥有复杂的地质地貌和丰富的生物资源；最后，西部地区的太阳能、地热能和风能等可再生能源十分丰富。此外，西部地区还拥有众多的世界自然遗产、世界地质公园，具有重大的地质科学意义。

2. 文化资源

西部地区除了在自然资源方面拥有巨大的储备之外，还在文化资源方面具有浓厚的地方特色。

首先，西部地区历史文化资源丰厚，在上文笔者已经分析了西部地区大量的文化遗产和文化古迹，以及丰富的非物质文化遗产，这些构成了西部地区丰富的历史文化资源。其次，西部地区民族文化资源具有多样性和独特性，各少数民族在文明演进过程中形成不同的物质文化特色、种类繁多的民俗文化，他们的艺术展现形式多种多样，成为我国文化的瑰宝。无论在经济发展还是对外交流与合作中，传统的民族文化都能够发挥特殊作用。最后，西部地区保留了大量红色文化资源。"西部曾经是中国共产党领导全国各族人民进行革命战争的大后方，遍布革命者的光辉足迹，流传我党许多优良传统，革命根据地的建立和建设，为孕育新中国的诞生立下了不可磨灭的功勋。"①这些红色文化资源，具有极大的政治教育和文化传播价值。此外，西部地区还具有大量的不可替代性的旅游资源，很多省份把地方旅游行业列入了优势甚至支柱产业。

（二）资源与西部高等教育中外合作办学

笔者认为，西部地区丰富的自然和文化资源储备，能够为西部地区高等教育中外合作办学的发展带来以下三方面的动力。

第一，丰富的资源能够为西部地区中外合作办学提供专业发展支撑。一个地区高等教育与地方的资源情况息息相关，高等教育要因地制宜，充分利用地方的资源开展切合实际的专业和学科。目前，我国一些高校中已经体现出资源在高等教育专业、学科设置中的指向作用——利用所在地区的特色资源，打造了优势、特色学科专业。诸如中国海洋大学和厦门大学，充分利用青岛和厦门的海洋资源，使海洋生物、海洋工程等学科建设领先全国；东北林业大学依靠黑龙江丰富的林业资源，使森林资源保护等相关专业独树一帜；东北农业大学和四川农业大学，分别依靠东北、西南地区的物种多样性，使动物营养与饲料科学相关专业领先全国；上海交通大学，地处国际航运中心，船舶与海洋工程专业优势明显。除了上述自然资源之外，一些文化资源也影响着大学的特色、优势学科专业，诸如青海民族大学、广西民族大学地处少数民族自治区，利用民族文化资源，在民族学专业方面具有特色和优势；黑龙江大学依靠毗邻俄罗斯的地理位置，俄语专业十分强势；延边大学则依靠朝鲜族聚集地区，在朝鲜语言文学专业方面具有明显优势……可以看出，当前很多大学的重点学科具有鲜明的资源指向性，大学可以利用所在区域的资源，打造优势和特色的学科专业。

高等教育中外合作办学，也需要因地制宜，设置的专业、学科要具有地域特色。中外合作办学专业的设置，一方面应当密切结合国家和地方经济社会发展对各类人才的需要；另一方面，应当合理利用西部地区自然与文化资源，发展具有地方特色的学科专业。西部地区自然资源和文化资源十分丰富，利用这些资源，在中外合作办学中开设相关专业，能够促进资源的合理开发、有效利用和充分保护。

第二，丰富的资源能够成为吸引中外合作办学外籍教师的重要手段。一方面，依靠旅游资源的吸引力。很多外籍教师、专家、学者，对我国西部地区的自然风光、文化遗产怀有浓厚的兴趣，西部地区丰富的旅游资源，无疑在吸引外籍教师方面发挥优势。另一方面，依靠西部地区资源的学术研究价值，吸引外籍教师、专家学者与中国的教师及相关科研工作者，共同对这些资源进行学术研究、对相关文化资源进行保护，利用科研合作，在一定程度上能够维持办学师资队伍的稳定性，改变中外合作办学师资流失率过高的现状。

第三，发挥西部地区红色资源在中外合作办学中的思想政治教育作用。2015年1月，中共中央办公厅、国务院办公厅联合印发了《关于进一步加强和改进新形势下高校宣

---

① 陈建新，刘婉华. 开发西部文化资源 塑造华夏西部精神 [J]. 华南理工大学学报 (社会科学版), 2001(02): 12-15.

传思想工作的意见》，要求"不断壮大高校主流思想舆论，着力加强高校宣传思想阵地管理"①，2021年教育部、国家文物局发布《关于充分运用革命文物资源加强新时代高校思想政治工作的意见》，要求"全面推动革命文物资源融入高校思想政治工作体系"。②这对高校思想工作提出了具体的要求。中外合作办学作为中外"混血儿"，在引进优质教育资源的同时，西方一些腐朽思想很可能夹杂其中，中外合作办学机构和项目的思想政治教育工作十分严峻。西部地区丰富的红色文化资源，能够在西部地区中外合作办学中发挥政治教育功能，充分融入学校的校园文化，切实帮助中外合作办学的学生树立正确的人生观和价值观。因此，红色文化资源在西部地区高等教育中外合作办学思想政治教育方面，具有重要的作用。

第二节　西部地区高等教育中外合作办学的机遇

西部地区高等教育中外合作办学的发展，除上述潜在优势之外，还有一些重要机遇。西部高校需要不失时机地抓住这些机遇，推动西部地区高等教育中外合作办学的发展。

一、国家对西部地区高等教育及中外合作办学发展的鼓励支持

（一）国家针对西部高等教育出台了一系列鼓励政策措施

当前，高质量发展是我国新时代社会经济发展的鲜明主题，是全面建设社会主义现代化国家的首要任务。中华民族的全面复兴离不开西部地区的全面发展，党和国家政府高度重视西部地区教育问题。近年来，针对西部地区高等教育和中外合作办学颁布和实施了多项政策、法规和指导意见。

《国家教育规划纲要》中明确指出，把促进公平作为国家基本教育政策。教育公平是社会公平的重要基础，教育应向农村地区、边远贫困地区和民族地区倾斜，加快缩小教育差距，加大对中西部地区高等教育的支持。《中外合作办学条例实施办法》中明确规定：国家鼓励在中国西部地区、边远贫困地区开展中外合作办学。③《教育部关于当前中外合作办学若干问题的意见》指出：坚持引进优质教育资源，加强能力建设的政策导向。开展中外合作办学，要密切结合国家、地方和区域经济发展对各类人才的

---

① 中共中央办公厅、国务院办公厅.关于进一步加强和改进新形势下高校宣传思想工作的意见[EB/OL]. (2015-01-09)[2025-02-04]. https://www.gov.cn/xinwen/2015/01/19/content_2806397.htm.

② 教育部，国家文物局.关于充分运用革命文物资源加强新时代高校思想政治工作的意见[EB/OL]. (2021-07-21)[2025-02-04]. http://www.moe.gov.cn/jyb_xxgk/moe_1777/moe_1779/202108/t20210816_551494.html.

③ 教育部.中华人民共和国中外合作办学条例实施办法[EB/OL]. (2024-06-02)[2024-07-07]. https://www.crs.jsj.edu.cn/news/index/6.

需求以及学校学科建设的需要……引导中外合作办学逐步向中西部地区发展。①《中西部高等教育振兴计划（2012—2020年）》对发展西部高等教育的战略意义、指导原则、发展目标和主要任务进行部署，明确提出要在中西部地区"办好一批中外合作办学项目，引进国际先进理念和优质资源"②。这些政策、意见将发展西部高等教育放在突出位置，体现了国家政府对西部地区高等教育和中外合作办学的重视程度。在《中西部高等教育振兴计划（2012—2020年）》中，提出要加强科研经费和项目的支持，完善中西部地方高校预算拨款制度，加大中西部地方高校家庭经济困难学生资助力度。"十三五"期间，国家累计安排中央预算内投资107亿元支持中西部高等教育的发展。③这些举措对缓解西部高校财政困难起到了积极的作用。

西部地区高等教育中外合作办学的发展，必将受益于上述各项举措，这为推动其快速发展提供了国家政策方面的保障。

（二）高等教育对外交流合作的平台

目前，我国与其他国家和地区在高等教育领域交流与合作方面搭建了很多平台，主要是在国际组织的框架里，重点突出高校之间的合作，代表的合作项目主要有以下三个。

1.上海合作组织大学项目院校

上海合作组织是1996年中国与俄罗斯、哈萨克斯坦、吉尔吉斯斯坦、塔吉克斯坦五国元首在上海成立的会晤机制，目前包括正式成员国8个，观察国4个，对话伙伴国6个，成员国家大都集中在欧亚两洲。

2007年在上海合作组织元首峰会上，俄罗斯总统普京提出成立"上海合作组织大学"，目的是加强上海合作组织成员国之间教育、科技方面的一体化进程，让青年人接受高质量的现代化高等教育，为教师和研究人员提供更多的学术交流机会，利用成员国高等教育机构创新型教育资源和科研资源，推动各项目院校开展合作。这一提议得到了各国的赞成并广泛参与，拓展了成员国之间文化、教育科研的合作，为教师和青年学生之间的学术交流提供了机会。目前上海合作组织大学项目院校由来自上海合作组织成员国的近80所院校组成，中国有20所高校参与其中，包括西部地区的新疆大学、兰州大学、兰州理工大学、新疆师范大学。

2.中俄哈蒙阿尔泰区域高校校长联合会

阿尔泰区域是指环阿尔泰山经济圈次区域，在地理位置上位于中国、俄罗斯、哈萨克斯坦和蒙古国的接合部，这四国就区域合作已经举办了区域经济合作国际论坛，

---

① 教育部.当前中外合作办学若干问题的意见于[EB/OL].(2006-02-07)[2024-07-07].http://www.moe.gov.cn/s78/A20/s7068/201006/t20100610_89021.html.

② 教育部，国家发展改革委，财政部.中西部高等教育振兴计划(2013—2020年)[EB/OL].(2013-02-08)[2020-12-21].http://www.moe.gov.cn/srcsite/A08/s7056/201302/t20130228_148468.html.

③ 教育部："十三五"为中西部高校安排中央预算内投资107亿元[EB/OL].(2021-12-27)[2024-07-07].http://www.moe.gov.cn/fbh/live/2021/53921/mtbd/202112/t20211227_590566.html.

旨在推进区域能源、经贸、金融、旅游、文化等领域的合作与交流。

2011 年 7 月，由新疆维吾尔自治区牵头，我国与俄罗斯、哈萨克斯坦和蒙古国成立了中俄哈蒙阿尔泰区域高校校长联合会，旨在加强阿尔泰国际区域范围内部紧密联系，建立高校合作长效机制和稳固平台，促进区域国际教育交流与合作。新疆维吾尔自治区的新疆大学、石河子大学、乌鲁木齐职业大学等单位属于成员单位。这一联合会，主要是针对我国新疆维吾尔自治区与周边中亚、西亚国家地区教育的国际交流，合作的国别和区域将会不断扩大，逐渐成为我国西北地区教育对外开放的重要窗口。

3. 中国—东盟教育交流周

我国与东盟国家之间自 2008 年以来连续举办了八届中国—东盟教育交流周。中国—东盟教育交流周由外交部、教育部和贵州省人民政府共同主办，目的是深化中国与东盟国家在教育领域的对话与合作，通过合作与交流加强对学生国际视野、创造能力的培养，同时，借助教育交流周为中国与东盟大学之间搭建交流的平台，深化高校之间的务实合作。

中国—东盟教育交流周在发展过程中，不断涌现出新的合作与对话形式，形成了中国—东盟教育部长圆桌会议、中国—东盟人文学术研讨会、中国—东盟青少年夏令营、中国—东盟高等职业教育与人力资源发展国际论坛等形式。交流周邀请了东盟各国青年教师、学者和学生来华交流访问，努力提高区域高等教育的全球竞争力，为地区经济发展提供人才和智力支持。

（三）发挥通往中亚、南亚地区的"桥头堡"作用

在本章第一节指出，当前西部地区在与中亚、南亚和东南亚国家对外交往中具有很大的地缘优势。伴随着与这些国家和地区政治、经贸往来的不断增多，合作关系也逐渐升级。党和国家政府十分重视西部地区各省份利用地缘优势发展对外交流与合作，分别提出了将新疆建设成为面向中亚国家开放的"桥头堡"，以及将云南建设成为面向东亚、东南亚国家和地区的"桥头堡"。以新疆和云南为代表的西北和西南地区省份，要充分抓住国家给予的政策支持，承担起这一重任。

就西北地区省份，2011 年李克强总理出席中国—欧亚经济发展合作论坛，发表主旨演讲并强调"充分发挥新疆向西开放的桥头堡作用，把新疆建设成为对外开放的重要门户和基地，有利于中国尤其是西部地区对外开放，也必将给欧亚合作注入新的动力。"①欧亚大陆腹地历来是东西方之间的陆上通道，在世界地理上承东启西，在经济全球化的背景下，欧亚大陆一体化进程加快，我国与中亚国家地区的经贸合作逐渐增加，中国与欧洲成为亲密的贸易伙伴，双方有着广泛的合作基础和政治利益。建设面向中亚的"桥头堡"目标，为西北地区省份与中亚国家之间的教育合作提供了机遇。

就西南地区省份，2011 年国务院颁布《关于支持云南省加快建设面向西南开放重要桥头堡的意见》（以下简称《意见》）指出云南省是我国通往东南亚和南亚的重要陆

---

① 李克强. 深化内陆开放开发促进欧亚合作发展——在首届中国—欧亚经济发展合作论坛上的致辞 [EB/OL]. (2011-09-02)[2021-03-10]. http://www.gov.cn/ldhd/2011-09/03/content_1939536.htm.

上通道，战略地位十分重要，在战略定位中要让云南省成为我国沿边开放的试验区和西部地区实施"走出去"战略的先行区。在对外经贸合作、对外文化交流、通关便利化等方面先行先试，深化大湄公河次区域合作不断推进，加强与东南亚、南亚合作。《意见》还提出，支持云南高校与东南亚、南亚国家开展教育交流与合作[①]，这为西南地区省份加快与东南亚和东亚国家之间的合作办学提供了机遇。

上述两个"桥头堡"的提出，充分考虑到西部地区对外开放具有的地缘优势，又在西部大开发十余年的经验基础之上提出，也为西部地区各省份对外交流与合作指明了方向。近年来，西部地区与中亚、东南亚、南亚国家之间的教育合作快速发展，留学生的互派、孔子学院的建立都促进了人员的交流、情感的互动。在新一轮改革开放和西部大开发进程中，新疆和云南省身兼重任，与西部地区其他省份在教育的对外交流与合作中实现新的突破。

（四）国际合作平台的搭建提供了有利的发展环境

当前，就西部地区对外交流与合作方面，国家和西部各省份政府已经搭建了很多国际合作平台，西部地区与世界的交往逐渐密切，经济的合作必将带动文化、教育领域的交流与合作，文化、教育领域的交流与合作也必将反作用于经济的交流与合作。

1. 中国—东盟自由贸易区

中国—东盟自由贸易区（CAFTA）是中国与东盟十国（印度尼西亚、马来西亚、菲律宾、新加坡、泰国、文莱、越南、老挝、缅甸、柬埔寨）组建的自由贸易区。2010年自贸区正式启动，成为世界上人口最多，也是发展中国家间最大的自贸区。该自贸区的建立，体现了中国与东盟国家睦邻友好的关系，促进了经贸合作的不断发展。

2. 中国—中亚自由贸易区的筹办

除中国—东盟自由贸易区外，我国另一自由贸易区中国—中亚自由贸易区也具备了可行条件，正在筹办之中。中亚国家主要是指中亚五国：哈萨克斯坦、乌兹别克斯坦、塔吉克斯坦、吉尔吉斯斯坦和土库曼斯坦。中国西北地区省份与中亚国家在地缘上邻近，文化、风俗上相近，经济上互补，目前，这一地区成为世界上经济发展最快的区域。中国与中亚国家已经创办了中国—中亚合作论坛，目前已经举办了三届，逐渐成为中国与中亚国家交流与合作的重要平台，为自由贸易区的建立奠定了合作基础。近年来中亚国家经济快速增长，也为自由贸易区奠定了物质基础。

3. 中国—阿拉伯国家博览会

中国—阿拉伯国家博览会是宁夏回族自治区每年举办的国家级、国际性综合博览会，自2010年创办以来，在国际和国内产生了广泛、深远的影响。该博览会旨在促进宁夏等西部省份与阿拉伯国家之间的合作，推动我国与阿拉伯国家及其他伊斯兰国家之间的经贸互动，同时也逐渐成为我国推进和落实与阿拉伯国家合作的重要平台。

上述自贸区、国际论坛或博览会的成立或举办，均是依靠我国与周边国家一衣带

---

① 国务院. 国务院关于支持云南省加快建设面向西南开放重要桥头堡的意见. [EB/OL]. (2011-05-06)[2021-03-10]. http://www.gov.cn/zwgk/2011-11/03/content_1985444.htm.

水的地理位置而建立起来的，也展示了我国与周边国家合作共赢的国际关系。当前，我国与周边国家和平与稳定的外交关系，为文化、教育领域的合作提供了稳定的环境，为双方之间教育交流与合作奠定了基础，也为中外合作办学提供了机遇。

一方面，对外自贸区的建立、博览会的开办、合作对话的举行，将会促使我国西部地区高等教育改革开放，加速我国西部地区教育国际化的进程，这对西部省份中外合作办学的发展必将产生推动作用；另一方面，当前西部地区中外合作办学主要分布在四川、重庆、陕西等省、直辖市，而上述平台，最大的受益地区是新疆、云南、广西等省区，这些省区目前中外合作办学刚刚起步，拥有一定的发展潜力，因此上述合作平台将能够推动中外合作办学地区布局更加合理。西部地区高等教育中外合作办学的发展应该抓住国际合作平台提供的机遇，在促进办学发展的同时，更加科学合理地调整布局结构、专业布局等方面。

（五）"一带一路"倡议的实施

"一带一路"倡议是我国对外交流与合作的一件大事。2015 年 3 月 28 日，国家发展改革委与外交部、商务部联合发布《推动共建丝绸之路经济带和 21 世纪海上丝绸之路的愿景与行动》[①]（下文简称《愿景与行动》），其中提出"五大合作重点"，包括中外合作办学。中外合作办学必须适应和服务于国家改革和发展的大局[②]，作为教育领域对外开放的重要窗口，必须主动适应和服务于"一带一路"倡议的实施。在"一带一路"建设背景下，促进布局和结构的调整与优化。

《愿景与行动》中，重点圈定了 18 个省份，并且明确了各自定位与合作的重点方向，要求对接、融入"一带一路"建设。其中包括了西部地区的 10 个省份，可以看出西部地区在"一带一路"实施过程中的重要地位。西部地区各省份既是"一带一路"的重要参与者，也是最大的受益者。这对西部欠发达地区而言，无论在经济发展还是文化教育对外交流方面都提供了重要的机遇，也将大大提升西部地区的竞争力。

"一带一路"倡议的实施对于西部地区高等教育中外合作办学发展而言，无疑是一个重要的机遇。一方面，为西部地区与周边国家、"一带一路"共建国家和地区合作办学提供了政策的支持；另一方面，《愿景与行动》提出重点合作领域，这为西部地区发展中外合作办学的专业设置方面提供了参考，有利于西部高等教育中外合作办学的学科专业结构调整。

（六）新一轮西部大开发带来的机遇

西部大开发是 20 世纪末以来，我国实施的一项重大战略，从 1999 年正式实施，至今已经有 20 余年的历程，在这 20 余年的发展中，西部地区在经济社会等方面取得了突飞猛进的发展：经济发展速度高于全国平均水平，社会事业和人才开发得到加强，

---

① 国家发展改革委、外交部、商务部. 推动共建丝绸之路经济带和 21 世纪海上丝绸之路的愿景与行动 [EB/OL]. (2014-03-28)[2021-03-20]. https://www.fmprc.gov.cn/wjb_673085/zzjg_673183/gjjjs_674249/gjzzyhygk_674253/ydylfh_692140/zywj_692152/201503/t20150328_10410165.shtml.

② 林金辉. 中外合作办学基本规律及其运用 [J]. 江苏高教，2012(1): 47-50.

人民生活水平显著提高，城乡面貌发生历史性变化，各族人民群众精神风貌昂扬向上，西部地区已经站在新的历史起点上。[①]

但是，西部大开发是一项长期且艰巨的历史任务，更是一项规模宏大的系统工程，囊括了西部等欠发达地区经济、政治、环境、科技、教育等各方面的内容，在西部未来的发展中仍然任重道远。放眼未来一段时间，西部大开发面临着更为复杂的时代背景：世界经济发展进入复杂多变时期，世界科技创新孕育新的突破，全球产业升级逐步加快；我国进入转变经济发展方式的关键时期。在西部大开发未来的实施过程中，肩负着重要历史使命，需要不断协调推进西部工业化和城镇化进程，提升内陆地区开放经济发展水平，不断缩小西部地区与东部和中部经济社会发展的差距，统筹城乡发展形成城乡互动共荣的发展格局。[②]

2020年5月17日，中共中央、国务院印发《关于新时代推进西部大开发形成新格局的指导意见》，对未来一段时期西部地区发展与改革作出重要部署；2021年6月21日，国务院西部地区开发领导小组会议召开，讨论通过《西部大开发"十四五"实施方案》（以下简称《方案》），总结了西部大开发取得重大历史性成就，但也指出西部发展不平衡不充分问题仍比较突出，提出既要看到西部发展的差距，又要看到其中蕴含的巨大潜力。

相关政策，一方面，能够鼓励和引导各类人才到西部地区建功立业，加强人才国际交流与合作，大力引进国外智力，鼓励其他区域人才汇聚西部，为西部地区教育发展做出贡献；另一方面，促进西部地区高校在中外合作办学中更好地引进国外师资队伍。西部地区中外合作办学的发展，关键是打造一批高质量的师资队伍，这对保障办学的质量和可持续发展意义重大。

2024年11月国家发展改革委修订出台《西部地区鼓励类产业目录（2025年本）》进一步适应新时代推动西部大开发的新形势新要求，适应西部地区产业发展的内外部环境变化，对西部地区12个省份鼓励类产业进行了明确规定。这对西部地区中外合作办学学科专业设置指明了具体方向。中外合作办学需要处理好学科专业结构与产业结构相平衡的问题，只有符合经济发展新常态、满足产业转型升级，才能进一步彰显其价值。[③]因此，西部地区中外合作办学应当抓住机遇，在相关领域培养国际化人才，推动办学高质量发展。

西部大开发战略实施以来，西部地区各省份高等教育发展水平有了很大的提升，随着新一轮西部大开发的实施，党和国家政府将会给予更多的政策支持，为西部地区

① 北京市中国特色社会主义理论体系研究中心. 抓住新一轮西部大开发的机遇期 [N]. 经济日报，2012-03-16.

② 谢和平. 新一轮西部大开发经济社会发展若干重大问题研究 [M]. 成都：四川大学出版社，2012：12-15.

③ 李阳，陈会珍高等教育中外合作办学学科专业结构动态变迁与优化策略研究 [J]. 黑龙江高教研究，2023(9): 63-71.

高校的发展，教育对外交流与合作奠定一定的物质基础；东部发达地区对口支援，为西部地区高等教育的发展提供了智力支持。重点突出缩小西部与东部地区的差距，平衡东西高校之间的水平。这为西部地区高等教育中外合作办学的发展提供了机遇。当前中外合作办学东多西少，区域布局不均衡的现状是我国高等教育东西差距的一大体现。在中外合作办学未来发展中，西部大开发在提升西部高等教育对外开放程度，推动西部中外合作办学的发展等方面，都具有重大的意义。

二、西部地区教育消费意识和国际化意识不断提高

（一）教育消费意识增强

随着西部地区经济社会的发展，近年来西部地区居民收入水平有了显著提高。经济基础能够为教育的发展提供物质保障，很多家庭有了足够的收入，并愿意投入到子女接受高等教育方面。经济的发展也带动了思想观念的变革，越来越多的家庭改变了过去保守的思想观念，这在教育方面有着突出的体现。人力资本理论指出，教育投入能够获取回报，这一观点在西部的影响越来越大。西部地区将会有更多的家庭愿意在教育方面投资，让子女通过接受高等教育，更好地实现人生发展。近年来西部各省份高等教育毛入学率有显著提高，尽管整体上仍低于全国的平均水平，但是能够反映出，通过教育改变命运，成为西部地区多数家庭的期望。

中外合作办学由于办学成本较高，学费标准也高于普通高等院校。随着居民收入的提高，思想意识的更新。西部地区家长和学生选择中外合作办学的影响因素越来越少。西部地区人们消费意识逐渐提高，成为西部高等教育中外合作办学发展的一个机遇。

（二）教育国际化意识提高

除了西部地区教育消费意识的影响之外，教育国际化意识的提高也成为西部地区高等教育中外合作办学发展的重要机遇。

首先，随着国家政府对西部地区对外交流与合作的鼓励与支持，西部地区与周边国家合作交往日益加深，与周边各国的政治、经济往来密切，迫切需要国际化人才实现政治、经济方面的合作。其次，西部地区在发展旅游业的同时，大量国外游客慕名而来，让西部地区对外部世界有了更多的向往。最后，西部地区重点高校发展的各种涉外合作办学形式，对西部地区高校学生产生了很大的影响，很多学生希望能够切身实践，体验西方的社会文化。总之，中外合作办学将明显提高西部地区教育国际化意识。

实现高等教育国际化，最原始、直接的方式是选择出国留学，即人员的国际流动。但是出国留学的成本比中外合作办学——"不出国门的留学"要高很多，这对西部地区大多数家庭而言是一笔不小的开支。因此，能够获取外国高校的优质教育资源，甚至获取国外高校的学历证书的中外合作办学成为这些家庭的首选。因此，西部地区国际化意识不断提高，为中外合作办学的发展带来了很大的机遇。

三、周边国家积极的对外教育交流与合作政策

西部地区高等教育中外合作办学发展过程中，周边国家高等教育国际化的政策也为其提供了重要机遇，主要是受东盟、中亚、东欧国家和地区高等教育政策的影响。本节分别以马来西亚和俄罗斯涉外办学政策为例进行论述。

（一）东盟国家高等教育国际化的政策——以马来西亚为例

就东盟国家而言，各国经济发展水平不尽相同，如新加坡、马来西亚、菲律宾、泰国等新兴工业国家，发展水平相对较高；而印度尼西亚、老挝、缅甸等国家经济发展水平相对落后。高等教育的发展水平往往与其经济水平相匹配。但是从整体上讲，一方面，这些国家在地域上与中国西部地区接壤或邻近；另一方面，近年来东盟各国家与中国合作关系密切，在教育领域的合作范围不断拓展。这对中国西部地区高校引进这些国家优质教育资源，发展合作办学有着很大的潜力。

在东盟国家中马来西亚是较具代表性的国家，其提出教育"国际化"的发展目标较早，很多涉外办学也发展得比较成熟。从其教育开放的政策中，能够窥见其与中国发展合作办学的潜力。

1.有着强烈的发展意愿

很多东盟国家对包括中国在内的周边国家有着强烈的合作意愿。例如，马来西亚制定了致力于成为东南亚教育中心的目标，把教育当作一种出口的商品。一方面，通过优惠政策吸引其他国家的学生赴马来西亚学习和深造；另一方面，将自己的教育资源出口到其他国家，如在其他国家创立分校或合作举办项目。

近20年来，马来西亚跨国高等教育稳步前行，为了推进马来西亚高等教育的发展，政府积极向海外扩展教育市场。第一，加强同外国政府、高校和国际组织长期合作，特别是与澳大利亚高校合作。1999年初，马、澳两国签署学位资格互认协议。同时马来西亚还与新西兰加强合作，争取到世界银行的专项贷，推动国际教育合作。第二，相继在中国、印度尼西亚、印度等国家举办教育展。一些私立院校在北京、上海设立招生代理机构，还在巴基斯坦、沙特阿拉伯、孟加拉国设立招生中心，招收国际学生。政府创立"大马工业卓越奖"奖励招收海外学生较多的院校。第三，2007年马来西亚高等教育部和教育促进中心组织多所高校在约旦、印度尼西亚、雅加达、文莱等国家举办高等教育展览会。第四，在中国、印尼、迪拜、越南成立四个教育促进中心，推广马来西亚高等教育。第五，马来西亚高等教育机构走出国门，在外国设立分校。

2.马来西亚涉外办学发展较早

马来西亚在独立之后，政府颁布《高等教育机构基本规章》（1969年）一方面规定，"私立院校不可以授予学位，外国大学也不能在马来西亚建立分校"[①]。另一方面，采用狭隘的民族保护主义政策——"固打制"（Quota System），必须保证马来人在国立高校

---

① 黄建如，黄敏.海峡两岸高校合作办学的新途径——马来西亚国际合作办学模式的借鉴意义 [J].台湾研究集刊，2010(3): 86−94.

中 80% 的入学率，降低土著子弟、华人、华侨等录取比例。[①]因此，私立高等院校为了生存，开始与国外大学建立合作关系；很多富有的华人选择留学海外，成为马来西亚高等教育国际化"引进来"的嚆矢。

随着《大专法令修正案》（1994 年）出台，法律上允许外国大学在马来西亚开设分校，1995 年马来西亚加入世界贸易组织（WTO），按照《服务贸易总协定》的承诺，马来西亚逐步开放高等教育领域。20 世纪末，马来西亚各种涉外办学形式不断发展，但是 21 世纪之前，主要是"引进来"办学，直至 21 世纪马来西亚政府逐步向海外拓展市场，教育由"引进来"转向"走出去"。马来西亚政府和教育部先后在中国、印度尼西亚、印度等周边国家和地区举办教育展，宣传本国的教育；加大海外留学生的招生力度，在各国设立招生代理机构；最重要的是马来西亚的高等教育机构走出国门在国外设立分校，如马来西亚亚太科技大学于 1993 年建校，目前在澳大利亚、巴基斯坦、斯里兰卡、印度等国家都设立了分校。

3. 拥有优质教育资源

中外合作办学的核心是引进优质教育资源，优质教育资源具有多样性的特征，大学排行榜可以当作参考，但是不应局限于排名。一些发展中国家也具有特色专业和优质课程，以及与之相关联的高水平师资，东南亚及中亚、西亚国家和地区也有不少可以利用和引进的优质教育资源。[②]

首先，在世界大学排名方面，马来西亚有两所大学在世界大学学术排名前 500[③]，分别是马来西亚大学和马来西亚理科大学，这两所大学的世界排名近年来不断上升。在 QS 亚太大学排名中，马来西亚有 5 所高校进入亚太高校排名前 100 名。

其次，在专业方面，马来西亚高校在经济管理学科方面，通过与美国、英国和澳大利亚等发达国家名校合作办学的方法获取当今国际上同行的管理理论、技术知识和技巧，并将西方现代管理技术与自己国家的环境、市场状况、价值观有机结合，使得他们的经济管理学科得到了长足发展。

在亚太地区 MBA 学院排名前 10 位的学校中，东盟国家院校占据了 5 个。[④]因此，马来西亚等东盟国家高校所发展的学科专业，符合中外合作办学引进"优质教育资源"的标准。其涉外办学发展历史相对较早，具备一定的办学经验，同时具有强烈的发展意愿，这些因素都能够成为其来华合作办学的动力。

（二）中亚、东欧国家和地区的教育国际化政策——以俄罗斯为例

中亚、东欧国家多为独联体国家，其中最具代表性的国家是俄罗斯。俄罗斯地跨欧亚两洲，属于东欧国家。在我国"一带一路"建设中，俄罗斯是重要的合作国家。近

---

① 冯国平. 跨国教育的国际比较与研究 [D]. 上海：华东师范大学，2009: 143.

② 林金辉. 中外合作办学中引进优质教育资源问题研究 [J]. 教育研究，2012, 33(10): 34-38, 68.

③ 李阳，陈会珍. 高等教育中外合作办学学科专业结构动态变迁与优化策略研究 [J]. 黑龙江高教研究，2023(9): 63-71.

④ 范伟，唐拥等. 广西—东盟高等教育国际化战略思路 [J]. 东南亚纵横，2003(11): 19-22.

年来，我国与俄罗斯的外交关系不断升温，合作伙伴关系受到人们的重视。截至 2015 年 12 月，俄罗斯已经与我国合作了 117 个中外合作办学项目和机构，主要集中在东北地区的黑龙江省，充分利用了与黑龙江地理位置邻近的优势。俄罗斯同时与我国西部地区省份也毗邻或接壤，这给双方之间的合作办学带来了有利条件。近年来，俄罗斯教育"走出去"发展战略，也为我国西部高校吸引、利用，提供了发展机遇。

　　1. 国家政策鼓励，推动教育国际化发展

　　俄罗斯独立后，联邦政府主要采取两大措施促进本国高等教育的发展和融入世界高等教育：一方面，制定一系列法律、法规和政策清除苏联体制给俄罗斯高等教育遗留下的影响，为本国高等教育国际化发展扫清障碍；另一方面，加入"博洛尼亚进程"，为与其他国家高等教育合作打下基础。

　　就联邦政府发布的相关政策方面，1992 年联邦政府颁布《俄罗斯联邦教育法》，提出了允许"本国、外国和境外的企业、各种所有制形式的机构及其所属的团体和协会，本国、外国和境外的各种社会和个人基金会等，都能够在俄罗斯举办教育机构"[①]。该法案确实起到了很大成效，不断推动本国教育的国际交流与合作，仅 1997 年俄罗斯便与 68 个国家签署了 143 份政府间和部门间教育领域的合作协议。在此之后，俄罗斯联邦政府于 2002 年决定，将俄罗斯教育服务出口作为联邦教育发展大纲中优先发展方向之一；2003 年，俄罗斯联邦教育部又宣布"接下来若干年俄罗斯打算增长高等教育出口 1000%"[②]。正是在高等教育国际化发展的战略背景下，俄罗斯的涉外办学才得以与其他诸如师生交流、科研合作等多种高等教育国际化形式一道发展。可以说，联邦政府一系列的政策为俄罗斯高等教育国际化发展奠定了基础。

　　2003 年 9 月，俄罗斯联邦教育部长在柏林签署了《博洛尼亚宣言》，正式成为"博诺尼亚进程"的第 40 个成员国。"博洛尼亚进程"是由 29 个欧洲国家于 1999 年 6 月在意大利博洛尼亚发起的欧洲高等教育改革计划，力图整合欧洲教育资源，打通各国不同教育体制，促进欧洲区域内高等教育交流与合作，从而增强欧洲高等教育竞争力，并为欧洲一体化进程作出贡献。加入博洛尼亚进程是俄罗斯高等教育由内部封闭走向与世界融合的一次里程碑式的事件。加入博洛尼亚进程给俄罗斯高等教育带来的利好表面在于加强了与欧洲区域高等教育的融合，但更深层次的是促使了俄罗斯高等教育，进一步深化了 20 世纪 90 年代以来各项改革，进而为日后俄罗斯高等教育与对外合作办学打下基础，也促进俄罗斯教育的"走出去"以欧洲为起点，逐步向周边扩散。

　　2. 高等教育"走出去"逐步发展，并形成格局特色

　　尽管俄罗斯高等教育在世界上的影响力并不如传统欧美国家，但在俄罗斯联邦政府大力发展教育服务贸易政策的推动下，俄罗斯高等教育积极地在世界彰显影响力，通过联合办学项目和开办国际分校等形式实现了"走出去"的目标，并逐渐形成了区

---

　　① 张男星. 俄罗斯高等教育体制变革研究 [D]. 上海：华东师范大学，2003.

　　② CIS Branches of the Russian Higher Educational Institutions [EB/OL]. (2014-12-25)[2016-01-20]. http: // en. russia. edu. ru/zvuz/1067/.

域性的分布格局特色。由于俄罗斯广阔且狭长的国境，欧洲与亚洲一直是俄罗斯对外交流的主要区域，俄罗斯的高等教育对外交流与合作也不例外，欧洲和亚洲两大地区成为俄罗斯高等教育对外交流与合作的重点区域。

一方面，俄罗斯高等教育"走出去"的起点选择在独联体国家。由于历史、文化和语言等因素，俄罗斯高等教育在欧洲区域的教育国际合作以独联体国家为重，例如，俄罗斯在海外设立分校方面，独联体国家是俄罗斯高校主要的境外办学对象国。

另一方面，俄罗斯十分重视与中国合作办学的关系。亚洲，由于政治等因素，俄罗斯高等教育与日本和韩国的合作相对冷淡，中国则成为俄罗斯在亚洲区域高等教育交流与合作的重要伙伴，俄罗斯高校的对外教育项目大部分是与中国高校合作的。就中外合作办学而言，截至 2024 年 12 月，俄罗斯与中国高校开展的本科及以上中外合作办学超过 100 个，占中国高校全部开展的本科及以上中外合作办学 10% 以上，在中国高校开展中外合作办学外方院校中排名第 4，仅次于传统高等教育输出发达国家英国、美国和澳大利亚，高于高等教育强国德国、法国、日本等国。此外，2014 年国家主席习近平在访俄期间，与俄罗斯总统普京共同见证了《中华人民共和国教育部与俄罗斯联邦教育科学部关于北京理工大学与莫斯科国立罗蒙诺索夫大学合作举办"中俄大学"的谅解备忘录》的签订，这一所法人设置的中俄高等教育合作办学机构于 2015 年 9 月得到教育部的批准筹设，成为目前已开展中外合作大学中进程最快的项目，更加促进了中俄全面战略协作伙伴关系的深入发展。

3. 重视对新兴经济体国家的教育输出

俄罗斯作为高等教育后发国家，其涉外办学由最初的引进国外资源办学逐步过渡到"引进来"与"走出去"相结合。尽管在世界大学排名方面，进入世界前 500 强的高校数量远远比不过传统欧美教育输出国家，但苏联高等教育遗留下的基础仍然使得其高等工程教育在世界上享有一定声誉，这也为其高校"走出去"办学奠定了基础。从俄罗斯高校"走出去"办学现状来看，俄罗斯高校积极拓展在新兴经济体国家的教育输出，除了选择在中国深圳开办中国深圳北理莫斯科大学之外，还在迪拜设立了圣彼得堡国立大学工程与经济学院。海外合作的均是近年新兴的发达经济体国家。

由此可见，俄罗斯在推动本国教育国际化方面作出了很多努力，尤其是十分重视与亚洲邻国中国的合作。综上所述，以马来西亚、俄罗斯为代表的周边欧亚国家，当前十分重视与中国教育的交流与合作，并且出台了教育"国际化"和"走出去"的相关发展政策。我国西部地区中外合作办学在发展中，面临着如何快提速增质、优化布局结构等方面的问题。通过引进周边国家教育资源，不断调整布局结构，成为西部地区高等教育中外合作办学发展的机遇。

第六章　云南省和陕西省高等教育中外合作办学个案研究

云南省和陕西省分别位于我国西南和西北地区。前者中外合作办学发展刚刚起步，发展数量较少；后者中外合作办学已经具备一定的数量基础。云南省和陕西省一个是"一带一路"建设重要核心区域，一个是丝绸之路经济带的起点。在国家重大战略实施过程中，两省区域位置十分重要，前者重点面对的是南亚和东南亚国家和地区；后者重点面向的是中亚、西北亚国家和地区。本章分别以云南省和陕西省高等教育中外合作办学作为研究的个案进行分析。

第一节　云南省高等教育中外合作办学个案研究

云南省位于我国西南边陲，是我国通往南亚和东南亚国家和地区的重要窗口和门户。地处中国大陆与南亚、东南亚三大区域的接合板块，与老挝、越南、缅甸三国接壤；与柬埔寨和泰国通过澜沧江—湄公河相连，并与印度、新加坡、马来西亚、孟加拉国等国邻近，是我国毗邻周边国家最多的省份之一。

2011 年国务院发布《关于支持云南省加快建设面向西南开放重要桥头堡的意见》，提出将云南建设成为面向东南亚、南亚的南大门，支持云南高校与东南亚、南亚国家开展教育交流与合作。[①] 2013 年国家发改委出台《云南省加快建设面向西南开放重要桥头堡总体规划》，提出加强国际交流与合作，把云南省建设成为面向南亚和东南亚的人才交流合作中心。[②] 相关意见和规划对云南高等教育国际交流与合作提出了新的要求，反映出云南省在面向东南亚、南亚国家对外开放中所发挥的重要作用，同时也反映出云南省在"一带一路"建设中所承担的重任。本节选取云南省高等教育中外合作办学作为研究对象进行研究分析。

一、云南省高等教育中外合作办学数量

云南省中外合作办学在我国西部地区处于中等发展水平，截至 2024 年 12 月 31 日，

---

① 国务院. 关于支持云南省加快建设面向西南开放重要桥头堡的意见 [EB/OL]. (2011-05-06) [2021-02-13]. http://www.gov.cn/zwgk/2011-11/03/content_1985444.htm

② 云南省加快建设面向西南开放重要桥头堡总体规划 [N]. 云南日报, 2013-01-29.

全省共有本科及以上中外合作办学项目 22 个，暂无中外合作办学机构，在办学数量上位居西部各省份第 5 位。云南省本科及以上层次中外合作办学概况如表 6-1 所示。

表 6-1 云南省本科及以上层次中外合作办学概况

中方合作高校	办学项目	审批年份
云南财经大学	云南财经大学与澳大利亚查理·斯特大学合作开展会计学专业本科教育项目	2002 年
	云南财经大学与美国库克学院合作开展国际经济与贸易专业本科教育项目	2002 年
	云南财经大学与英国格林威治大学合作开展房地产硕士学位教育项目	2004 年
	云南财经大学与英国格林威治大学合作开展项目管理硕士学位教育项目	2004 年
	云南财经大学与英国爱丁堡龙比亚大学合作开展金融学专业本科教育项目	2012 年
	云南财经大学与法国瓦岱勒国际酒店与旅游管理商学院合作开展酒店管理专业本科教育项目	2014 年
云南师范大学	云南师范大学与澳大利亚皇家墨尔本理工大学合作开展动画专业本科教育项目	2013 年
	云南师范大学与爱尔兰国家学院合作开展会计学专业本科教育项目	2013 年
	云南师范大学与澳大利亚格里菲斯大学合作开展社会体育指导与管理专业本科教育项目	2013 年
云南农业大学	云南农业大学与英国胡弗汉顿大学合作开展土木工程专业本科教育项目	2014 年
	云南农业大学与新西兰林肯大学合作开展农林经济管理专业本科教育项目	2015 年
	云南农业大学与韩国尚志大学合作开展风景园林专业本科教育项目	2022 年
云南大学	云南大学与泰国清迈大学合作开展物流管理专业本科教育项目	2016 年
	云南大学与美国密歇根理工大学合作开展视觉传达设计专业本科教育项目	2017 年
	云南大学与加拿大维多利亚大学合作开展环境设计专业本科教育项目	2018 年
	云南大学与英国思克莱德大学合作开展土木工程专业本科教育项目	2019 年
云南民族大学	云南民族大学与印度辨喜瑜伽大学合作开展民族传统体育学专业（瑜伽）硕士研究生教育项目	2016 年
昆明理工大学	昆明理工大学与美国阿肯色大学（费耶特维尔）合作开展物流工程专业本科教育项目	2017 年
	昆明理工大学与美国爱达荷大学合作开展土木工程专业本科教育项目	2018 年
西南林业大学	西南林业大学与俄罗斯南乌拉尔国立大学合作开展机械电子工程专业本科教育项目	2017 年

续　表

中方合作高校	办学项目	审批年份
云南艺术学院	云南艺术学院与意大利欧洲设计学院合作开展环境设计专业本科教育项目	2020 年
昆明医科大学	昆明医科大学与泰国玛希隆大学合作开展护理学本科教育项目	2021 年

从表 6-1 可以看出，2002 年云南财经大学开创云南省高等教育中外合作办学先河，分别与澳大利亚查理·斯特大学和美国库克学院合作开展了会计学和国际经济与贸易专业两个中外合作办学项目，随后 2004 年又与英国格林威治大学合作开展了房地产、项目管理两个硕士层次办学项目。直至 2013 年之后，云南师范大学、云南农业大学、云南大学相继开展了中外合作办学。近年来云南民族大学、昆明理工大学、西南林业大学、云南艺术学院、昆明医科大学等高校也陆续实现中外合作办学零的突破。笔者将云南省中外合作办学历年发展数量和在办学数量进行统计，如图 6-1 所示。

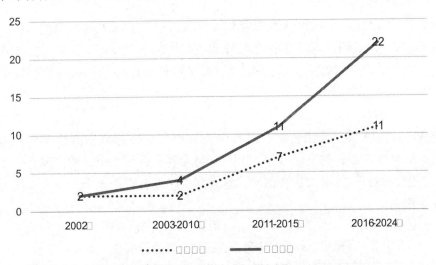

图 6-1　云南省本科及以上层次中外合作办学发展数量（单位：个）

通过图 6-1 统计可以看出，云南省高等教育中外合作办学整体数量和发展数量相对有限，在近 20 年的发展中有 22 个在办项目，2005—2011 年，云南省中外合作办学发展处于停滞状态。自 2012 年以来，云南省每年都有新发展的办学项目，尤其是 2016 年以来，新增办学数量达到 11 个，反映出云南省高校逐渐重视中外合作办学，正在突破发展初始阶段的瓶颈，云南省中外合作办学事业正在步入发展的黄金时期。

二、云南省高等教育中外合作办学的中外合作高校

（一）中方合作高校

截至 2024 年 12 月 31 日，云南省仅有云南财经大学、云南农业大学、云南大学、云南民族大学、昆明理工大学、西南林业大学、云南艺术学院和昆明医科大学共 9 所高

校开展了中外合作办学项目。这 9 所高校都位于省会昆明市，都属于云南省属重点建设高校。其中，云南大学为国家"双一流"建设高校，昆明理工大学是国家国防科技工业局与云南省共建的重点大学，云南师范大学是云南省政府和教育部共建高校、国家中西部基础能力提升工程重点建设高校，云南民族大学是教育部、国家民族事务委员会与云南省人民政府共建的综合性省属重点大学。

根据 2024 年校友会中国大学综合排名，云南大学位列云南省第 1 位，全国第 88 位；昆明理工大学位列云南省第 2 位，全国第 172 位；云南师范大学位列云南省第 4 位，全国第 174 位；昆明医科大学位列云南省第 6 位，全国第 240 位；云南农业大学位列云南省第 5 位，全国第 180 位；云南财经大学位列云南省第 7 位，全国第 265 位；西南林业大学位列云南省第 8 位，全国第 294 位；云南艺术学院位列云南省第 11 位，全国第 313 位。分析云南省高等教育中外合作办学中方合作高校，均属于云南省综合实力相对较好的高校，这三所高校均具有相关专业博士学位授予资质，若干学科专业在全国具有一定的影响力。

根据教育部 2024 年公布的全国普通高等学校名单，云南省共有实施本科及以上学历教育的高等学校 33 所（含 9 所民办院校和独立学院），云南省有 9 所高校开展中外合作办学，即云南省有 27.2% 的高等院校开展了中外合作办学，这一比例低于全国整体水平。

（二）外方合作高校

截至 2024 年 12 月，云南省高等教育中外合作办学外方合作高校来自 11 个国家，分别是与英国合作 5 个，与美国合作 4 个，与澳大利亚合作 3 个，与泰国合作 2 个，与俄罗斯、法国、韩国、加拿大、新西兰、意大利、印度各合作 1 个。外方合作高校和国别如表 6-2 所示。

表 6-2　云南省高等教育中外合作办学外方合作高校（单位：个）

国家	合作高校	合作数量
澳大利亚	澳大利亚格里菲斯大学	1（前 500）
	澳大利亚查理斯特大学	1
	澳大利亚皇家墨尔本理工大学	1
英国	英国爱丁堡龙比亚大学	1
	英国格林威治大学	2
	英国胡弗汉顿大学	1
	爱尔兰国家学院	1
	英国思克莱德大学	1（前 500）
法国	澳大利亚瓦岱勒国际酒店与旅游管理商学院	1

续 表

国家	合作高校	合作数量
美国	美国库克学院	1
	美国密歇根理工大学	1
	美国阿肯色大学	1
	美国爱达荷大学	1（前500）
泰国	泰国清迈大学	1
	泰国玛希隆大学	1（前500）
新西兰	新西兰林肯大学	1（前500）
意大利	意大利欧洲设计学院	1（前500）
俄罗斯	俄罗斯南乌拉尔国立大学	1
印度	印度辨喜瑜伽大学	1
韩国	韩国尚志大学	1
加拿大	加拿大维多利亚大学	1（前500）

通过表 6-2 可以看出，云南省 22 个中外合作办学项目外方合作高校来自 11 个国家的 21 所高校，其中英国格林威治大学与云南财经大学合作 2 个项目，其余均是"一对一"的合作，即一所外方高校与中方一所高校合作。在这 21 所外方合作高校中，有 7 所大学排名世界大学前 500 位。

但是，纵观云南省外方合作高校，依然以传统欧美发达国家为主，与周边南亚、东南亚国家仅有 2 个合作办学项目，反映出云南省中外合作办学尚未发挥区位优势，还没有在教育交流与合作方面对接好、服务好"桥头堡"战略和"一带一路"倡议的实施。

三、云南省高等教育中外合作办学结构

（一）层次结构

截至 2024 年 12 月 31 日，云南省在办的 22 个高等教育中外合作办学项目中，有 3 个项目实施硕士研究生学历教育，所占比例为 13.6%；另外 19 个项目实施的都是本科学历教育，所占比例为 86.4%；暂无博士研究生层次办学，具体分布情况如图 6-2 所示。目前的层次结构，反映出云南省缺乏高层次中外合作办学，还无法承担起培养高层次国际化人才的重任。

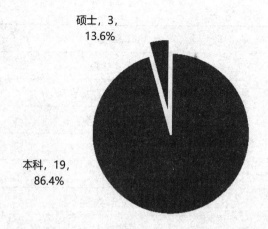

硕士，3，
13.6%

本科，19，
86.4%

图6-2 云南省高等教育中外合作办学层次分布（单位：个）

2024年，云南省共拥有33所本科普通高等学校，其中包括1所国家"双一流"建设高校——云南大学。除云南大学外，云南省另有7所高校具有博士学位授予权，分别是昆明理工大学、云南农业大学、西南林业大学、云南师范大学、云南财经大学、云南民族大学、昆明医科大学。但是这8所高校没有开展任何博士层次中外合作办学项目和机构。

除上述8所高校外，云南省还有大理大学、云南中医学院、云南艺术学院、云南经管学院拥有硕士学位授予权，但是目前仅有云南财经大学和云南民族大学共开展了3个硕士层次中外合作办学项目。此外，云南省还拥有昆明物理研究所、昆明贵金属研究所，这2个科学研究所招收硕士和博士研究生。

因此，通过对云南省具有博士、硕士授予权的教育机构统计发现，目前云南省一些院校和科研单位已经具有开展高层次中外合作办学的实力，能够在未来推动云南省高层次中外合作办学的发展，在科学、合理地调整办学层次结构中承担重任。

（二）学科专业结构

当前，云南省高等教育中外合作办学所开设专业涉及6大学科门类，共计14个专业类别，具体学科专业分布情况如表6-3所示。

表6-3 云南省高等教育中外合作办学学科专业结构

学科门类	专业类别	数量（个）	比例
管理学	工商管理类	2	36.4%
	农业经济管理类	1	
	物流管理类	2	
	旅游管理类	1	
	管理科学与工程类	2	

续　表

学科门类	专业类别	数量（个）	比例
工学	机械类	1	22.7%
	土木类	3	
	建筑类	1	
艺术学	设计学类	3	18.2%
	戏剧与影视学类	1	
经济学	金融学类	1	9.1%
	经济与贸易类	1	
教育学	体育学类	2	9.1%
医学	护理类	1	4.5%

　　通过对云南省高等教育中外合作办学学科专业结构的统计可以看出，当前办学主要是管理学、工学、艺术学居多，管理学相关专业所占比例达到了36.4%，工学占22.7%，艺术学占18.2%，教育学和经济学各占9.1%，医学占4.5%。

　　目前所开设的专业多属于文科类专业。文科专业从专业课程设置、学科知识的难易程度等方面与理科专业相比要容易得多，外方的投入较少，也更容易达成合作意向。[①]通过统计分析本书认为，云南省中外合作办学在专业设置方面存在两方面的问题。

　　一方面，云南省中外合作办学所举办的专业并非地方经济社会发展需要的学科专业。根据国家发改委发布的《西部地区鼓励类产业目录》（下简称《目录》），鼓励云南省在太阳能、化学化工、材料科学、设备制造、生物制药、农业生产、汽车制造、物流管理、医疗、环境保护、污水处理等相关领域发展[②]，服务好地区产业结构调整和特色优势产业发展。该《目录》对云南省高等教育专业设置和人才培养方面具有一定的指导意义。但是就目前云南省发展的中外合作办学所开展的专业中尚未涉及该《目录》中相关领域专业。

　　另一方面，云南省中外合作办学所开展的多数专业并非中方合作高校特色、优势学科专业。例如，云南大学的民族学、生态学是"双一流"建设学科；云南师范大学地理学拥有一级学科博士点，农业生物环境与能源工程、山地环境与自然灾害、边疆地理学、自然与人文地理学等学科在全国领先，并且具有地方特色；云南财经大学优势学科为应用经济学、工商管理和统计学等；云南农业大学的动物科学、烟草、环境

---

　　① 朱耀顺, 李红梅, 刘娟. 云南省高等教育中外合作办学项目及发展对策研究 [J]. 云南农业大学学报 (社会科学), 2016, 10(01): 88–93.

　　② 国家发改委. 西部地区鼓励类产业目录 [EB/OL]. (2014–08–20)[2021–03–17]. https://www. gov. cn/gongbao/content/2014/content_2775512. htm.

保护、生物技术等专业在全国领先。但是纵观上述高校目前开展的中外合作办学中的多数专业，并非其优势学科和特色专业，而与全国中外合作办学开设较多的专业基本雷同，因此在办学竞争中不占优势。云南省中外合作办学在未来发展中需要对学科专业结构做出科学、合理的调整。

（三）区域结构

就目前而言，云南省高等教育中外合作办学全部集中在省会昆明市。这是由于各地级市经济文化发展水平巨大的差异而造成的。

云南省共有 16 个地级市、自治州，目前仅有 12 个地级市、自治州拥有本科层次高等院校。云南省 32 所本科高校中，有 20 所位于昆明市，此外红河、大理、保山、楚雄、丽江、临沧、普洱、曲靖、文山、玉溪、昭通各有 1 所本科院校，而这 11 所院校中，也只有大理大学拥有硕士学位授予权。从高校的布局上明显反映出，云南省各地级市和自治州与省会昆明在教育发展水平方面有较大的差距。

昆明市的经济发展水平明显优于其他地级市和自治州。以 2022 年云南省各地级自治州生产总值为例，昆明市生产总值总量达到 7 541.37 亿元，超过排名第二的曲靖（3 802.2 亿元）近一倍，另有 5 个地级市、自治州 GDP 总量尚未达到 1 000 亿元，最低的仅为 100 亿元。由此可见，云南省经济社会发展极不平衡，省会昆明市的发展程度远远超过其他城市和地区。

综合分析可知，云南省高等教育中外合作办学区域分布与全省各地级市和自治州经济发展水平具有很大的相关性。云南省目前中外合作办学的发展集中在昆明的现象符合云南省教育发展的实际，但是长久而言，不利于云南省中外合作办学可持续发展。位于大理、曲靖、玉溪等经济基础较好地级市的地方院校应做出长远规划，政府应鼓励地方本科院校发展中外合作办学的积极性。

第二节　陕西省高等教育中外合作办学个案研究

陕西省位于我国西北部，地处内陆中心腹地，是"丝绸之路"经济带新起点，是欧亚大陆桥亚洲段和进入大西北的门户，是承东启西、连接南北的重要枢纽。在《坚定不移推进共建"一带一路"高质量发展走深走实的愿景与行动——共建"一带一路"未来十年发展展望》（下简称《愿景与行动》）中，特别强调了陕西省要形成面向中亚、南亚、西北亚国家的通道、商贸物流枢纽和重要产业、人文交流基地。陕西省明确提出打造丝绸之路经济带新起点和向西开放的"桥头堡"的战略定位，发挥陕西省"一带一路"中心区域作用，打造内陆改革开放新高地，推动陕西对外开放大发展。鉴于陕西省在"一带一路"建设中的突出位置，本节选择陕西省，对其中外合作办学发展情况进行个案研究。

一、陕西省高等教育中外合作办学数量

陕西省中外合作办学在我国西部地区 12 个省份中处于领先的水平，办学数量居西部地区首位。截至 2022 年 12 月，陕西省共有本科及以上中外合作办学 38 个，表 6-4 为陕西省本科及以上层次中外合作办学项目概况，表 6-5 为陕西省本科及以上层次中外合作办学机构概况。

表 6-4 陕西省本科及以上层次中外合作办学项目概况

序号	中方合作高校	项目名称	时间
1	西安交通大学	西安交通大学与美国德克萨斯大学阿灵顿分校合作开展高级管理人员工商管理硕士学位教育项目	2004 年
2	西安交通大学	西安交通大学与加拿大阿尔伯塔大学合作开展财务管理硕士学位教育项目	2012 年
3	西安电子科技大学	西安电子科技大学与法国南特大学综合理工学院合作开展电子信息工程专业本科教育项目	2013 年
4	西安科技大学	西安科技大学与澳大利亚塔斯马尼亚大学合作开展土木工程专业本科教育项目	2013 年
5	西安航空学院	西安航空学院与德国北黑森应用技术大学合作开展机械电子工程专业本科教育项目	2013 年
6	西安电子科技大学	西安电子科技大学与英国赫瑞瓦特大学合作开展通信工程专业本科教育项目	2014 年
7	榆林学院	榆林学院与英国胡弗汉顿大学合作开展机械设计制造及其自动化专业本科教育项目	2014 年
8	西北农林科技大学	西北农林科技大学与美国内布拉斯加林肯大学合作开展食品科学与工程专业本科教育项目	2014 年
9	西安邮电大学	西安邮电大学与英国斯泰福厦大学合作开展电子信息工程专业本科教育项目	2014 年
10	西安科技大学	西安科技大学与澳大利亚麦考瑞大学合作开展电气工程及其自动化专业本科教育项目	2015 年
11	西北大学	西北大学与英国埃塞克斯大学合作开展电子信息科学与技术专业本科教育项目	2016 年
12	长安大学	长安大学与爱尔兰都柏林大学合作开展道路桥梁与渡河工程专业本科教育项目	2017 年
13	西安外国语大学	西安外国语大学与阿联酋沙迦大学合作开展阿拉伯语专业本科教育项目	2017 年

续　表

序号	中方合作高校	项目名称	时间
14	西安交通大学	西安交通大学与意大利米兰理工大学合作开展建筑学专业（古迹与遗址保护方向）硕士研究生教育项目	2018 年
15	西北农林科技大学	西北农林科技大学与美国亚利桑那大学合作开展环境科学专业本科教育项目	2019 年
16	西安交通大学	西安交通大学与法国 SKEMA 商业学校合作开展创业与创新（大数据与人工智能管理）硕士学位教育项目	2019 年
17	榆林学院	榆林学院与俄罗斯罗蒙诺索夫北方（北极）联邦大学合作开展石油工程专业本科教育项目	2021 年
18	西安财经大学	西安财经大学与德国波恩储蓄银行财团学院合作开展金融学专业本科教育项目	2021 年
19	西北工业大学	西北工业大学与德国品牌应用科学大学合作开展工业设计专业硕士研究生教育项目	2021 年
20	西安电子科技大学	西安电子科技大学与美国弗吉尼亚理工大学开展大数据管理与应用专业本科教育项目	2021 年
21	商洛学院	商洛学院与美国格林威尔大学合作开展电气工程及其自动化专业本科教育项目	2021 年
22	咸阳师范学院	咸阳师范学院与英国伦敦城市大学合作开展学前教育专业本科教育项目	2021 年
23	陕西科技大学	陕西科技大学与乌克兰基辅国立工艺设计大学合作开展设计学专业博士学位教育项目	2021 年
24	西安欧亚学院	西安欧亚学院与美国中田纳西州立大学合作开展软件工程专业本科教育项目	2022 年
25	西安科技大学高新学院	西安科技大学高新学院与新西兰惠灵顿理工学院合作开展计算机科学与技术专业本科教育项目	2022 年
26	西安工程大学	西安工程大学与英国德蒙福特大学合作开展服装与服饰设计专业本科教育项目	2022 年
27	西北农林科技大学	西北农林科技大学与美国内布拉斯加林肯大学合作开展植物保护专业本科教育项目	2022 年
28	长安大学	长安大学与法国高等信息工程师学院合作开展人工智能专业本科教育项目	2023 年

表6-5　陕西省本科及以上层次中外合作办学机构概况

序号	中方开展高校	机构名称	时间
1	渭南师范学院	渭南师范学院莫斯科艺术学院	2016年
2	西北工业大学	西北工业大学伦敦玛丽女王大学工程学院	2016年
3	西安建筑科技大学	西安建筑科技大学南澳大学安德学院	2017年
4	陕西科技大学	陕西科技大学阿尔斯特学院	2019年
5	西安理工大学	西安理工大学国际工学院	2020年
6	长安大学	长安大学长安都柏林国际交通学院	2020年
7	西北大学	西北大学萨兰托文化遗产与艺术学院	2021年
8	陕西理工大学	陕西理工大学特莱恩工学院	2022年
9	西安交通大学	西安交通大学米兰理工联合设计与创新学院	2022年
10	西安工业大学	西安工业大学圣彼得堡彼得大帝理工联合理工学院	2023年

通过表6-4可以看出，2024年陕西省西安交通大学在全省较早开展中外合作办学，2012年之后各高校陆续发展起来。本节将对陕西省高等教育中外合作办学历年发展数量和在办数量进行统计，如图6-3所示。

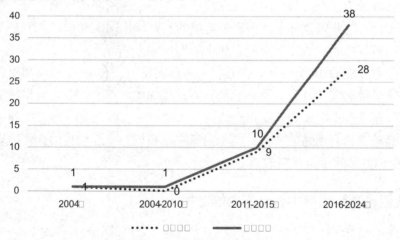

图6-3　陕西省本科及以上层次中外合作办学发展数量（单位：个）

通过图6-3可以看出，陕西省高等教育中外合作办学在2011年之前发展较为平缓，2012—2023年，每年均有新发展的办学机构和项目，其中2011—2015年新开展了9个，2016年之后新发展数量达到28个。这反映出近年来陕西省高等教育中外合作办学整体的开展速度正在逐渐加快。

二、陕西省高等教育中外合作办学的中外合作高校

（一）中方高校

截至 2024 年 12 月 31 日，陕西省开展本科及以上层次中外合作办学的高校数量共有 23 所，中外合作办学机构和项目有 38 个。其中西安交通大学、西北工业大学、西北农林科技大学、西安电子科技大学、西北大学、长安大学是国家"双一流"重点高校，上述 6 所高校共开展中外合作办学 18 个，占陕西省中外合作办学总数的 47.4%。其余发展中外合作办学的 17 所高校中，既包括西安邮电大学、西安航空学院、西安工程大学、西安科技大学等省属重点大学，也有榆林学院、商洛学院等市属院校，还包括西安欧亚学院、西安科技大学高新学院等少数民办高校和独立学院。但是从整体上讲，陕西省目前发展的中外合作办学高校的综合实力在省内处于中上游发展水平。

根据教育部 2024 年公布的全国普通高等学校名单，陕西省共有 58 所本科普通高校（含 23 所民办院校），开展中外合作办学的高校有 23 所，即陕西省 39.7% 的高校开展了中外合作办学。

（二）外方高校

陕西省高等教育中外合作办学合作高校来自阿联酋、爱尔兰、澳大利亚、德国、俄罗斯、法国、加拿大、美国、乌克兰、新西兰、意大利、英国 12 个国家，其中与美国、英国高校合作数量为 8 个，与澳大利亚合作数量为 4 个，与意大利、德国、俄罗斯、法国合作数量为 3 个，与爱尔兰合作数量为 2 个，与阿联酋、加拿大、乌克兰和新西兰各合作 1 个。这些国家和地区多属于传统的教育输出国家和地区，但是可以发现同俄罗斯、阿联酋等中欧、西亚国家的合作也逐渐增多。

在这陕西省开展的 38 个中外合作办学机构和项目中，有 18 个机构和项目外方合作者位列世界大学排名前 500 位，这一比例达到了 47.4%，其中，中方合作高校也都为国家"双一流"建设重点高校和省属重点高校。由此可见，陕西省一半以上的中外合作办学双方合作高校都具有很强的实力，属于国家重点高校与世界名校的合作，实现了"强强联合"，整体办学水平也相对较高。

三、陕西省高等教育中外合作办学结构

（一）层次结构

截至 2024 年底，陕西省开展的 38 个高等教育中外合作办学中，有 29 个机构和项目为本科学历教育层次，占全省的 76.3%，有 7 个办学项目实施硕士研究生学历教育，占 18.4%，仅有 2 个办学招收博士研究生，占比为 5.3%。陕西省高等教育中外合作办学层次结构布局如图 6-4 所示。

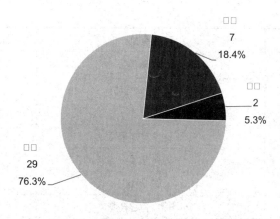

本科
7
18.4%

专科
2
5.3%

硕士
29
76.3%

图6-4 陕西省高等教育中外合作办学层次结构布局（单位：个）

陕西省共有26所高校具有硕士学位授予权，15所高校具有博士学位授予权，此外，陕西省还拥有8个研究所招收硕士和博士研究生。由此可见，陕西省在未来中外合作办学中发展高层次、高水平中外合作办学方面有很大的潜力。

（二）学科专业结构

当前，陕西省中外合作办学所开展的本科层次专业涉及8个学科门类，共36个专业类别，具体学科专业分布情况如表6-6所示。通过统计可以看出，目前陕西省所举办的本科专业主要为工学类相关专业共12个，举办数量占专业总数的近3/4，远远超过其他学科。

表6-6 陕西省中外合作办学本科层次学科专业结构

学科门类	专业类别	数量	比例
工学	机械类	9	76.5%
	计算机类	6	
	土木类	6	
	电子信息类	5	
	电气类	4	
	材料类	3	
	自动化类	1	
	矿业类	1	
	交通运输类	1	
	环境科学与工程类	1	
	食品科学与工程类	1	
	建筑类	1	

续　表

学科门类	专业类别	数量	比例
艺术学	美术学类	2	7.8%
	音乐与舞蹈学类	1	
	设计学类	1	
管理学	管理科学与工程类	2	3.9%
教育学	教育学类	2	3.9%
经济学	金融学类	1	2.0%
文学	外国语言文学类	1	2.0%
历史学	历史学类	1	2.0%
农学	植物生产类	1	2.0%

硕士研究生办学层次所涉及的学科中，艺术学3个，管理学、教育学各2个，经济学、文学、历史学、农学各1个。博士和研究生办学方面，共计16个专业，其中工学专业13个，管理学专业2个，可见不论本科层次还是研究生层次，工学类相关专业是陕西省中外合作办学的重要构成部分。

分析陕西省各高校开展中外合作办学专业，基本上属于各高校的重点、优势学科。例如，西安交通大学的能源动力工程、管理科学与工程、工商管理专业，西安电子科技大学的信息与通信工程属于国家级重点学科；西北农林科技大学的食品科学与工程、西安科技大学的土木工程专业有一级学科博士授权点；西安航空学院的机械电子工程专业、榆林学院的机械设计制造及其自动化专业均属于该校重点发展学科。可以看出陕西省中外合作办学都建立在母体高校优势学科专业基础之上，符合各高校的实力水平。

《西部地区鼓励类产业目录》中列出，鼓励陕西省发展的产业主要有化学化工、生物工程、城市轨道、汽车制造、物流管理、农业、医学、艺术学、环境保护等相关领域，反映出陕西省需要在上述领域培养高素质国际化人才，而陕西省中外合作办学在这些领域中对人才的培养显然是不够的。

（三）区域结构

截至2024年12月，陕西省38个中外合作办学机构和项目中有29个位于西安市，另有4个位于咸阳市，2个位于榆林市，商洛市、渭南市、汉中市各有1个。这种区域布局结构受到陕西省经济、社会、文化发展水平的影响。

陕西省除省会西安外，还有9个地级市。但是西安市拥有本科层次高等院校45所，咸阳市有6所，其他各市均有至少1所普通本科高校，但西安市高校数量远远超过其他各市高校拥有数量总和。西安市的GDP水平也远远高于陕西省其他地级市，因此其经济、社会、文化发展水平要高于其他省内地级市。

第三节　个案研究的分析与思考

通过对云南省、陕西省高等教育中外合作办学的个案研究分析，笔者认为两省中外合作办学分别代表了西南地区和西北地区，以及西部经济发展相对落后和相对发达省份高等教育中外合作办学的发展情况，从中能够反映出西部地区高等教育中外合作办学发展中的一些问题。

一、西部区域内部中外合作办学发展水平差距凸显

上文在对西部地区 12 个省份中外合作办学数量统计时指出，西部地区中外合作办学在区域内部存在布局不均衡的现象，办学机构和项目主要分布在重庆、四川、陕西等经济社会较发达地区。通过对云南省和陕西省高等教育中外合作办学的个案研究再次证明西部地区内部各省份中外合作办学发展水平有着较大的差距。

在数量方面，截至 2024 年底云南省中外合作办学共有 22 个项目，暂无办学机构，与陕西省 38 个中外合作办学机构和项目相比具有一定的差距。在中外合作办学中方高校方面，云南省仅有 9 所高校开展了中外合作办学，并且都是云南省属重点高校；陕西省则有 23 所高校开展中外合作办学，其中包括 6 所国家"双一流"重点建设高校。中外合作办学外方合作高校方面，云南省有 7 个办学项目外方合作高校位列世界大学排名前 500 名；陕西省这一数量达到了 18 个。在办学层次上，云南省研究生层次办学项目所占比例为 13.6%，暂无博士层次办学机构和项目；陕西省博士和硕士研究生层次办学机构和项目所占比例达到了 32.7%，远高于云南省。

通过云南省和陕西省中外合作办学的数量对比，能够将其看作整个西部地区中外合作办学发展的缩影。云南省与广西、贵州等省份经济社会发展水平相近，陕西省则与四川、重庆等省份、直辖市中外合作办学发展水平相当。从数字对比中可以看出云南省与陕西省高等教育中外合作办学发展水平存在巨大差异。此外，就云南省和陕西省内部而言，省会城市昆明、西安分别是两省份中外合作办学的集中城市，其他城市中外合作办学寥寥无几，体现出在一个省份内部中外合作办学布局的不均衡。这种布局差距的根本原因是西部地区不同省份、城市经济社会发展程度的不同，重庆、四川、陕西经济社会发展程度要高于西部地区其他省份，而西部省会城市的发达程度远远高于其他城市，这直接导致不同省份、城市中外合作办学发展的差距。

二、两省中外合作办学开设专业仍需进行科学、合理的调整

（一）开设专业应进一步与地方经济社会发展的需要相适应

通过对云南省和陕西省高等教育中外合作办学的分析可以发现，两省中外合作办

学所开设的专业与地方经济社会的发展还不相适应，因此两省中外合作办学在专业布局方面仍待进一步优化调整。

云南省中外合作办学所开设的专业，并非母体高校的强势学科和优势、特色专业，《中西部产业目录》中鼓励云南省重点发展的相关产业在云南省中外合作办学中也很少体现，未能充分体现出中外合作办学引进优质教育资源"互补性"的特点和"以我为主，为我所用"的原则。而陕西省中外合作办学开设的专业，则相对重视自身学科的发展，尤其是"双一流"重点高校设立的机构和项目所设置的专业多为母体高校的优势专业和学科，诸如西安交通大学、西安电子科技大学、西北农林科技大学等高校合作办学开设的专业都是国家级重点学科、拥有博士点的专业，表现出陕西省高校在发展中外合作办学时重视结合自身特色和优势，这种做法有利于强强联合，促进学科建设国际化发展。但是还应该看到，陕西省中外合作办学目前开展的学科门类十分有限，仅有工学、管理学相关专业，未能够体现引进的优质教育资源"多样性"的特点；同时，陕西省中外合作办学所开设的专业很少涉及《中西部产业目录》中鼓励发展的产业，也不能算是满足陕西省经济社会发展的需求。

通过云南省和陕西省高等教育中外合作办学发展的个案研究，能够反映出西部地区一些高校存在盲目开展中外合作办学的现象，一些办学机构和项目脱离地方经济社会发展的实际和高校自身的实力，在相关热门专业、短线专业开展合作办学，一味追求办学数量与规模。这种功利性的做法不但不能实现合作办学的初衷，而且只能揠苗助长，适得其反，也违背了中外合作办学"适应和服务国家改革与发展的大局"[1]这一基本规律。

（二）开设专业应进一步发挥地方的资源优势

云南省和陕西省都属于资源大省，矿产、生物、文化等资源丰富，能够为两省中外合作办学专业设置提供重要的资源载体。但是目前两省中外合作办学所举办的专业，并没有充分利用地方资源优势。

就云南省而言，首先，在矿产资源方面，铝、锌、镍等有色金属的储藏量位居全国前列，被誉为中国的"有色金属王国"；其次，在生物资源方面种类繁多，素有"植物王国"之称，很多热带、亚热带动植物在这里盛放，相关产业日益兴起；再次，云南省还拥有丰富的能源资源，尤其是光能、热能、风能、地热能等可再生资源的发展前景十分可观；最后，在文化资源方面，云南省民族文化丰富多彩，并独具特色，是建设富有特色的民族文化大省的重要资源。

就陕西省而言，矿产资源潜在经济价值占全国矿产资源潜在价值的1/3，位居全国第一[2]，很多稀有金属储量在全国前列；生物资源方面，借助秦岭、黄河等提供的得天独厚的自然条件，动植物种类繁多；文化资源方面，陕西作为中华民族文化的发祥地，

---

① 林金辉. 中外合作办学基本规律及其运用 [J]. 江苏高教，2012(1): 47-50.

② 陕西省统计局. 新常态下基于 SWOT 方法的陕西发展战略研究 [EB/OL]. (2015-07-14)[2021-03-20]. https://tjj. shaanxi. gov. cn/tjsj/tjxx/qs/201507/t20150714_1626953. html.

具有丰富性、地域性与开放性的特征，拥有大量的文物遗址资源、宗教与祭祀文化资源、古籍文献资源和红色文化资源①。

但是通过分析目前云南省和陕西省中外合作办学所开设的专业发现，依托两省的特色资源所开设的专业十分有限，没有发挥出地方的资源优势。云南省和陕西省丰富的资源，具有极大的研究价值和开发利用价值。

中共十八届五中全会上，提出了"创新、协调、绿色、开放、共享的新发展理念"。西部地区经济社会的发展需要深入落实"新发展理念"。对于西部地区中外合作办学发展而言，一方面需要主动打开教育对外交流与合作的大门，与外方合作高校以共享资源为基础，在相关领域培养国际化人才。另一方面，在中外合作办学中，需要中外合作高校、教师及科研人员，在新技术的发明、资源高效率开发与利用、环境保护等领域合作创新，同时在如何保护稀有资源、动植物资源、生态环境当中作出贡献，这也是西部地区经济社会发展急需解决的问题。

因此，两省中外合作办学在未来发展中，在专业设置方面需要与地方经济社会发展相适应，要充分发挥地方的资源优势，在专业、学科方面做到科学合理的调整，推动中外合作办学可持续发展。

三、两省中外合作办学应进一步服务于"一带一路"倡议的实施

当前，"一带一路"倡议是党的十八大以来中国特色大国外交的伟大创举，这项倡议的实施需要以经济合作为基础，以人文交流为支撑。这为中外合作办学在内的文化、教育领域国际交流与合作提出了新的发展方向和要求。《愿景与行动》中对部分省份的具体工作重点作出部署，全国各省份都需要积极响应并参与其中，尤其是西部地区省份在这项战略实施中承担着重要的责任。

《愿景与行动》部署了云南省和陕西省的具体工作重点。云南省要"发挥区位优势，推进与周边国家的国际运输通道建设，打造大湄公河次区域经济合作新高地，建设成为面向南亚、东南亚的辐射中心。"陕西省等西北地区要"形成面向中亚、南亚、西亚国家的通道、商贸物流枢纽、重要产业和人文交流基地"②。中外合作办学作为教育对外交流与合作的重要手段，需要配合好国家对外发展的大局，服务好"一带一路"倡议的实施。因此，云南省和陕西省需要分别承担起面向西南和西北对外开放的重要责任。

但是上文在统计云南省和陕西省高等教育中外合作办学外方合作国家和地区的布局时发现，两个省份高校与"一带一路"共建国家和地区高校合作办学尚属起步阶段，两省中外合作办学外方合作高校所在国家和地区主要是澳大利亚、英国和美国等传统教育输出国家和地区。这种布局，一方面没有反映出西部地区的地域特色和优势，另

---

①　赵东. 陕西历史文化资源的特征与类型 [J]. 西安财经学院学报，2014(11): 101-104.

②　国家发展改革委、外交部、商务部. 推动共建丝绸之路经济带和21世纪海上丝绸之路的愿景与行动 [EB/OL]. (2014-03-28)[2021-03-20]. https://www.fmprc.gov.cn/wjb_673085/zzjg_673183/gjjs_674249/gjzzyhygk_674253/ydylfh_692140/zywj_692152/201503/t20150328_10410165.shtml.

一方面也没有反映出两省在"一带一路"倡议中所承担的责任。

近年来，我国与周边国家经贸往来日益加深，我国与南亚、东南亚、中亚、西亚等国家关系日益密切，双边高层互访和人员往来日益增多，伴随着"一带一路"倡议的实施，包括云南和陕西在内的西部地区各省份需要在中外合作办学的外方合作国家和地区布局中作出调整，扭转在引进国外优质教育资源中"唯发达国家至优"的观念，寻找机会开展与周边国家和地区合作办学，在文化、教育的国际交流与合作中为外交、政治合作作好铺垫，在教育领域服务好"一带一路"倡议的实施。

四、两省中外合作办学发展仍有一定的潜力

当前云南省和陕西省中外合作办学开展的数量不多，举办中外合作办学的高校较少，在未来发展中具有一定的发展潜力。

首先，两省很多高校在未来都有可能实现中外合作办学零的突破。截至 2024 年，云南省仅有 9 所高校开展了中外合作办学，陕西省也仅有 23 所高校开展了中外合作办学，两省开展中外合作办学的高校占该省高校总数的 27.2% 和 39.7%，而两省多数高校暂未开展中外合作办学，因此具有很大的发展潜力。随着云南省和陕西省教育行政部门的积极引导，两省高校国际化意识的不断提高和社会需求的不断上升，将会有更多的高校在未来发展中实现中外合作办学零的突破。

其次，就目前云南省和陕西省高等教育中外合作办学的中方合作高校而言，一方面，全部都是省内的公办高校，没有一所是民办院校，或者是科研机构。据统计，截至 2024 年，云南省共有 9 所民办院校和独立学院，陕西省则有 23 所民办院校和独立学院，陕西省民办教育发展水平在全国处于领先位置；同时两省还具有一定规模的招收硕士、博士研究生的研究机构。笔者认为，民办高校、独立学院和研究机构有可能成为推动两省中外合作办学发展的突破点。另一方面，两省发展中外合作办学的高校，以国家重点或省属重点高校为主，地方应用型院校举办中外合作办学的数量较少。反映出地方应用型本科院校在未来开展中外合作办学中，仍有很大的潜力。此外，云南和陕西两个省份，非省会城市的地方院校，中外合作办学开展数量很少。这种现象表明，西部地区中外合作办学尚处于初始阶段，很多地方应用型本科院校开展中外合作办学局面尚未打开，甚至对合作办学重视程度不够，未能认清其在人才培养、教学改革以及推动国际化发展方面的重要性。因此，目前西部各省份中外合作办学仍处于"点"状分布，省会城市、重点高校的"点"如何带动全省中外合作办学这个"面"的发展，仍需时日。

再次，在云南省和陕西省已经开展中外合作办学的高校中，仍有一定的发展潜力。当前，质量建设成为中外合作办学发展的鲜明主题为保证办学质量，防止稀释有限的教育资源，需要对各高校开展中外合作办学的数量予以控制。就云南省和陕西省目前发展中外合作办学的高校而言，西安交通大学在办 5 个机构和项目，云南财经大学在办 6 个项目、云南大学在办 4 个项目、西安电子科技大学、西北农林科技大学、云南农业

大学、云南师范大学在办 3 个项目，其余各高校均为 1~2 个。因此，云南省和陕西省多数已经开展中外合作办学的高校，在保证办学质量的前提下，仍有开展 1~2 个办学项目或机构的潜力，这些高校具有一定办学经验与合作基础，能够在推动西部地区中外合作办学的发展方面继续发挥作用。

第七章 区域高等教育中外合作办学的比较研究

研究西部地区高等教育中外合作办学的发展，必须要融入全国中外合作办学整体发展的视域之中，需要与东部、中部和东北地区中外合作办学的发展情况进行比较，从而发现差距，实事求是地制定发展目标，探索发展路径。本章将西部地区与全国其他区域高等教育中外合作办学的发展数量、办学层次、举办专业、中外合作高校及其师资、课程与教学等方面进行比较研究分析。

第一节 区域高等教育中外合作办学数量比较

一、全国高等教育中外合作办学数量发展

根据教育部中外合作办学监管信息平台公布的信息，本节统计了全国中外合作办学年度发展数量。就全国高等教育中外合作办学数量发展而言，其经历了曲折的发展过程。图 7-1 列出了自 2001 年以来教育部历年审批通过的中外合作办学机构和项目数量①。

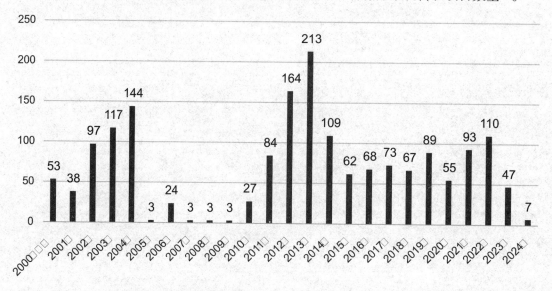

图 7-1 教育部历年审批通过的中外合作办学机构和项目数量（单位：个）

---

① 其中有 277 个机构和项目已经退出。

通过图 7-1 可以看出，在 2000 年之前中外合作办学已经在我国逐步发展起来，但是国家审批的数量较少，仅有 53 个。2001 年我国加入世界贸易组织（WTO），根据签署的《服务贸易总协定》（GATS），我国对高等教育服务贸易作出了法律承诺，进一步打开了高等教育对外开放的大门。伴随 2003 年《中外合作办学条例》的颁布，在之后的一段时期内中外合作办学进入了迅速发展的黄金时期，每年教育部审批通过的数量不断增加，2004 年的审批数量达到了 144 个。但是，2005—2009 年，教育部鉴于中外合作办学在发展过程中出现一系列亟待解决的问题，因此进行"关门"整顿，这一阶段审批的数量很少，中外合作办学经历了停滞发展阶段，期间审批数量仅为 36 个。但是，作为教育对外开放的重要实践形式，发展中外合作办学符合教育国际化的潮流和趋势，这扇大门终会被打开。2010 年国务院颁发《国家教育规划纲要》，为未来一段时期我国教育发展提出了顶层设计和发展目标，其中对中外合作办学的发展作出了重要部署，标志着中外合作办学进入示范性发展阶段。通过统计数据可以反映出 2010 年之后高等教育中外合作办学迅速发展的趋势。2012 年，教育部批准的中外合作办学数量（164 个）比 2011 年（84 个）增长近一倍；2013 年仅一年时间内，教育部共批准了 213 个中外合作办学机构和项目，发展速度前所未有；2014 年，尽管开展数量有所下降，但是平均每 3 天就会诞生一个新的中外合作办学机构或项目。2015 年开始，提质增效成为中外合作办学的主旋律，发展稳中有升，基本保持良好的发展态势。总之，中外合作办学已经成为我国教育事业的重要组成部分。

二、全国各区域高等教育中外合作办学数量比较

截至 2024 年 12 月 31 日，教育部审批通过的正在运行的中外合作办学机构和项目数量达到 1476 个（不包括终止办学的机构和项目），各省份中外合作办学机构和项目数量分布如表 7-1 所示。

表 7-1　全国本科及以上层次中外合作办学机构和项目分布情况（单位：个）

排名	省份地区	项目	机构	合计	占比	排名	省份地区	项目	机构	合计	占比
1	河南	132	14	146	9.89%	8	吉林	73	5	78	5.28%
2	江苏	112	24	136	9.21%	9	辽宁	60	15	75	5.08%
3	山东	98	17	115	7.79%	10	黑龙江	67	3	70	4.74%
4	上海	85	20	105	7.11%	11	河北	47	6	53	3.59%
5	浙江	74	18	92	6.23%	12	广东	33	14	47	3.18%
6	北京	78	11	89	6.03%	13	湖南	39	2	41	2.78%
7	湖北	72	8	80	5.42%	14	天津	35	4	39	2.64%

续　表

排名	省份地区	项目	机构	合计	占比	排名	省份地区	项目	机构	合计	占比
15	陕西	28	10	38	2.57%	24	贵州	16	2	18	1.22%
16	福建	30	7	37	2.51%	25	内蒙	9	0	9	0.61%
17	重庆	33	4	37	2.51%	26	甘肃	4	1	5	0.34%
18	四川	28	7	35	2.37%	27	山西	3	1	4	0.27%
19	江西	29	0	29	1.96%	28	宁夏	3	0	3	0.20%
20	安徽	26	1	27	1.83%	29	新疆	2	0	2	0.14%
21	广西	22	1	23	1.56%	30	青海	1	0	1	0.07%
22	云南	22	0	22	1.49%	31	西藏	0	0	0	0.00%
23	海南	12	8	20	1.36%		合计	1273	203	1476	100%

通过表 7-1 的统计可以看出，河南、江苏、山东、上海等省份、直辖市中外合作办学数量均超过了 100 个，在数量排名中遥遥领先。从整体上看，数量排名靠前的都是东部沿海以及中部、东北地区省份、直辖市，西部地区各省份在数量排名上不占优势，数量最多的三个省份、直辖市——陕西、重庆和四川也仅分列全国第 15、17 和 18 位，其他地区更是处于相对落后的位置。

本节将全国本科及以上层次中外合作办学机构和项目的区域分布情况进行统计，统计结果如图 7-2 所示。

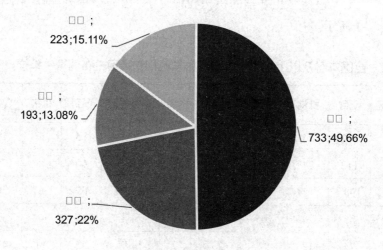

图 7-2　全国本科及以上层次中外合作办学区域分布图（单位：个）

图 7-2 可以反映出目前我国高等教育中外合作办学整体区域分布情况。我国东部地区省份中外合作办学机构和项目共有 733 个，所占比例近全国总数的一半；中部地区

省份办学数量为 327 个，占全国总数的 22.15%；东北地区省份办学数量为 223 个，占全国总数的 15.11%；西部地区省份办学数量为 193 个，仅占全国总数的 13.08%。西部地区省份设立的中外合作办学机构和项目在全国四大区域中数量最少、所占比例最低。通过统计反映出目前我国中外合作办学主要集中分布在东部等经济发达地区，西部地区数量较少。中外合作办学在区域布局结构方面出现了东西分布不均衡的现状。

三、区域高等教育中外合作办学数量发展比较

近年来，很多学者在研究中指出，我国中外合作办学布局不均衡的问题，国家也出台多项举措进行区域布局调整。本节以"十四五"规划实施以来为时间节点，对此后 2021—2024 年全国高等教育中外合作办学的发展情况进行统计分析，研究近年来中外合作办学区域布局调整的发展情况。在这四年时间里，教育部共审批通过实施本科及以上层次中外合作办学机构和项目 257 个。本节将全国新发展的中外合作办学数量进行统计，如图 7-3 所示[①]。

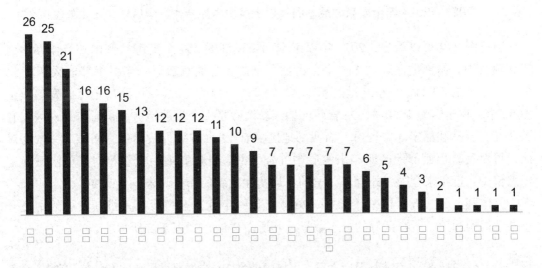

图 7-3　2021—2024 年全国新发展本科及以上层次中外合作办学分布（单位：个）

通过图 7-3 可以看出 2021 年以来，全国各地区高等教育中外合作办学发展的具体数量。其中新发展办学机构和项目数量较多的依次为河南（26 个）、辽宁（25 个）山东（21 个）等省份，上述 3 个省份在 4 年内审批数量均超过了 20 个。发展速度较快的省份多位于东部发达地区或中部、东北地区的交通要道、工业重镇。西部地区发展最多的省份为陕西，增长数量为 16 个，其次为四川 9 个，贵州 7 个，广西 6 个，重庆 5 个，其余西部地区发展数量均在 5 个以下。统计数据反映出，西部地区新发展中外合作办学机构和项目的数量在近四年全国整体排名中处于中下游。

本节将 2021—2024 年新发展的高等教育中外合作办学机构和项目数量分区域进行

---

① 西藏暂无办学数量，因此未统计到本图中。

统计，如图 7-4 所示。

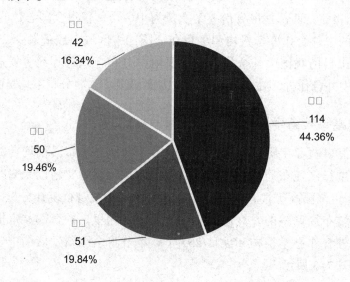

图 7-4 2021—2024 年全国新发展本科及以上层次中外合作办学区域分布（单位：个）

通过图 7-4 可以看出，2024 年以来全国新发展的 257 个高等教育中外合作办学机构和项目中，东部地区新增 114 个，占据了全国新发展总数近一半；中部地区新增 51 个，占全国的 19.84%；东北地区新增 42 个，占全国的 16.34%；西部地区的发展数量为 50 个，占全国的 19.46%。尽管西部地区新增数量多于东北地区，但是东北地区仅有黑龙江、吉林和辽宁 3 个省份，而西部地区拥有 12 个省级行政单位。通过这一数据对比，可以反映出西部地区四年来发展中外合作办学机构和项目数量相对其他区域而言仍然偏少，近年来全国中外合作办学的非均衡性发展的趋势尚未发生改变。

具体到"十三五"以来，2021—2024 年每一年度通过教育部审批新发展的中外合作办学机构和项目所在区域的分布数量及其所占比例，如表 7-2 所示。

表 7-2 2021—2024 年本科及以上层次区域中外合作办学发展数量和比例分布（单位：个）

年份	东部数量及比例		中部数量及比例		东北地区数量及比例		西部数量及比例	
2021 年	35	37.63%	23	24.73%	14	15.05%	21	22.58%
2022 年	55	50.00%	15	13.64%	21	19.09%	19	17.27%
2023 年	22	46.81%	11	23.40%	5	10.64%	9	19.15%
2024 年	2	28.57%	2	28.57%	2	28.57%	1	14.29%

通过表 7-2 可以看出，东部地区自 2021 年以来，除 2024 年外每一年度新发展中外合作办学数量几乎都能占全国新发展总数的 1/3 以上，中部地区新增办学数量所占比

例在 20% 左右，东北地区所占比例在 10% 左右，西部地区近几年以来所占比例整体上保持在 20 左右。就近 4 年的整体发展情况而言，不同区域中外合作办学发展均出现了波动，但是西部地区所占比例依然较低，需要注意的是西部地区目前的发展速度还不足以彻底解决中外合作办学区域布局不均衡的现状。

通过对区域高等教育中外合作办学进行数量统计和综合分析可知，"十三五"以来，尽管西部地区近些年中外合作办学发展与之前相比速度加快，开展数量逐渐增多，但是由于其发展起步晚、底子薄，在整体上与东部、中部等其他区域相比仍有较大的差距。中外合作办学发展的区域不均衡现象依旧没有得到妥善解决，这种布局不均衡现象还有逐渐拉大的趋势。

第二节　区域高等教育中外合作办学层次比较

一、全国高等教育中外合作办学层次

教育部审批通过的中外合作办学机构和项目主要是以本科层次为主，研究生层次办学数量相对较少。截至 2024 年 12 月 31 日，全国实施本科学历教育中外合作办学占 80.3%；实施硕士研究生层次教育所占比例为 16.2%；实施博士研究生层次的办学所占比例为 3.05%。全国高等教育中外合作办学层次结构情况如图 7-5 所示。

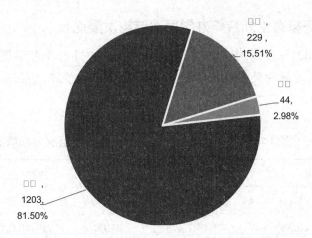

图 7-5　全国高等教育中外合作办学层次结构

通过图 7-5 可以发现，全国高等教育中外合作办学在层次结构方面，本科层次办学较多，研究生层次办学数量较少。为了实现通过中外合作办学引进优质教育资源，国家鼓励有条件的高校发展高层次办学机构和项目，培养高端人才。但是整体上看，全国中外合作办学层次结构的现状，还不能满足这一要求，甚至受到一些媒体和学者"低层次重复建设"的批评。因此，全国高等教育中外合作办学的层次结构在未来发展中

还有较高的提升和调整空间。

二、全国各区域高等教育中外合作办学层次结构比较

本节将西部地区高等教育中外合作办学的层次结构情况与东部、中部、东北地区进行比较分析，结果如表 7-3 所示。

表 7-3　区域高等教育中外合作办学层次分布比较（单位：个）

层次	全国		东部		中部		东北		西部	
本科	1203	81.5%	528	72.0%	303	92.7%	207	92.8%	165	85.5%
硕士	229	15.5%	170	23.2%	24	7.3%	13	5.8%	22	11.4%
博士	44	3.0%	35	4.8%	0	0.0%	3	1.3%	6	3.1%

通过表 7-3 可以比较分析，西部地区设立的中外合作办学，其中博士层次办学数量占区域中外合作办学总数的比例（3.1%）要高于中部（暂无）和东北（1.3%）两个区域；硕士研究生层次办学数量所占比例（11.4%）高于中部（7.3%）、东北地区（5.8%），仅低于东部（23.2%）。因此，统计中可以反映出目前西部地区中外合作办学尽管数量发展较少，但是相对于全国整体及其他区域而言，研究生层次办学数量比例则相对较高。

三、区域高等教育中外合作办学层次结构发展比较

本节统计了 2021—2024 年全国各区域高等教育中外合作办学层次结构发展情况。笔者将西部地区新发展中外合作办学的层次结构与全国整体、东部、中部及东北地区情况进行比较分析，如表 7-4 所示。

表 7-4　2021—2024 年全国各区域新发展中外合作办学层次分布情况（单位：个）

	东部		中部		东北		西部		全国	
本科	81	71.1%	44	86.3%	40	95.2%	43	86.0%	208	80.9%
硕士	30	26.3%	7	13.7%	0	0.0%	5	10.0%	42	16.3%
博士	3	2.6%	0	0.0%	2	4.8%	2	4.0%	7	2.7%
合计	114	100.0%	51	100.0%	42	100.0%	50	100.0%	257	100.0%

通过表 7-4 可以看出，四年以来西部地区设立的中外合作办学机构和项目的层次结构与东部、中部、东北地区及全国平均水平相比，硕士和博士研究生层次办学数量所占比例仅次于东部地区，占西部新增办学总数的 14%。新增本科层次的办学比例高

于东部地区（71.1%），低于中部（86.3%）和东北地区（95.2%）。

通过本节对区域高等教育中外合作办学层次结构的比较分析，可以看出，西部地区中外合作办学整体办学层次与全国其他区域相比相对较高，这是西部地区中外合作办学发展过程中值得肯定之处。

第三节　区域高等教育中外合作办学的中外合作高校分析比较

一、区域高等教育中外合作办学的中方合作高校

（一）区域高等教育中外合作办学的中方合作高校数量

近年来，在高等教育国际化发展愈演愈烈的背景下，中外合作办学开展数量迅速发展的同时，设立中外合作办学机构和项目的高校数量日益增多，越来越多的高校希望通过合作办学实现国际化发展，培养社会急需的人才，树立广泛的社会影响力。本节统计了全国及东部、中部、东北地区开展中外合作办学的高校的数量及比例，并与西部地区相关统计数据进行比较分析。具体统计结果如表7–5所示。

表7-5　全国各区域开展中外合作办学的高校所占区域高校总数比例

	东部	中部	东北	西部	全国
高校总数（所）	517	308	142	324	1291
开展中外合作办学高校数量（个）	287	136	84	106	613
比例	55.5%	44.2%	59.2%	32.7%	47.5%

通过表7–5可以看出，当前全国1291所本科高等院校中（不含中外合作大学），共有612所本科及以上层次高等院校设立了中外合作办学机构和项目，开展中外合作办学的高校数量占全国高校总数的47.4%。

东北地区有59.2%的高校开展了中外合作办学，这一比例为全国各区域最高；东部地区这一比例为55.5%；中部地区这一比例低于全国的平均水平，但是达到44.2%。而西部地区的高校整体数量（324所）仅少于东部地区（517所），多于东北（142所）、中部地区（308所），但是西部地区设立中外合作办学机构和项目的高校数量仅有106所，设立中外合作办学机构和项目高校数量所占区域高校总数的比例只有32.7%，远远低于全国47.5%的整体水平，在全国四个区域中这一比例也是最低的。可以看出西部地区设立或举办中外合作办学机构和项目的高校数量较少、所占比例较低，西部地区高校发展中外合作办学的积极性仍需进一步提高，同时也反映出西部地区中外合作办学在未来发展中仍有较大的提升空间。

（二）区域高等教育中外合作办学的外方合作高校资质

在本书的第三章，笔者统计了西部地区"双一流"建设重点高校发展中外合作办学的数量所占区域中外合作办学数量的比例。我们将这一比例与全国及东部、中部、东北等区域进行比较分析，统计结果如表 7-6 所示。

表 7-6　全国各区域重点高校开展中外合作办学的数量和比例

	东部	中部	东北	西部	全国
"双一流"大学举办数量（个）	245	61	49	69	424
所占区域比例	33.4%	18.7%	22.0%	35.8%	28.7%

通过表 7-6 可以看出，全国共有 424 个中外合作办学是由"双一流"重点高校所设立的，重点高校设立中外合作办学数量所占比例为 28.7%。西部地区国家"双一流"重点高校设立中外合作办学机构和项目的数量所占区域中外合作办学总数的比例达到了 35.8%，远远高于全国的平均水平以及其他三个区域的比例。这一比例反映出西部地区中外合作办学中方合作院校主要集中在国家重点高校。

通过这一数据统计分析能够反映出，西部地区中外合作办学中方合作高校多为国家重点高校。国家重点高校拥有相对优越的办学条件，也更加重视质量发展和社会声誉，在中外合作办学发展的初期敢于率先尝试这一新的办学形式，在西部地区中外合作办学未来发展中，重点高校应当发挥引领、示范作用，带动西部中外合作办学整体发展。与此同时也反映出，与全国其他区域相比，西部地区广大的地方应用型高校发展中外合作办学的积极性还没有得到充分调动，能够成为未来西部地区中外合作办学主要的发展力量。

二、区域高等教育中外合作办学的外方合作高校

（一）区域高等教育中外合作办学的外方合作高校世界排名

大学的世界排名，往往能够体现一所大学的综合实力。中外合作办学外方合作高校在世界大学的排名情况能够在一定程度上反映出办学所引进教育资源的质量和水平。本节将西部地区中外合作办学外方合作高校进入世界前 500 名的数量及比例与全国整体情况及东部、中部、东北地区进行比较分析，如表 7-7 所示。

表 7-7　全国本科及以上中外合作办学外方合作高校进入世界 500 名数量比例

	东部	中部	东北	西部	全国
数量（个）	243	61	48	74	426
所占比例	33.2%	18.7%	21.5%	38.3%	28.9%

通过表 7-7 可以看出，全国共有 426 个中外合作办学的外方合作高校入围世界前 500 名，这一比例达到了 28.9%。西部地区高校设立的中外合作办学的外方合作高校进入世界前 500 名的数量比例（38.3%），高于东部（33.2%）、中部（20.6%）和东北地区（22.4%），并且远远超过了全国整体水平。通过分析能够反映出，西部地区发展的中外合作办学尽管数量少，但是在办学过程中十分重视外方的资质和水平，西部地区整体引进的国外教育资源水平相对较高，与其他区域相比，西部地区这方面情况值得肯定。

（二）区域高等教育中外合作办学的外方合作高校资质水平发展比较

在统计全国中外合作办学的外方合作高校世界排名外，本节还统计了区域中外合作办学在不同发展阶段外方合作高校进入世界大学排行榜前 500 名的数量和比例。通过统计分析，一方面能够反映出外方合作高校资质的发展情况，另一方面将西部地区与东部、中部、东北等其他区域近年来的发展情况进行比较分析，具体情况如表 7-8 所示。

表 7-8　全国中外合作办学外方合作高校进入世界前 500 名数量和比例 ①（单位：个）

	2023 年之前		2023—2010 年		2011—2015 年		2016—2024 年		合计	
东部	27	30.7%	40	26.1%	72	22.2%	104	39.2%	243	29.2%
中部	0	0.0%	12	26.1%	21	12.8%	28	20.0%	61	17.0%
东北	8	9.1%	17	15.0%	3	4.2%	20	22.7%	48	13.3%
西部	2	50.0%	8	66.7%	27	37.5%	37	31.9%	74	36.3%
全国	37	19.7%	77	23.8%	123	19.5%	189	31.0%	426	24.3%

由表 7-8 可以看出，全国中外合作办学在发展的每一个阶段，外方合作高校入围世界前 500 名办学比例均在 30% 左右。而西部地区中外合作办学在这几个时间段内，比例分别超出全国的平均比例，同时还高于东部、中部、东北地区的比例。这一统计结果更加反映出，西部地区中外合作办学十分重视外方合作高校的资质，外方合作高校整体水平较高，超过 1/3 的外方合作高校属于世界一流大学和国际名校。

① 各时期含已退出办学的机构与项目。

第四节 区域高等教育中外合作办学师资、课程与教学比较

一、区域高等教育中外合作办学师资队伍比较

（一）区域高等教育中外合作办学外方合作高校派遣教师数量比例

本书第四章对西部地区高等教育中外合作办学师资队伍构成情况进行了统计分析，本节将对西部中外合作办学师资队伍与全国其他区域中外合作办学相关情况进行比较研究。

根据 2020—2022 年来全国高等教育中外合作办学评估自评材料中的信息，本节统计了东部、中部、东北三个区域高等教育中外合作办学外方高校派遣教师的人数所占办学整体师资队伍总数的比例与西部地区进行比较，具体统计结果如表 7-9 所示。

表 7-9　区域高等教育中外合作办学外方合作高校派遣教师所占比例

外方派遣师资所占比例（x）	x<33.3%	33.3% ≤ x<66.6%	x ≥ 66.6%
东部办学所占比例	51.8%	35.2%	13.0%
中部办学所占比例	62.8%	21.1%	16.1%
东北办学所占比例	61.7%	25.0%	13.3%
西部办学所占比例	65.5%	20.7%	13.8%

通过表 7-9 可以反映出，全国东部、中部、东北和西部四个区域的中外合作办学中，外方合作高校派遣的教师数量整体上均少于中方合作高校派遣的数量，反映出全国中外合作办学的师资主要是依靠中方合作高校派遣。统计显示，全国四大区域均有超过一半的中外合作办学机构和项目，外方合作高校派遣教师人数所占整体师资的比例小于 1/3。而西部地区有 34.5% 的中外合作办学外方合作高校派遣教师数量所占比例超过 1/3，这一比例低于东部、中部和东北地区。尽管西部地区有 13.8% 的中外合作办学机构和项目外方派遣教师人数所占比例超过了 2/3，高于东部（13.0%）和东北地区（13.3%）。但是从整体上看，西部地区与全国其他区域相比在吸引外方派遣教师数量方面，仍存在一定的差距，外方派遣的教师数量比例落后全国整体情况。

（二）高级职称教师所占师资总数比例

仅仅通过统计中外合作办学引进外方合作高校派遣教师的数量比例还不能完全说明师资质量的高低，还应当从师资的职称、学历等情况进行分析。本节统计了全国东部、中部、东北、西部四大区域高等教育中外合作办学机构和项目拥有高级职称的教

师数量及所占比例情况，并进行比较，具体结果如表 7-10 所示。

表 7-10　区域高等教育中外合作办学高级职称教师数量所占比例

高级职称所占比例（x）	$x<33.3\%$	$33.3\% \leqslant x<66.6\%$	$x \geqslant 66.6\%$
东部办学比例	6.7%	26.3%	67.0%
中部办学比例	19.8%	31.5%	48.7%
东北地区办学比例	22.9%	27.8%	49.3%
西部办学比例	20.7%	37.9%	41.4%

通过统计可以看出，东部地区有 67.0% 的办学机构和项目中，具有高级职称教师的数量比例超过了 2/3，中部和东北地区近一半的办学机构和项目中，高级职称教师人数所占比例达到了 2/3，而西部地区 41.4% 的办学机构和项目中高级职称教师数量比例超过了 2/3，在全国四个区域中这一比例最低。西部地区 20.7% 的办学高级职称教师所占比例在 1/3 之下，高于东部和中部地区。从数据比较中能够反映出，西部地区很多中外合作办学机构和项目派遣的教师不具备高级职称，高级职称教师所占比例，与东部等区域有一定的差距。

（三）博士学位教师比例比较

本节还统计了全国四大区域高等教育中外合作办学师资队伍中博士学位拥有者的数量所占比例情况，并进行比较分析，具体统计结果如表 7-11 所示。

表 7-11　区域高等教育中外合作办学具有博士学位教师比例

博士拥有者比例（x）	$x<33.3\%$	$33.3\% \leqslant x<66.6\%$	$x \geqslant 66.6\%$
东部办学比例	22.2%	46.3%	31.6%
中部办学比例	46.1%	32.5%	21.5%
东北办学比例	62.8%	23.1%	14.1%
西部办学比例	55.2%	27.6%	17.2%

通过表 7-11 的统计可以看出，与全国其他三个区域比较，西部地区中外合作办学师资队伍中，具有博士学位教师的数量比例整体并不占优，尽管西部地区有 17.2% 的办学机构和项目中博士学位拥有者的教师数量比例占到了师资队伍总数的 2/3，高于东北地区 14.1%，但是与东部 31.6% 和中部 21.5% 的比例相比有不小的差距。西部地区有 55.2% 的中外合作办学机构和项目师资队伍中博士学位拥有者所占比例低于 1/3，尽管优于东北地区的 62.8%，但是东部地区的这一比例为 22.2%，中部地区为 46.1%，都与西部地区相比具有一定的优势，反映出西部地区中外合作办学师资队伍的学历水平

仍有提高的空间。

通过全国四大区域中外合作办学师资队伍的数量、职称和学位等相关比较研究可以发现，西部地区高等教育中外合作办学在吸引国外合作高校派遣教师方面存在不足，办学机构和项目中具有高学历、高职称的教师比例相对于全国整体而言还存在一定的差距。师资队伍决定着中外合作办学质量的高低，因此西部地区中外合作办学在未来发展中需要加强师资队伍建设，努力引进外方合作高校高水平的教师，提升师资队伍整体水平。

二、区域高等教育中外合作办学课程与教学比较

（一）引进外方课程门数所占课程总数比例

本书第三章统计分析了西部地区高等教育中外合作办学的课程与教学相关情况。本节将对东部、中部和东北地区课程和教学相关内容与西部地区进行比较分析。首先，笔者统计了全国四大区域高等教育中外合作办学引进外方课程门数比例情况，具体统计数据如表7-12所示。

表7-12　区域高等教育中外合作办学引进外方课程门数比例

比例分布（x）	$x<33.3\%$	$33.3\% \leqslant x<66.6\%$	$x \geqslant 66.6\%$
东部办学数量比例	50.0%	31.5%	18.5%
中部办学数量比例	54.6%	25.4%	20.0%
东北办学数量比例	53.3%	36.6%	10.1%
西部办学数量比例	50.0%	26.7%	23.3%

通过表7-12统计数据显示，当前全国高等教育中外合作办学，引进的外方课程门数整体比例相对较少。全国四大区域的中外合作办学中，均有50%以上的办学机构和项目引进外方课程门数的比例尚未达到1/3的标准。而西部地区与东部地区都有50.0%的中外合作办学引进的外方课程门数比例在1/3之下，中部和东部地区的比例稍高，分别达到54.6%和53.3%。西部地区有23.3%的中外合作办学机构和项目所引进的外方课程门数所占比例超过了2/3，在全国四大区域中这一比例最高。但是有26.7%的办学机构和项目引进外方课程门数和比例介于1/3和2/3之间，反映出两极分化的现象较为突出。

（二）引进外方专业核心课程门数所占总核心课程比例

在课程与教学比较方面，除上述比较分析区域高等教育中外合作办学引进外方课程门数之外，本节还统计了全国东部、中部、东北、西部四大区域高等教育中外合作办学引进外方专业核心课程门数所占总核心课程门数的比例情况，并进行比较分析。具体统计结果如表7-13所示。

表 7-13　区域高等教育中外合作办学引进专业核心课程门数占总核心课程门数比例

比例分布	$x<33.3\%$	$33.3\% \leqslant x<66.6\%$	$x \geqslant 66.6\%$
东部办学数量比例	32.6%	50.7%	16.7%
中部数量比例	33.3%	46.2%	20.5%
东北数量比例	49.2%	23.1%	27.7%
西部办学数量比例	36.7%	10%	53.3%

通过表 7-13 的比较可以看出，西部地区有 36.7% 的中外合作办学中，引进的外方专业核心课程门数的比例在 1/3 之下，这一比例低于东北地区 49.2%，但是高于东部（32.6%）和中部地区（33.3%）。西部地区有 53.3% 的中外合作办学引进外方的专业核心课程门数比例超过了 2/3，这一比例在全国四大区域中是最高的。但是，西部地区仅有 10% 的办学机构和项目引进专业核心课程门数所占比例在 1/3 和 2/3 之间，比例在四大区域中是最低的。这种比例分布反映出西部地区中外合作办学在这一指标上出现两极分化现象。通过数据比较能够反映出，整体上西部地区中外合作办学引进的外方专业核心课程门数所占比例相对偏少。

（三）实践课程比例

本节还统计分析比较了全国四大区域高等教育中外合作办学中实践课程的开设情况，具体统计结果如表 7-14 所示。

表 7-14　区域高等教育中外合作办学实践课程门数比例

比例分布（x）	$x=0$	$0<x<10\%$	$x \geqslant 10\%$
东部办学数量比例	29.6%	42.6%	27.8%
中部数量比例	28.5%	25.4%	46.2%
东北数量比例	35.6%	31.1%	33.3%
西部办学数量比例	33.3%	46.7%	20.0%

通过表 7-14 的数据分析可以发现，西部地区中外合作办学开设实践课程门数所占比例方面，在全国四个区域中相对落后。西部地区有 33.3% 的办学机构和项目实践课程开设的比例为 0，即西部地区 1/3 的中外合作办学尚未开设实践课程，高于东部（29.6%）和中部地区（28.5%）的比例。另外，东部地区有 27.8% 的办学机构和项目设置实践课程门数比例超过了 10%，中部地区和东北地区这一比例也分别达到了 46.2% 和 33.3%，均高于西部地区 20.0%。通过数据比较能够反映出，西部地区中外合作办学所开设的实践课程相对少于全国其他区域。

本章通过西部地区与东部、中部和东北地区高等教育中外合作办学在办学数量、办学层次、合作双方资质水平以及师资、课程与教学等方面的比较可以看出，西部地区中外合作办学与全国其他区域的发展有着一定的差距。在未来发展中，需要实事求是，客观面对西部地区中外合作办学发展中遇到的困境及挑战，抓住发展的机遇，探索出符合西部地区实际的中外合作办学发展路径。

第八章　西部地区高等教育中外合作办学发展的原则和路径

通过分析西部地区高等教育中外合作办学发展的背景、意义和现状，以及发展过程中面临的困境、挑战、优势与机遇，笔者认为，西部地区高等教育中外合作办学拥有一定的发展潜力和发展空间。在未来的发展中，需要坚持循序渐进、合理定位、西部特色的原则；推动多元化办学格局，对优质教育资源分类指导，树立典型，强化引领，合理布局，科学调整；同时，还要加强思想政治教育，增强国家安全意识，提升质量建设，坚持内涵式发展道路。

第一节　西部地区高等教育中外合作办学发展原则

西部地区发展高等教育中外合作办学意义重大。尽管当前数量少、发展速度较慢，但是在未来发展中不能盲目扩充数量、强调发展速度。笔者认为，西部地区高等教育中外合作办学的持续健康有序发展，需要遵循以下几个原则。

一、循序渐进原则

唯物主义发展观认为，任何事物的发展都是由量变到质变的过程。就全国中外合作办学整体发展而言也不例外。在 20 世纪末，中外合作办学起步之际，1995 年原国家教委颁布的《中外合作办学暂行规定》中指出"中外合作办学是中国教育对外交流与合作的重要形式，是对中国教育事业的补充"；2003 年，随着中国加入世贸组织，中外合作办学数量逐渐增多，《中外合作办学条例》中的相关表述则转变为"中外合作办学属于中国教育事业的组成部分"；近年来，中外合作办学发展突飞猛进，已经成为我国教育事业的重要组成部分，并与公办、民办高校一起，并称为高等教育的"三驾马车"[①]。从表述中可以看出，中外合作办学伴随着数量发展，所发挥的作用日益凸显，经历了从量变到质变的过程。唯物主义发展观还认为，新事物发展的道路是曲折而漫长的，但前途是光明的。就全国中外合作办学整体发展而言，经历过一个时期的停滞阶段，也经历了由社会质疑、误解到逐渐被认可和青睐的曲折发展过程。"国际化"是高

---

① 欧兴荣. 中外合作办学已成高等教育"三驾马车"之一 [EB/OL]. (2014-11-20)[2021-04-12]. http://edu.people.com.cn/n/2014/1120/c367001-26062420.html.

等教育发展的趋势和潮流，符合教育发展规律，中外合作办学作为高等教育国际化的主要实现形式，属于高等教育领域的新事物。尽管在过去的30多年经历过曲折，但是在未来具有广阔的发展前景。西部地区中外合作办学的发展也不例外，其发展也需要经历一定的过程。这就需要遵循中外合作办学规律，循序渐进，由"量"的积累，实现"质"的突破。

第一，增强西部地区高等教育国际化意识，这是实现中外合作办学发展的基础。"工欲善其事，必先利其器"，这个"器"就是国际化意识。中外合作办学只有在国际化的氛围中才能孕育，并逐渐壮大。《国家教育规划纲要》中提出扩大教育开放的发展目标，明确指出"借鉴国际上先进的教育理念和教育经验，促进我国教育改革发展，提升我国教育的国际地位、影响力和竞争力。适应国家经济社会对外开放的要求，培养大批具有国际视野、通晓国际规则、能够参与国际事务和国际竞争的国际化人才"[①]。这对于西部地区高校而言，是一个重要的目标定位——培养国际化的人才，才能满足国家发展的需要；对于西部地区高校的学生而言，同样指出了重要的成长导向——努力使自己成为"国际化人才"，才能符合时代发展的需要。

当前，西部地区一些省份高等教育中外合作办学发展艰难，重要的原因是故步自封，墨守成规，相对缺乏教育国际化意识。在这样的社会环境中，仅仅去呼唤高校设立若干个中外合作办学机构和项目，并没有触动高校内部发展的动力，中外合作办学也只能成为无本之木和无源之水。西部地区，尤其是教育基础较为薄弱的省份，发展中外合作办学的前提是必须加大高等教育国际化意识的宣传，只有国际化意识深入人心，国际化的氛围浓郁，中外合作办学的发展才能水到渠成，真正成为西部地区实际需求的办学形式。

第二，鼓励西部地区高校开展多种形式的对外交流与合作项目，为中外合作办学的发展奠定基础。在西部地区高等教育国际化氛围日渐浓厚的背景下，西部高校应当适时开展多种形式的对外交流与合作项目。尤其是对于西部地区具备一定条件，但是暂无能力发展中外合作办学的地方普通高校而言，应当努力发展诸如交换生、短期访学、联合培养、国际夏令营等涉外办学项目。各种形式的涉外办学活动，形式相对灵活，在一定程度上能够满足中外高校之间浅层次的国际交流与合作的需要。

中外合作办学的发展不能急于求成，需要各种涉外办学活动作为基础和铺垫。目前，全国一些办学时间较长的中外合作办学机构和项目，都是以校际交流项目为发展起点的，伴随着交流与合作的日益深入，经过多年合作逐渐深化双方之间的理解和信任，双方之间的合作逐渐延伸到设立中外合作办学机构和项目。开展中外合作办学的谈判工作，需要经历很长时间的打磨。笔者在调研中了解到，某电子科技大学举办的某中外合作办学机构，签订协议之前谈判的时间长达近十年。因此，西部地区中外合作办学的发展，不能急于求成，好高骛远。西部地区高校应根据自身实力，努力发展

---

① 教育部. 国家中长期教育改革和发展规划纲要 (2010—2020 年)[EB/OL]. (2010-07-29)[2021-04-12]. http://www.moe.edu.cn/publicfiles/business/htmlfiles/moe/moe_838/201008/93704.html.

各种形式的国际交流与合作，为日后中外合作办学的发展奠定合作基础。

第三，推动有条件的西部地区高校，尝试发展中外合作办学。在国际化意识浓厚、高校涉外办学形式多样的前提下，中外合作办学作为推动高等教育国际化的重要形式，自然被提上日程。在西部地区高校能力和条件有限的前提下，应当从发展中外合作办学项目开始。中外合作办学项目主要是中外高校在某一专业方面的合作，相对办学机构而言，投入较少，办学相对灵活。从上文的统计中得知，西部地区开展中外合作办学的高校数量比例远远低于全国的平均水平，说明西部地区发展中外合作办学的高校范围还十分有限。随着西部地区各省份教育国际化水平逐渐提高，涉外办学形式日渐丰富，地方教育行政部门应当出台相关的鼓励措施，鼓励有条件的高校通过发展中外合作办学项目，引进国外优质教育资源，提升高等教育发展水平。

目前，西部地区一些国家重点高校发展的中外合作办学项目，已经陆续完成了完整的培养周期，积累了一定的办学经验。在此基础上可以根据自身实力和地方需求设立中外合作办学二级学院，即成立非法人设置中外合作办学机构，在其中开设若干相似、相近的专业，努力打造学科群。相比于中外合作办学项目，其投入较高，但实现的中外合作更为深入，社会影响力更为广泛，更有利于树立办学品牌。

全国中外合作办学是随着教育国际化的发展而逐渐发展起来的，经历了漫长的发展过程。西部地区中外合作办学也应该遵循事物发展的规律，由国际化意识的宣传，到丰富对外教育交流与合作的形式；从举办中外合作办学项目，到设立中外合作办学机构，循序渐进地发展，切不可一味追求发展数量，揠苗助长，适得其反。

二、合理定位原则

西部地区高等教育中外合作办学发展目标的制定，必须做到实事求是。这就需要正确、客观地认清自身的实际情况，科学、合理地制定发展目标。西部地区中外合作办学数量少于东部等其他区域，很大程度上是西部地区经济社会发展水平落后于东部等发达地区造成的。高等教育的规模应该与经济社会的发展水平相适应，因此不能够单纯以东部等其他地区的发展标准要求西部地区中外合作办学的发展水平。需要清楚地看到，西部地区一些高校还没有达到发展中外合作办学的实力。因此，对于西部地区高校而言，必须要综合考虑市场需求、社会承受能力以及高校自身目标，综合制定中外合作办学的发展的目标。

首先，西部地区高等教育中外合作办学的发展规模与速度，需要充分考虑西部地区市场的需要。整体而言，西部地区普通高校和中外合作办学的数量与全国其他地区相比有一定的差距，但是西部地区各省份人口规模有限，近年来参加高考学生数量也要少于东部等其他区域，西部一些省份每百万人口高校数量还要高于其他区域省份，这就意味着西部地区与东部人口集中的发达地区相比，不需要同等数量的高等教育机构。而相比之下东部等发达地区一些省份，尽管高校数量要远远多于西部地区省份，但是其具有庞大的适龄人口，参加高考学生数量规模较大，而每百万人口高校数量甚至低于西部一些省份，因此仍需要大量的包括中外合作办学在内的高等教育机构不断发展，缓解市场供求矛盾，满足市场的需求。所以，就西部地区而言，中外合作办学的发展不能与东部等其他区域在数量和规模上盲目进行比较和追赶，西部地区中外合作办学在市场的需求方面与其他区域相比有很大的差距。

其次，西部地区高等教育中外合作办学的发展规模与速度，需要充分考虑西部地区居民的经济承受能力。上文已经分析了西部地区城镇和农村居民的收入情况，以及西部地区中外合作办学的总体学费标准。中外合作办学相对较高的学费，甚至超过西部城镇居民年均收入的两倍，让西部地区普通家庭望洋兴叹。相比之下，东部沿海地区等经济发达省份，改革开放之后受到国家优先发展的政策影响，在经济社会发展方面率先取得了巨大的成果。这些发达地区经济社会发展水平和居民收入水平相对较高，国际化意识较强，上述因素成为东部发达地区中外合作办学率先发展、快速发展的有利条件。但是西部地区，经济社会发展相对落后，居民收入水平相对较低，一些家庭刚刚解决温饱问题，因此能够担负起中外合作办学高昂学费的家庭相对较少。在这样的境况之下，如果中外合作办学规模与速度发展过快，则不适应西部地区经济社会发展的实际，将会产生供多于求的问题，导致部分中外合作办学机构和项目无法满额招收到教育部批准的招生名额，造成资源浪费，办学机构和项目的效益无法实现最大化；还会导致一些办学机构和项目可能通过降分录取等方式吸引生源，更是无法保证办学质量，违背办学初衷。因此，西部地区高等教育中外合作办学规模、数量的发展需要考虑西部地区居民的经济承受能力。

再次，西部地区高等教育中外合作办学发展的规模与速度，需要充分结合高校自身实力和水平。教育部于 2006 年出台《关于当前中外合作办学若干问题的意见》，明确指出"中国教育机构应当根据自身的定位和目标开展中外合作办学，防止盲目攀比、一哄而起和低水平重复的现象"。[①] 就目前全国整体而言，确实存在"一哄而上"的现象。据统计，截至 2024 年底，全国开展中外合作办学项目数量超过 5 个的高校数量有 55 所，中方教育机构开展中外合作办学"连锁店"现象已经凸显。这种办学形式，稀释了有限的教育资源，牵扯过多的精力，无论在师资配置还是在引进课程方面都面临很大的困难。此外，当前全国中外合作办学中还出现了所办专业雷同，集中分布在"短平快"的学科专业；外方合作高校资质较低，甚至出现了"虚假大学"来华合作办学的现象。这些做法严重影响到办学质量，损害了受教育者的权益。西部地区高等教育中外合作办学还处于起步阶段，上述全国中外合作办学中出现的"乱象"为西部地区高校发展中外合作办学提供了深刻的教训和宝贵的经验，这对于西部地区高校发展中外合作办学而言，具有重要的借鉴意义。此外，东部等发达地区的高校设立多个中外合作办学机构和项目，是基于其雄厚的财力、人力基础，而西部地区普通高校往往达不到与其相当的水平，因此不能盲目攀比。

---

① 教育部. 当前中外合作办学若干问题的意见于 [EB/OL]. (2006-02-07)[2024-07-07]. http://www. moe. gov. cn/s78/A20/s7068/201006/t20100610_89021. html.

总之，西部地区高等教育中外合作办学的发展，必须坚持科学、合理的目标定位，实事求是地制定发展目标。

三、西部特色原则

西部地区高等教育中外合作办学发展时间较晚，在目前发展过程中，与全国其他区域中外合作办学出现了"同质化"趋向：举办的专业、合作者国别与其他区域中外合作办学相似。西部地区中外合作办学在未来发展中，必须要服务于西部地区经济社会的发展，服务于国家外交政策的大局，充分发挥和利用西部地区特殊的区位优势和资源优势，使办学更加具有西部特色，这样才能在市场竞争中占有一席之地。

第一，西部地区高等教育中外合作办学的发展，在专业设置方面应当体现西部特色。从上文对西部地区中外合作办学专业结构布局的分析中可以看出，西部地区中外合作办学所设立的专业与全国其他区域相比出现雷同现象，具体专业设置上，管理类、经济类等相关专业占多数，与全国中外合作办学专业布局整体情况类似。这种专业结构布局，不符合西部经济社会发展的需求，同时相同的专业在与东部等地区中外合作办学的市场竞争中也不占有优势。

西部地区高等教育中外合作办学在专业设置上要坚持西部特色原则，一方面，通过中外合作办学促进中外合作高校充分利用西部的资源优势展开教学与科研合作，促进西部地区资源的有效利用和保护，同时在相关领域培养国际化人才。在本书第六章，分析了西部地区中外合作办学在文化、资源等领域所具备的潜在优势，但是西部地区至今没有一个办学机构和项目在专业设置方面充分利用这些资源。而文化资源的传承、开发，自然资源的保护与合理利用又是西部地区亟待解决的问题。西部地区中外合作办学在未来发展中，需要充分发挥资源方面的优势，在办学专业设置方面体现西部的特色。另一方面，西部地区中外合作办学的发展要坚持为西部地区经济社会的发展培养国际化人才。经济社会发展的关键在于掌握科学技术的人才，西部地区发展的中外合作办学要着力培养西部社会发展需要的人才。在开设专业上，应充分考虑国家出台的《中西部地区鼓励类产业目录》中的相关学科，为西部地区产业结构调整，特色优势产业的发展培养人才；杜绝重复设置，控制"红牌"相关专业发展。

第二，西部地区中外合作办学在选择外方合作高校时，需要突出地缘优势，重点考虑与周边国家和地区合作的力度，这也是"一带一路"倡议实施的要求。西部地区12个省份是"一带一路"倡议实施的重要核心区域，在地理位置上分别靠近中亚、西亚和南亚、东南亚国家。但是目前西部地区高校与这些共建国家高校开展合作办学尚为空白，目前外方合作高校主要来自美国、英国、澳大利亚等国家，这种国别布局与全国中外合作办学情况基本一致，这种现状不符合西部地区对外开放的实际需要，也不符合"一带一路"倡议的实施要求。在研究中发现，我国西部地区高校与周边国家有一定的合作基础，西部地区与毗邻的南亚、东南亚及中亚国家教育领域的合作与交流日益密切，互派留学生人数不断增多，西部地区高校与这些国家合作办学已经具有了一定的基础和条件。西部地区中外合作办学在未来发展中，必须服务于国家重大战略实施，重点考虑与"一带一路"共建国家的高校合作，实现教育领域"南南合作"的典范，发挥西部的地缘优势，体现西部中外合作办学的特色。

第二节　西部地区高等教育中外合作办学发展路径

西部地区高校发展中外合作办学面临重重困难和挑战，但是作为教育领域新事物，具有广阔的发展前景。西部地区高校应当抓住机遇，利用好自身潜在优势，使中外合作办学发展迈上新的台阶。

一、突破单一办学主体，推动多元化办学格局

《国家教育规划纲要》颁布实施以来，西部地区中外合作办学发展速度有了明显提升，很多高校在这一时期实现办学零的突破。综合分析目前西部地区中外合作办学的主体反映出三方面特点。首先，西部地区发展中外合作办学的高校所占比例较低，与东部、中部和东北地区相比仍有不小的差距；其次，西部地区高等教育中外合作办学中方合作高校基本上都是国家公办高校，民办高校、独立学院发展数量很少；再次，发展中外合作办学的高校也多为国家和省属重点高校。近年来，伴随着我国高等教育多元化格局的发展，中外合作办学的主体也要随之作出调整。

（一）鼓励西部地区应用型本科院校发展中外合作办学

在上文统计中可以发现，西部地区 37.5% 的中外合作办学机构和项目是由国家重点院校设立，远远高于全国 24.1% 的比例。尽管西部地区在办学绝对数量比例上并不算高，但是西部地区"双一流"重点院校的数量仅为 28 所，仅占西部地区本科院校总数的 8.6%，因此，可以说当前重点院校是西部中外合作办学发展的核心力量。地方院校也必须形成对中外合作办学的科学认识，真正将中外合作办学建设成为地方高校发展和面向世界的桥梁和平台。[①] 笔者认为，西部地区中外合作办学在未来的发展中应当充分发挥地方普通应用型本科院校的作用。其主要原因在两个方面。

一方面，重点院校在未来开展中外合作办学中，数量、规模的发展潜力不大。西部地区 50% 的重点院校已经开展了中外合作办学，很多重点高校设立的机构和项目数量已经较多，诸如电子科技大学、西南财经大学、云南大学、贵州大学等重点高校设立的中外合作办学机构和项目数量均已超过 4 个。当前质量建设成为中外合作办学发展的鲜明主题，中外合作办学发展的重点正在从规模扩大、外延发展向内涵建设、质量提升方面转移。开展过多数量的中外合作办学，会牵扯办学者更多的精力，不利于办学质量的提升，因此，重点高校在未来大规模地开展办学数量可能性极小，而是集中

---

① 莫玉婉. 中外合作办学的定位、现实与展望——对"中外合作办学与高水平大学建设"的思考[J]. 高校教育管理，2013, 7(05): 25-29.

力量提升办学质量，引领中外合作办学示范性发展。

另一方面，西部地区的普通高校、地方应用型本科院校开展中外合作办学的数量相对较少。目前西部地区 106 所高校开展了 193 个中外合作办学，其中 20 所"双一流"重点高校开展了 69 个；86 所地方普通高校和地方应用型本科院校（非"双一流"重点高校）开展了 124 个。非"双一流"重点高校在办的机构和项目数量均在 3 个以下，说明已经开展的中外合作办学的西部地区普通高校和地方应用型本科院校仍具有一定的发展空间。因此，西部地区地方普通本科院校开展中外合作办学具有较大的潜力。

（二）支持民办院校、独立学院发展中外合作办学

截至 2024 年 12 月，西部地区仅有 6 所民办本科院校开展了中外合作办学项目，而西部地区共有 96 所民办本科院校，即西部地区只有 6.3% 的民办院校开展了中外合作办学。相对于庞大的公办院校而言，所占比重极小。笔者认为，西部地区在未来中外合作办学发展中，应当支持民办院校、独立学院发展中外合作办学。

第一，国际化是高等教育发展的必然趋势，民办高校必须要遵循这一发展趋势，通过中外合作办学提升办学国际化水平，实现综合实力和市场竞争力的提升，在日益白热化的生源竞争中，赢得一席之地。

第二，市场导向推动民办高校瞄准中外合作办学。中外合作办学能够满足出国留学型、经济制约型、就业需求型、文凭需求型、高考落第型、岗位提高型等多种类型学生群体的需求[①]。随着西部地区经济社会的发展，教育市场多元化发展需求，决定了民办高校将目光朝向发展中外合作办学。

第三，近些年西部地区一批民办院校逐渐形成了品牌，具备了一定的市场影响力，得到了社会的广泛认可，具备了发展中外合作办学的实力。首先，西部地区一部分民办院校国际化程度发展较高。根据中国科教评价网公布的 2024 年中国民办院校竞争力排行榜，西部地区有 21 所民办院校进入前 100 位，反映出西部地区一部分民办院校发展水平较高，一些民办高校已经具备了一定的国际化基础。其次，近些年，西部地区民办高校已经有了完整的培养周期，很多优秀毕业生走向社会，对其办学品牌进行宣传，一些民办高校有较高的影响力和知名度，具备稳定的生源，有能力朝着国际化的发展方向迈步。再次，目前全国部分省份已经出台了公共财政扶持民办高校的政策，中央政府也在酝酿设立民办教育扶持专项资金，公共财政将会成为民办高校内涵式发展的重要动力。[②] 国家财政对民办高校的支持，有利于解决西部地区民办高校的财政紧张问题，有利于缓解发展中外合作办学在经费方面的制约。

第四，很多民办院校的领导者拥有较大的改革魄力，敢于在发展中外合作办学中作出表率。《中外合作办学条例》颁布实施后，教育部批准设立的第一所法人设置中外合作办学机构——宁波诺丁汉大学，中方合作高校万里学院试行民办学校运行机制，

---

① 杨辉. 从需求市场看中外合作办学 [J]. 教育评论, 2003(5): 8–11.

② 李莹莹, 潘琦. 民办高校探索"小规模""高质量"发展模式的路径与策略 [J]. 中国高等教育, 2015(12): 42–44.

发展至今十余年，已经在国际教育舞台上树立了良好的声誉，推动和激励着包括西部在内的全国各地区民办高校发展中外合作办学的积极性。

（三）促进研究机构发展高层次的中外合作办学

截至 2024 年，西部地区高等教育中外合作办学的中方合作者都是高等院校，办学者中没有一所研究机构。就全国而言，诸如中国社会科学院、中国农业科学学院等研究机构相继开展了博士、硕士层次中外合作办学项目，培养了一批高层次国际化人才，尽管规模小，但是培养质量高，得到业内人士的高度肯定。

据统计，截至 2025 年，西部地区共有 43 所招收研究生的科学研究所、研究中心等研究机构。这些单位，多属于尖端行业、新兴产业的研究机构。很多研究机构因地制宜，充分利用当地的资源、地理优势培养高端人才，如中国科学院分别在西部设立的云南昆明植物研究所、甘肃寒区旱区环境与工程研究所、新疆生态与地理研究所，等等。若在这些研究机构与国外高水平大学或相关研究机构发展中外合作办学，培养高层次的国际化人才，不仅能够推动西部地区中外合作办学高水平的发展，而且可以推动西部地区中外合作办学层次、专业结构的优化调整。因此，西部地区相关研究机构通过中外合作办学培养国际高水平的科研队伍，值得期待。

二、明晰优质教育资源内涵，对引进的优质教育资源进行分类指导

引进国外优质教育资源是中外合作办学的核心和事业成功的决定性因素。[①]就目前来看，西部地区中外合作办学在引进国外优质教育资源方面，与地方经济社会的发展有很多不相适应的地方。这需要西部地区高校进一步明确优质教育资源的内涵，并且对优质教育资源进行分类指导。

（一）明晰优质教育资源内涵

西部地区高校发展中外合作办学、引进国外优质教育资源的前提是对优质教育资源的内涵有更深刻的了解。从上文可以看出，当前我国西部地区中外合作办学在引进国外优质教育资源方面已经有所提高，特别是对国外一流大学的引进方面有较大的突破，这方面的工作是值得肯定的。

但是，对于优质教育资源，我们并不特指国外一流大学，对优质教育资源我们始终认为它是一个"相对"概念。优质教育资源具有多样性、层次性、实用性、互补性和过程性的特点[②]。优质教育资源并不局限于世界著名高校，根据各个高校的定位、办学层次的不同，其所需要的优质教育资源也会有不同的内容。[③]我国西部地区高校的自身水平和整体实力相对较弱，外方著名高校来华合作十分重视合作双方的实力水平是否接近，因此一味强调西部高校与世界一流大学合作办学的做法是不切合实际的，也

① 林金辉 . 规范・健康・有序——林金辉教授谈中外合作办学 [N]. 人民日报 , 2010-08-27.

② 林金辉 . 中外合作办学中引进优质教育资源问题研究 [J]. 教育研究 , 2012, 33(10): 34-38, 68.

③ 鄢晓 . 中外合作办学引进国外优质教育资源的影响因素和基本原则 [J]. 江苏高教 , 2014(1): 120-122, 155.

不符合西部中外合作办学发展的需要。

上文提到，西部地区中外合作办学要充分发挥地缘优势。我们应当看到，与西部各省份相邻的东南亚、南亚、中亚和东欧等国家和地区，尽管与中国同属发展中国家和地区，但是在自身的经济社会发展过程中形成了特色、优势的学科专业，这些国家在经济社会发展过程中积累的经验也十分宝贵，这对于西部地区的发展具有更大的利用价值。尤其是今天，国际社会的"南南合作"在国际舞台上发挥着越来越重要的作用，西部地区高校通过引进其他发展中国家发展成熟的专业、学科等教育资源，更加具有实用性和互补性，符合优质教育资源的内涵，也符合西部地区中外合作办学发展的需求。

明确优质教育资源的内涵，对西部地区中外合作办学外方合作高校的选择方面，有着重要的意义。应当鼓励西部地区重点院校、地方院校、民办院校等不同类型、层次的院校分别与国外高水平研究型大学、教学型大学、教学研究型大学等院校在西部经济社会发展急需的紧缺专业、学科领域进行合作，突破"唯发达国家至上""唯发达国家至优"的错误观念。

（二）在审批过程中对优质教育资源进行分类指导

优质教育资源的多样性要求对其进行分类，以便实现资源的有效匹配。西部地区高校的水平有很大的差异，既有诸如四川大学、重庆大学、西安交通大学、兰州大学等能够进入国家大学综合排名前列的国家"985 工程"和"211 工程"重点高校，也有数量更多、范围更广的地方应用型本科院校。然而，在研究中发现，西部地区重点高校与地方普通高校在办学的学科专业结构方面没有明显的优势，反映出在缺少国家对西部重点高校与地方普通高校合作办学引进优质教育资源区别指导的情况下，有可能会导致低水平重复建设现象。不同类型的高校在引进优质教育资源，发展中外合作办学方面应当有不同的要求，在实际操作中应当区别对待、分类指导，不同类型的学校应根据发展目标和自身定位，合理引进国外优质教育资源，展开中外合作办学。笔者认为，西部地区中外合作办学的发展需要对引进教育资源进行分类指导。

首先，在今后对西部地区高等教育中外合作办学审批时，应当对外方合作高校的国际排名和学科发展水平进行综合考虑。对西部地区的"985 工程"和"211 工程"重点高校而言，应鼓励与国外一流大学合作，充分做到"强强联合"，树立品牌，开展高质量、高层次的中外合作办学机构和项目，同时注重本校学科的发展，由中外合作办学的发展带动本校的学科建设。对西部地方应用型本科院校而言，应鼓励注重本校学科发展，把外方合作高校的目标锁定在世界大学排名不靠前，但学科发展水平比较突出的外方高校上，而不是简单划定一条线，要求所有类型的高校不考虑自身发展水平都去寻求与国外一流大学的合作。此外，还要杜绝国外"虚假大学"进入中外合作办学市场。

第二，在办学层次上，鼓励西部地区"985 工程"和"211 工程"重点高校提升办学层次，在稳定发展本科层次中外合作办学项目的基础上，开展与国外高校研究生层次的合作。

第三，在学科专业结构上，鼓励西部地区国家重点高校逐步减少一些所谓"热门专业"的合作办学，多开展地方急需的、新兴的与国家重大战略需求相关的学科专业的合作办学。国家重点高校，在教育资源上与普通院校相比，不论是硬件还是软件上都具有较大的优势，应该多尝试与国外高校在新兴学科、前沿学科、交叉学科等方面的合作。

只有对引进的优质教育资源进行分类指导，对不同层次、类型的西部高校区别对待，才更加符合西部地区高等教育实际发展水平，有利于推动中外合作办学在西部的高质量发展，同时也能有效改善西部地区中外合作办学开设专业雷同、办学同质化的现象。

三、树立典型，强化引领

近些年，教育部推动设立了一批办学起点高、合作基础好的机构和项目，形成和保持了高水平示范性中外合作办学的发展趋势。[①]就西部地区中外合作办学发展而言，需要树立典型，强化引领，主要体现在以下几个方面。

（一）东部引领西部中外合作办学的发展

东部地区对西部地区经济社会发展的支持已经成为常态化。在高等教育领域，近年来，国家也加大力度，鼓励东部地区对西部地区高等教育的支持，诸如颁布实施了《中西部高等教育振兴计划》、扩大东部高校在西部地区的招生规模、实施东部高校对西部高校的对口支援，等等。这些政策对西部地区高等教育的发展有很大的推动作用。在中外合作办学方面，东部地区也应当对西部地区发挥引领和示范的作用。

第一，东部地区中外合作办学发展较早、数量较多，在30余年的发展历程中，形成了丰富的办学经验，总结了深刻的教训，逐渐形成了中外合作办学的基本理论体系，这是值得西部地区中外合作办学借鉴和学习之处。生动的办学实践，能够让西部地区中外合作办学在未来发展中少走弯路，大有裨益。西部地区中外合作办学的发展需要东部地区中外合作办学的示范和引领。

第二，东部地区为西部地区中外合作办学的发展提供了一支训练有素的师资队伍。西部中外合作办学发展的一个重大障碍就是缺乏高素质的师资队伍。2001年教育部出台了《关于实施"对口支援西部地区高等学校计划"的通知》，作为西部大开发的重要举措，在东部高校中派遣教师队伍到西部高校支援，旨在提高西部高校的学科建设和师资队伍水平。这项"计划"发展了十余年，取得了较好的效果，这对西部中外合作办学的师资发展方面是一个大利好。首先，派遣的教师很多来自东部发达地区的重点高校，拥有研究生以上学历，甚至已经取得了高级职称资格，无论在科研还是在教学方面，都具备相当的实力。这支师资队伍投身于西部中外合作办学的教学中，利用自身高水平教学能力培养学生的同时，与西部本土高校教师进行合作，带动了西部中外合

---

① 生建学. 中外合作办学：成就与展望 [J]. 教育发展研究，2014, 34(1): 3.

作办学师资水平和能力的提高，从而提高了西部中外合作办学的质量。其次，这支对口支援的师资队伍，在西部工作的时间比较稳定。国家规定，对口支援西部高校的教师至少要在西部高校工作两年。在这期间，支援的师资队伍可以全身心投入到西部高校及中外合作办学的教学中，从而能够保证师资队伍的相对稳定性，一定程度上能缓解西部地区中外合作办学师资队伍稳定性无法保障的问题。再次，对口支援工作还规定，每年派遣西部地区的高校教师赴东部支援高校进行培训师资。这对于西部地区本土高校师资队伍建设是极其重要的。只有办学机构和项目自身拥有高质量的师资队伍，才能从根本上解决中外合作办学师资欠缺的问题。

（二）重点高校率先形成亮点，引领西部中外合作办学整体发展

西部地区中外合作办学的发展，不可能出现"平均式"发展。各学校由于综合实力、办学经费的不同，在中外合作办学发展规模、速度方面全盘一致，是不符合西部高等教育发展实际的。笔者认为，西部中外合作办学的发展，也需要由少数"点"开始，逐渐拓展到"面"的发展，而这些"点"就是当前西部已经发展中外合作办学的少数重点大学。

西部地区被列入国家"双一流"建设的高校，受到国家政策的重点支持，在办学经费、师资队伍上有相应的保障，在社会上拥有着较高的知名度，国家把有限的资源集中在部分重点高校内进行优先发展，使得这些高校与西部地区其他高校相比具有明显的优势。从目前西部中外合作办学开展数量上看，这些重点高校设立的数量占多数，一些重点高校甚至设立了较为深层次合作的中外合作办学机构，在招生方面赢得了稳定的生源，得到了社会和市场的认可。

率先在重点高校设立中外合作办学机构和项目，一方面，利用重点高校的社会影响力，能够让中外合作办学在西部地区社会中产生更加广泛的影响力，赢得更加广阔的市场；另一方面，这些重点高校开展中外合作办学，能够让更多的人民群众对中外合作办学有更加正确和深入的认识，纠正目前社会中一些错误的观念，为中外合作办学在西部地区的发展赢得社会声誉。

重点高校成为西部地区中外合作办学发展的"点"，"点"还要带动"面"的发展，这就需要西部重点高校发挥在地区高等教育发展中的影响作用，让更多的地方普通院校看到中外合作办学对提升自身综合实力、国际化水平的重要作用，提升办学的积极性。

（三）发挥西部地区发展成熟的机构和项目的引领作用

当前全国中外合作办学的评先选优工作逐渐展开，一些省份作为试点地区，每年选评一批示范性中外合作办学机构和项目，极大地推动了中外合作办学质量发展。西部地区也应当借鉴这些地区的做法，做好评优工作。

尽管西部地区目前中外合作办学数量不多，处于发展初期，但是也拥有很多办学思想明确、管理制度完善、办学成果显著、办学质量过硬、社会口碑较高的办学机构和项目。优先选优具有重大的意义。一方面，对这些办学机构和项目予以评优和表彰，加强宣传，发挥这些办学机构和项目的示范作用，让其他办学机构和项目向此看齐，带动整个西部地区中外合作办学质量提升；另一方面，还能够发挥激励作用，激励这些办学机构和项目，更加注重办学质量，向着更高层次的发展方向继续努力。由此让西部地区中外合作办学形成良性竞争，提升整个西部地区的中外合作办学质量。

四、合理布局，科学调整

（一）推动区域内部布局调整

就全国中外合作办学布局结构而言，东中部等发达地区发展数量较多，西部等欠发达地区发展数量较少。西部区域内部，也出现了区域布局结构不均衡的问题，中外合作办学主要集中在重庆、四川、陕西等教育基础相对较好的省份。此外，一些省份还出现了中外合作办学发展数量与地方经济发展水平不相适应的情况。

本书选取全国各省份 2022 年城镇居民可支配收入的统计数据，把各省份城镇居民可支配收入排名与该省份开展本科及以上层次中外合作办学项目数进行对比，如表 8-1 所示。对各省份本科及以上层次中外合作办学项目开展数量进行排序，然后用城镇居民可支配收入排序与项目数量排序求差；差值绝对值求平均数，然后筛选出差值大于平均数的省份。本科及以上中外合作办学项目在中外合作办学发展中居于特殊位置，其数量可说明与中外合作办学经济发展水平的协调程度。这能够反映出，西部地区一些省份，中外合作办学的发展与地方经济发展水平还不够协调。尤其是甘肃、广西、内蒙古、宁夏、重庆等省份、直辖市尤为突出。

表 8-1　各省份城镇居民可支配收入总额排名与本科及以上层次
中外合作办学项目开展数量排名对比

地区	城镇居民可支配收入总额排名（A）	中外合作办学项目开展数量排名（B）	A－B	ABS（A－B）
安徽	14	19	－5	5
北京	2	4	－2	2
福建	7	18	－11	11
甘肃	31	27	4	4
广东	5	12	－7	7
广西	15	21	－6	6
贵州	27	24	3	3
海南	16	26	－10	10
河北	22	13	9	9

续　表

地区	城镇居民可支配收入总额排名（A）	中外合作办学项目开展数量排名（B）	A－B	ABS（A－B）
河南	17	5	12	12
黑龙江	26	1	25	25
湖北	13	8	5	5
湖南	11	15	－4	4
吉林	25	10	15	15
江苏	4	3	1	1
江西	20	14	6	6
辽宁	9	9	0	0
内蒙古	10	23	－13	13
宁夏	24	29	－5	5
青海	28	29	－1	1
山东	8	6	2	2
山西	23	25	－2	2
陕西	19	20	－1	1
上海	1	2	－1	1
四川	18	17	1	1
天津	6	11	－5	5
西藏	30	29	1	1
新疆	29	28	1	1
云南	21	22	－1	1
浙江	3	7	－4	4
重庆	12	16	－4	4
均值　5.3870968				

　　本书认为，西部地区中外合作办学的发展，需要缓解内部布局不均衡的现状，但是各省份发展的规模、速度需要与地方经济社会发展相适应，诸如重庆、内蒙古、广西等经济发展水平高于中外合作办学发展水平的地区，需要制定科学的目标，支撑起西部中外合作办学发展的大旗。

（二）推动外方合作高校国别（地区）布局调整

目前西部地区中外合作办学外方合作高校多为欧美传统教育输出国家和地区，这种布局没有充分发挥和利用西部地区的地缘优势，不符合西部地区教育对外交流与合作的实际需求。笔者认为，西部地区在未来发展中，应当充分配合"一带一路"倡议的实施，扩大外方合作高校国别和地区的分布范围。

1.拓展与"一带一路"共建国家高校合作

当前，"一带一路"倡议的实施，是我国对外交流与合作的重要任务。中外合作办学基本规律要求，中外合作办学必须适应和服务于国家改革和发展的大局[①]。作为文化教育领域对外开放的重要窗口，中外合作办学需要主动适应和服务于"一带一路"倡议的实施。西部地区在"一带一路"建设中发挥着重要的角色，西部地区中外合作办学的发展也必须要服务于国家倡议的实施。

"一带一路"在地域上横跨欧亚非大陆，涉及60多个国家和地区。"丝绸之路经济带"有三条通道：中国经中亚、俄罗斯至欧洲（波罗的海）；中国经中亚、西亚至波斯湾、地中海；中国至东南亚、南亚、印度洋。"21世纪海上丝绸之路"有两条通道：从中国沿海港口过南海到印度洋，延伸至欧洲；从中国沿海港口过南海到南太平洋。《愿景与行动》中提到"一带一路"贯穿亚欧非大陆，一头是活跃的东亚经济圈，一头是发达的欧洲经济圈，中间广大腹地国家和地区经济发展潜力巨大。[②]目前，我国已经与这些共建国家建立广泛的政治、经贸联系，定期举办区域性国际论坛、博览会，但是与这些国家合作开展中外合作办学的数量却很少。由上文统计可以看出，截至2024年，西部地区中外合作办学外方合作高校国别（地区）中，只有与俄罗斯高校合作的两个项目，仅占西部中外合作办学总数的2.1%。

从地理位置上分析，西部地区各省份属于"一带一路"的重要沿线地区，无论"丝绸之路经济带"还是"21世纪海上丝绸之路"，都需要经过西北和西南地区省份的连接，从而沟通中外。当前我国西部地区高校与"一带一路"共建国家，尤其是周边邻国高校合作办学的数量很少，表明与这些国家教育领域的合作还不够深入，这种现状不能满足"一带一路"倡议实施的需求。与周边国家和地区开展深入合作是"一带一路"顺利实施的基础，没有与这些周边共建国家和地区的合作，"一带一路"的"带"和"路"无法延伸、贯穿至欧亚大陆，无法成为完整意义上的"一带"和"一路"。

当前西部地区各省份与"一带一路"共建国家和地区在教育领域的交流与合作已经取得了丰硕的成果，西北地区省份与中亚国家，西南地区省份与南亚、东南亚国家地区之间文化、教育交流日益频繁，留学生互派与日俱增，孔子学院、孔子课堂数量发展迅速，教育合作也日益深入，已经具备了一定的文化和教育基础，双方之间的合作

---

① 林金辉.中外合作办学基本规律及其运用 [J]. 江苏高教 . 2012(1): 47-50.

② 国家发展改革委、外交部、商务部.推动共建丝绸之路经济带和21世纪海上丝绸之路的愿景与行动 [EB/OL]. (2014-03-28)[2021-03-20]. https://www.fmprc.gov.cn/wjb_673085/zzjg_673183/gjjjs_674249/gjzzyhygk_674253/ydylfh_692140/zywj_692152/201503/t20150328_10410165.shtml.

办学呼之欲出。

中外合作办学的发展应当服务于国家重大战略的实施，西部地区拥有地缘优势，在今后的发展中积极扩展与"一带一路"共建国家和地区的合作，不仅可以拓宽合作国别，实现引进优质教育资源的"多元化"发展，也将带动整个中外合作办学外方合作国别（地区）的布局进一步优化。因此，西部地区省份与"一带一路"共建国家和地区合作办学的发展大势所趋，潜力巨大。

2.推动外方合作高校国别（地区）分布更加多元化

西部地区中外合作办学外方合作高校国别（地区）分布在发展中不断拓宽，在未来发展中，应推动外方合作高校国别（地区）分布更加多元化发展。

一方面，鼓励与港、澳、台地区高校合作办学的发展。中国内地（大陆）高校与港、澳、台地区高校合作办学属于一个国家两种不同社会制度下高校之间的合作办学。截至 2024 年底，西部地区高校与香港地区高校合作办学数量达到了 14 个，但是暂无与台湾和澳门地区高校的合作办学机构和项目。笔者认为，西部地区高校与港、澳、台地区高校合作办学的障碍要少于与其他国家高校合作办学，尤其体现在语言沟通和文化方面，这对于发展中外合作办学经验较少的西部地区高校而言是一个利好。此外，西部地区保留了浓厚的文化传统，很多港、澳、台群众每年前来拜谒祭祖，西部地区中外合作办学应该利用文化的纽带作用，深化海峡两岸及香港、澳门之间的文化教育交流，进一步推动政治、经济领域的交流，尤其是与台湾高校的合作，更加有利于促进两岸关系和平稳定发展。

另一方面，目前西部地区中外合作办学的外方合作高校主要来自欧美国家，截至 2024 年底与拉美和非洲国家高校之间的合作办学机构和项目。我国与拉美和非洲国家之间的政治、经济关系始终密切，并且有着深厚的历史渊源。客观而言，拉美与非洲国家高等教育发展相对落后，作为教育输出者来华合作办学短时期内可能性不大，但是中外合作办学是一个双向的教育交流，我国高校也可以转换角色，作为教育资源输出国家，支持拉美和非洲国家的教育发展。[①] 截至 2024 年底，我国已经在拉美和非洲分别设立了 39 所和 77 所孔子学院（课堂），为双方文化、教育领域深层次的交流与合作奠定了基础。西部地区中外合作办学未来发展中，可以把自身优势学科专业"输出"海外，通过教育领域的合作办学，维系和深化与发展中国家之间的友谊，服务好国家外交的发展。

（三）推动学科专业布局调整

当前，全国中外合作办学出现了专业过于集中的现象，诸如经济学、管理学相关专业，由于投入小、效益高，受到办学者的热捧。近年来，各级教育行政部门，出台了相应的政策措施，鼓励设立地方经济社会发展需要的专业和学科，从而进一步调整中外合作办学的专业布局结构。笔者认为，目前西部地区中外合作办学数量较少，但

---

① 李阳，陈丽梅. 中外合作办学外方合作者国别（地区）分布特点及发展趋势 [J]. 山东高等教育，2015, 3(09): 23-29.

是也出现了集中于若干专业的趋势。今后国家和地方教育行政部门需要对其进行统筹规划，使其专业、学科设置更加科学、合理地发展。

1.办学专业重点面向西部地区经济社会发展需要的学科专业

党的二十大报告中提出，到本世纪中叶，把我国建设成为综合国力和国际影响力领先的社会主义现代化强国，要求推进高水平对外开放，优化区域开放布局。[①]在实现这一宏伟目标的过程中，西部地区的全面发展是关键所在。西部地区的发展需要智力支撑，需要大量的人才，尤其是西部地区经济社会发展急需的人才，这给西部地区包括中外合作办学在内的高等教育人才培养提出了任务。

但是，近些年西部地区中外合作办学在专业设置方面，并没有切实做到符合国家和地方经济社会发展的需求，一些机构和项目所开设的专业属于市场过剩专业，甚至是国家公布的"红牌"警告专业。

2004年教育部出台《中外合作办学条例实施办法》中就明确规定，"鼓励在国内新兴和急需的学科专业领域开展合作办学。"[②]但是，这项工作贯彻力度显然不够。2006年教育部发布《关于当前中外合作办学若干问题的意见》，再次强调中外合作办学"要密切结合国家、地方和区域经济社会发展对各类人才的需求以及学校学科建设的需要，鼓励在国内急需、薄弱和空白的学科领域与外国高水平大学以及具有优势学科的大学开展合作办学，引导中外合作办学逐步向中西部地区发展。中国教育机构应当根据自身的定位和目标开展中外合作办学，防止盲目攀比、一哄而起和低水平重复的现象。"[③]由此看来，西部中外合作办学在专业设置方面需要科学、合理地规划和调整。

今后西部地区中外合作办学在专业设置上必须要符合经济社会发展的需要。一方面，2024年11月，经国务院批准，国家发展改革发布了《西部地区鼓励产业目录（2025年本）》（以下简称《目录》），这为西部中外合作办学专业设置提供了参考。在《目录》中指出"为推动西部大开发形成新格局，促进发展特色优势产业，因地制宜发展新兴产业，加快产业转型升级，制定本目录。"[④]尽管该目录是针对西部各省份经济发展的重点领域，但是对于中外合作办学的专业设置有一定的指导意义。国家既然鼓励西部地区在相关领域优先发展，能够反映出在这些领域需要大量的人力资源。这些领域，依托西部各省份的地理、资源优势，符合西部经济社会发展的需求。经济的发展，需要人力、智力的支撑，需要高等教育培养相关行业领域的人才。因此，西部地区中外合

---

① 习近平.高举中国特色社会主义伟大旗帜 为全面建设社会主义现代化国家而团结奋斗——在中国共产党第二十次全国代表大会上的报告[EB/OL]. (2022-10-25)[2025-1-31]. https://www.gov.cn/xinwen/2022-10/25/content_5721685.htm22.

② 教育部.中华人民共和国中外合作办学条例实施办法[EB/OL]. (2004-07-21)[2024-07-07]. https://www.crs.jsj.edu.cn/news/index/6.

③ 教育部.关于当前中外合作办学若干问题的意见[EB/OL]. (2006-02-07)[2024-07-07]. https://www.crs.jsj.edu.cn/news/index/1.

④ 西部地区鼓励类产业目录(2025年本)[EB/OL]. (2024-11-27)[2025-01-31]. https://www.gov.cn/zhengce/zhengceku/202411/content_6990315.htm.

作办学未来发展，在专业设置方面应当参考该《目录》中鼓励的专业领域。

另一方面，西部地区中外合作办学在专业发展中，充分考虑"一带一路"建设实施的需求。当前，西部地区经济社会发展的重点是紧紧围绕"一带一路"建设而展开，中外合作办学重点发展的专业应当符合国家重点战略实施的需求。《愿景与行动》中指出，"拓展相互投资领域，开展农林牧渔业、农机及农产品生产加工等领域深度合作，积极推进海水养殖、远洋渔业、水产品加工、海水淡化、海洋生物制药、海洋工程技术、环保产业和海上旅游等领域合作。加大煤炭、油气、金属矿产等传统能源资源勘探开发合作，积极推动水电、核电、风电、太阳能等清洁、可再生能源合作，推进能源资源就地就近加工转化合作，形成能源资源合作上下游一体化产业链。加强能源资源深加工技术、装备与工程服务合作。"①

《愿景与行动》阐述上述合作领域是站在我国与"一带一路"共建国家和地区共同发展的角度而制定的，目的是推进共建国家互利、共赢，推动双边关系迈上新的高度，符合地方发展的利益，也符合西部地区对外经济、贸易合作的需求。因此，中外合作办学在今后发展中，应当在上述专业领域努力拓展合作，推动"一带一路"建设，为国家重大决策发展提供智力支持，这也是西部地区中外合作办学专业发展的必由之路。

2. 鼓励西部中外合作办学设立新兴的和关系国计民生的学科专业

目前西部地区高等教育中外合作办学的专业分布主要集中在经济、管理类相关学科专业，相关专业人才在市场中处于趋于饱和的状态，甚至属于教育部公布的"红牌"专业。这些"红牌"专业就业率低，说明市场中对这类人才需求量不大，甚至过剩。中外合作办学引进国内过剩的教育资源，违背了中外合作办学的初衷。这些中外合作办学项目和专业还要与国内普通高校在相同的专业和学科方面进行市场竞争，办学者面临的压力更大。西部地区中外合作办学为了在招生中赢得市场，必须在专业设置方面作出改变。

笔者认为，西部地区经济和社会发展水平要落后于东部和中部地区，在今后的发展中，依靠传统的产业无法追赶上发达地区经济社会发展的水平，这就需要依靠现代新兴产业的发展与应用。诸如电子信息业、生物技术、现代医药等行业人才在西部需要得到更多的关注。这些新兴的产业，将会引领西部地区经济和社会更加快速发展。目前，我国西部地区高校，在这方面的专业尚未充分展开，这就给西部地区中外合作办学专业设置方面提供了更大的机会。依靠中外合作办学，培养相关专业领域的人才，能够为西部地区经济社会的发展提供充足的人才保证。

此外，西部的发展必须关注国计民生。例如广电、能源、水利、气象、交通、医药等行业，直接与西部地区人民的生活息息相关。但是就目前西部地区中外合作办学的专业设置而言，与这些领域相关的专业寥寥无几，这不符合中外合作办学发展的规

---

① 国家发展改革委、外交部、商务部. 推动共建丝绸之路经济带和21世纪海上丝绸之路的愿景与行动[EB/OL]. (2014-03-28)[2021-03-20]. https://www.fmprc.gov.cn/wjb_673085/zzjg_673183/gjjs_674249/gjzzyhygk_674253/ydylfh_692140/zywj_692152/201503/t20150328_10410165.shtml.

律，必须引起有关部门的注意。近年来，若干办学项目已经逐步开展个别涉及国计民生的专业，如物理治疗、义肢矫形学、灾害护理等专业，在全国范围来讲也是首次开设，符合西部地区经济社会发展的需求。这也释放出一个信号，即西部地区中外合作办学的可持续发展，必须改变专业设置中集中分布在管理类、经济类相关专业和学科的现状，专业设置必须要与社会发展、人民生活息息相关，这样才能在未来具备市场竞争力。

3. 新办专业充分利用地方的资源特色和优势，打造特色学科专业

上文已分析，西部地区在很多自然资源以及文化资源方面拥有很大的特色和优势，这些独特的资源优势，为西部中外合作办学未来专业设置方面提供了更多的选择空间，相关专业也具有更深远的发展前景。

（1）利用自然资源发展自然科学

目前，我国经济发展步入新常态，面临着经济发展增长速度换挡、发展方式转变、经济结构调整、增长动力转换的新形势。在很多西部地区省份，传统的经济发展主要依靠自然资源的支撑，形成了众多资源指向型城市。

西部地区蕴藏着宝贵的自然资源，很多资源属于非再生资源，尽管目前储存数量庞大，但是这些资源十分宝贵，需要合理开发、节约利用，注意资源与环境的保护，毕竟按照当前的消耗速度来说这些可再生资源总有消耗殆尽之日。目前，西部地区经济社会的发展正处在由资源指向型转向技术指向型的转型期。一方面，完全依靠资源获取经济的发展，不符合时代发展的要求；另一方面，资源的过度开采，对西部地区环境也会造成巨大的破坏。因此，需要西部地区在未来的发展中，正确处理好资源可持续利用与环境保护之间的关系。西部地区需要更加高效、合理地利用资源，同时还需大力发展清洁能源、环境保护等相关产业。但是，依靠我国西部现有的高等教育资源，还不能满足培养相关行业领域人才的需求。

相比之下，西方国家工业化发展较早，一些发达国家在历史上有过依靠牺牲环境、资源的代价获取经济发展的经历。这些国家在资源保护、高效利用以及环境保护方面具有宝贵的经验和教训，值得我们学习和借鉴。因此，西部地区中外合作办学能够依靠引进国外有关资源开发与利用、环境保护等相关专业和学科，服务好当前经济发展的新常态，适应经济社会发展的转型。此外，由于西部地区复杂的地质地貌，极易发生自然等次生灾害，这对西部地区地质探测和气象等方面工作提出了艰巨的要求。但是目前西部地区高等教育在这方面专业领域培养的人才匮乏，中外合作办学也缺少相关专业的设置，不能满足地方社会发展的需求，因此需要西部地区中外合作办学在相关专业引进国外的教育资源，培养相关领域专业人才。

（2）利用文化资源发展社会科学

西部地区独具特色的文化资源，也能够服务于中外合作办学的发展。

首先，西部地区中外合作办学的发展，要充分发挥文化资源的吸引作用。西部地区丰富多彩的民族文化，是中华民族文化群冠中的璀璨明珠，成为吸引外籍游客的重

要载体。西部地区应当利用相关资源，吸引外方高校与华合作、外籍教师来华任教。

其次，西部地区很多文化遗产，属于世界文化历史的精粹，需要依靠先进的技术手段对其进行保护与合理开发。国外发达国家，在文化遗产保护方面有丰富的经验，通过中外合作办学，推动中外研究人员在文物保护、文化技艺传承等领域进行合作，不仅能够在人才培养而且在文化资源保护与利用等方面发挥积极的作用。

此外，在西部地区中外合作办学专业设置中，还应当充分发挥国外教师、专家和学者的智力作用。中外合作办学引进的很多外籍教师，不仅对中国的文化有着浓厚兴趣，而且他们在相关研究领域具有很高的造诣。通过中外合作办学，这些专家、学者能够深入中国西部进行实地调查研究，从不同的角度对中国西部文化进行研究，这对中国乃至世界文化的发展将会有重大的意义。同时，通过合作办学，这些专家、学者能够与西部高校教师在教学、科研中深入合作，在培养高层次人才方面倾注心血。

西部地区高校拥有着特殊的地理和人文环境，围绕着这些特色，西部高校可以开展或进一步加强西部特色学科专业建设，以特色学科建设为突破口，带动西部高校学科建设水平，促进西部高校整体实力的快速、全面提升。①

五、加强思想政治教育，增强国家安全意识

加强思想政治教育是全国各高等院校面临的一项重要任务。2015 年 1 月 19 日，中共中央办公厅、国务院办公厅联合印发《关于进一步加强和改进新形势下高校宣传思想工作的意见》，提出"高校作为意识形态工作的前沿阵地，肩负着学习研究宣传马克思主义，培育和弘扬社会主义核心价值观，为实现中华民族伟大复兴的中国梦提供人才保障和智力支持的重要任务"②。中外合作办学作为我国高等教育事业的重要组成部分，加强和改进其思想政治教育工作是一项重大而紧迫的战略任务。在开放教育市场和对外交流合作过程中，西方的价值观、意识形态和生活方式等难免会浸染我国的思想文化，触动国家的教育主权。③ 同时，西部地区高等教育中外合作办学在思想意识形态方面所面临的挑战具有特殊性，与其他地区相比任务更加艰巨，这也决定了西部地区高等教育中外合作办学思想政治教育工作的极端重要性。西部高等教育中外合作办学在发展过程中，更需要加大思想政治教育，严防意识形态的渗透和破坏国家安全的行为。

（一）利用"两个课堂"，丰富思想政治教育形式

第一，重视思想政治理论课程。高等教育中外合作办学在课程设置方面，与普通高校课程相似之处是必须开设思想政治理论课程。2019 年中共中央办公厅 国务院办公厅印发《关于深化新时代学校思想政治理论课改革创新的若干意见》，提出思政课是落实立德树人根本任务的关键课程，发挥着不可替代的作用，要求思政课建设只能加强、

---

① 赵万峰，李丰庆. 论西部高校的学科特色及特色学科发展 [J]. 中国高等教育，2011(05): 29-30.

② 中共中央办公厅，国务院办公厅. 关于进一步加强和改进新形势下高校宣传思想工作的意见 [EB/OL]. (2015-01-09)[2021-03-20]. http://www.jyb.cn/high/gdjyxw/201501/t20150119_610986.html.

③ 钟凯，李星. 中外合作办学中的大学生思想政治教育工作研究 [J]. 教育与职业，2011(17): 54-55.

不能削弱，必须切实增强办好思政课的信心，全面提高思政课质量和水平。[①]西部地区高等教育中外合作办学在未来发展中，必须重视课堂中的思想政治教育。

西部地区中外合作办学必须坚持"中国特色"课程内容的设置。在办学中，必须按要求开设思想政治理论课程。中外合作办学必须在教育和教学中，坚持开展包括"习近平新时代中国特色社会主义思想概论""马克思主义基本原理概论""毛泽东思想和中国特色社会主义理论体系概论""军事理论训练""中国近现代史纲要""国情国防教育""马克思主义哲学"等课程在内的公共基础课，这些都是每所高校所必须开设的课程。中外合作办学的使命是为我国的社会主义建设培养高素质国际化人才。专业课程的学习虽然重要，但是这些公共课程能够引导大学生树立正确的人生目标，将自己的人生理想融入国家和社会的发展之中。学习相关课程，有助于大学生树立正确的世界观、人生观、价值观，对马克思主义有全面深入的认识。同时需要给予指出，中外合作办学要改变目前存在"凑学分"的错误思想，对思想政治理论课程要给予足够重视。除了在课程设置中突出思想政治教育课程的地位，在西部地区中外合作办学中，还应该在中外共同开发课程、实践课程中，充分发挥中方教师的思想政治教育作用。

第二，充分发挥党团组织在第二课堂中的作用，拓宽思想政治教育途径。第二课堂是指学生在以专业知识为主的教学计划课程学习之外所从事的一切活动，能够为学生提供广阔的发展空间，引导学生培养创新意识和创新精神、提高自主意识、树立正确人生观、价值观。[②]西部地区中外合作办学的第二课堂，一方面，需要充分发挥党团组织的作用，另一方面，还要拓宽新形式、新内容，适应新时期思想政治教育工作的新要求。

《关于进一步加强和改进新形势下高校宣传思想工作的意见》指出："要加强党对高校宣传思想工作的领导，充分发挥院系党组织保证监督作用，加强高校共青团建设。"[③]由此看出，党团组织在大学生思想政治教育中的突出作用。在西部地区中外合作办学中，发挥党团组织的作用意义更为重大，需要培养一批优秀的党团干部，在工作、学习和生活中发挥先锋模范，做好中外合作办学学生的思想政治教育。

西部地区高等教育中外合作办学思想政治教育，还需要在继承党的思想政治工作优良传统的基础上，积极探索新形势下大学生思想政治教育的新途径、新方法，努力体现时代性，把握规律性，富于创造性，增强实效性。[④]当前，新兴的社交媒体迅速发展，日益影响着人们的工作和生活。青年学生是使用这些社交媒体最活跃的群体。因

---

① 共中央办公厅 国务院办公厅. 关于深化新时代学校思想政治理论课改革创新的若干意见 [EB/OL]. (2019-08-14)[2025-01-31]. https://www.gov.cn/zhengce/2019-08/14/content_5421252.htm.

② 彭巧胤, 谢相勋. 再论第二课堂与第一课堂的关系 [J]. 学校党建与思想教育, 2011(14): 45-46.

③ 中共中央 国务院. 关于进一步加强和改进大学生思想政治教育的意见 [EB/OL]. (2015-01-09)[2021-03-20]. http://www.moe.gov.cn/jyb_xwfb/gzdt_gzdt/moe_1485/tnull_3939.html

④ 中共中央 国务院. 关于进一步加强和改进大学生思想政治教育的意见 [EB/OL]. (2015-01-09)[2021-03-20]. http://www.moe.gov.cn/jyb_xwfb/gzdt_gzdt/moe_1485/tnull_3939.html

此，中外合作办学需要利用这些社交媒体平台，在使用传统思想政治教育方式的同时，发挥现代媒体技术的作用，形成思想政治教育的合力，这是时代发展的需要，也是新时期高校加强大学生思想政治教育的必然选择。[①] 利用现代互联网技术，不仅能够拓宽思想政治新渠道，还能够丰富校园文化，利用隐性思想政治教育的作用，实现教育目的于受教育者的不知不觉中，开展教育于其他社会实践活动的相互渗透与融合之中，具有渗透性、生活性、发放性、潜隐性等独特品质。[②]

西部地区中外合作办学在教育教学中，必须重视党团组织建设，坚持党对中外合作办学机构、项目德育工作的领导；针对学生特点，探索富有中外合作办学特色的思想政治教育、爱国主义教育体系及其运行机制。

（二）利用文化资源，提升思想政治教育实效

西部地区高等教育中外合作办学的思想政治教育，还需要充分利用西部地区的文化资源，并将其运用到中外合作办学的教书育人之中。通过组织学生参观、调研、访问等社会实践方式进行思想政治教育活动。尤其是利用"红色"文化资源，对大学生进行"红色"教育，作为高校思想政治教育的新途径和新形式，具有感染力强、形式多样化、与时俱进、价值高等优势。[③]

首先，利用西部地区的文化资源，树立学生的民族自豪感，坚定中华民族伟大复兴的信念。通过组织西部地区中外合作办学的学生对历史博物馆、名胜古迹进行参观和访问，培养他们的爱国主义情怀。一方面，西部地区历史悠久，是中华民族文化的起源地，在五千年的发展中，留下了璀璨的历史文化；另一方面，在西部地区中，各少数民族也保留了其悠久的文化传统。通过对这些历史文化资源的参观，能够让学生深刻了解国家、本民族的历史发展和荣辱兴衰，有利于培养学生的爱国主义情操，引导学生树立民族责任感。

其次，通过"红色"文化资源，能够让学生坚定社会主义理想，树立远大的抱负。中外合作办学的学生家庭相对富裕，生活也较为舒适，很多学生在成长过程经历的困难与挫折较少，未能对国家、民族、地区的发展有客观、深入的了解与认识。"红色"文化资源往往能够成为大学生理想和信念教育的"活教材"。通过组织学生参观访问革命圣地、红色旅游景区，能够触动学生的心灵。西部地区很多地方曾经被革命的火焰所点亮。在参观过程中，让学生了解共产党在不同历史时期为民族解放、社会建设所作出的巨大牺牲，向学生们展示共产党在革命过程中的峥嵘岁月。铭记历史、珍惜岁月，鞭策学生努力完成学业，树立远大理想，立志为社会主义建设贡献自己的力量。

再次，利用红色资源，帮助学生树立正确的人生观、世界观和价值观。当前社会中出现的拜金主义、个人主义、享乐主义、奢靡主义等错误观念逐渐渗透到青年群体，

---

① 刘明海.新媒体视域下加强大学生思想政治教育策略浅析 [J].学校党建与思想教育,2015(07): 59-61.

② 白显良.论隐性思想政治教育的独特品性 [J].学校党建与思想教育,2007(9): 11-13.

③ 徐朝亮，周琰培.利用红色文化提升大学生思想政治教育成效 [J].继续教育研究,2009(7): 98-100.

与此同时，西方思想意识形态的渗透没有减弱，并且日益影响着年轻一代的生活。西部地区中外合作办学在学生思想政治教育工作中面临上述双重挑战。因此，在办学中要利用红色资源，指导学生将个人的人生目标与国家、民族的前途、命运紧密联系起来，为实现伟大的中国梦而努力。

充分利用西部地区的文化资源，积极探索和不断创新爱国主义教育的新思路、新内容、新途径、新办法，能够有效加深学生对国情、历史的全面了解，增强民族自尊心、自信心和自豪感，在历史与中西比较中培养爱国主义情感，坚定理想信念。

（三）严格审查力度，严防西方思想意识渗透

中外合作办学引进的优质教育资源主要包括教育教学理念、师资、课程、教材等。西方思想意识渗透，很有可能通过教师的授课潜移默化地完成；也有可能在教材中进行西方思想意识方面的渗透。因此需要对课程、师资和教材进行严格审查。

首先，要对聘用的教师进行严格审查。一方面，在中方教师的选派和辅导员选聘中，要严格把关，查看其学历背景、政治素养，打造业务能力强、政治坚定、思想过硬的师资队伍。另一方面，还要对引进外籍教师进行考察，组织相关专家对外籍教师的个人言论进行调查、对授课情况进行抽查听课。

其次，要对引进教材进行审查。《中外合作办学条例》规定："中外合作办学机构应当将所开设的课程和引进的教材报审批机关备案。"[①]《中外合作办学条例实施办法》中明确指出："中外合作办学和举办中外合作办学项目的中国教育机构应当对开设的课程和引进的内容进行审核，并将课程和教材清单及说明及时报审批机关备案"[②]。西部地区中外合作办学必须更加严格执行，进一步加强中外合作办学教材建设。书是心灵的窗户，必须让书本的窗户明亮，抵制传播西方错误观点的教材进入中外合作办学的教育教学中。同时鼓励中外教师合作编写教材，在教材中弘扬中国的优秀传统文化，进行国情教育。

六、加强质量建设，坚持内涵式发展道路

近年来，西部地区高等教育中外合作办学在发展过程中取得的成绩有目共睹，但是仍出现了质量隐患。当前全国中外合作办学已经进入质量提升的新阶段，正处在从规模扩大、外延式发展转向注重质量、内涵式发展阶段。西部地区高等教育中外合作办学未来一段时期发展的重点必须放在质量提升方面。

---

① 中华人民共和国中外合作办学条例 [EB/OL]. (2023-09-01)[2021-03-23]. https: //www. crs. jsj. edu. cn/news/index/2.

② 教育部. 中华人民共和国中外合作办学条例实施办法 [EB/OL]. (2004-07-21)[2024-07-07]. https: //www. crs. jsj. edu. cn/news/index/6.

（一）提高生源质量

1. 提高招生标准，保证生源的质量

办学质量是中外合作办学发展的生命线，生源质量则是人才培养质量的基础。[①] 西部地区一些中外合作办学机构和项目在招生录取时没有严格把关，生源质量参差不齐，制约了办学质量的提升。西部地区中外合作办学真正要做到引进优质教育资源，培养国际化人才，必须提高招生标准，尤其是在自主招生的办学项目中，杜绝低标准、无标准录取的现象。

只有高质量的生源，才能够高效吸收引进的优质教育资源。国家鼓励中外合作办学引进国外领先、国内和地方经济社会发展急需的专业和学科，学生通过吸收这些教育资源，充分将其内化于心，才能提高自身的文化、知识和技能水平，才能在未来工作中转化为生产力，服务于西部地区经济社会的发展，使办学取得事半功倍的效果。

只有高质量的生源，才有充足的潜力成为高素质国际化人才。中外合作办学是高等教育国际化发展的重要形式，培养的是"具有国际视野，通晓国际规则，能够参与国际事务和竞争的国际化人才"[②]。这对中外合作办学机构和项目的人才培养目标提出了很高的标准，质量差和标准低的生源很难实现上述标准。因此西部地区中外合作办学需要提高招生标准，保证生源质量，使学生在有限的时间里，更加有效地利用引进的优质教育资源，发挥自身的潜力，达到国际化人才的标准，为西部地区经济社会发展作出贡献。

高质量的生源有助于中外合作办学树立良好的社会形象。一些中外合作办学项目招生标准很低，对办学造成了严重的负面影响，相关中外合作办学负面消息和不实报道随之产生。西部地区中外合作办学保证生源质量，才能够消除负面信息，树立良好的形象，实现健康可持续发展。

因此，西部地区计划内招生的中外合作办学的录取条件不应低于该校普通专业的录取条件；计划外招生的中外合作办学，需要在招生简章中明确规定录取条件，坚决杜绝"无标准录取"的行为。招生录取工作是保证中外合作办学质量的第一个环节，拥有高质量的生源，就相当于办学机构和项目拥有更高的起点，这对西部地区中外合作办学高质量发展必将起到强大的推动作用。

2. 严格控制招生规模，防止招生超额

尽管在如何处理好按标准招生和防止报到流失率的矛盾这一问题上，办学者始终无法妥善解决。但是，笔者认为，中外合作办学机构和项目必须严格遵守教育部批准的招生规模。

首先，只有严格遵守教育部批准的招生规模才能保证学生的切身利益。一些中外合作办学机构和项目的毕业生完成学业后获得国外高校颁发的学历、学位证书，但是

① 任初明. 高校生源竞争力的测量及其提升研究 [J]. 高校教育管理 , 2014,8(05): 68-72.
② 教育部. 国家中长期教育改革和发展规划纲要 (2010—2020 年)[EB/OL]. (2010-10-15)[2024-07-07]. http://www.moe.gov.cn/jyb_xwfb/s6052/moe_838/201008/t20100802_93704.html.

超规模招生的学生，在毕业后获得的学历、学位证书无法得到国家的承认。因此办学者必须严格遵守教育部所批准的招生名额的规定，对学生的利益要认真负责，避免中外合作办学在社会上造成"贩卖、兜售假文凭"的恶劣影响。

其次，只有严格控制办学规模，才能充分保证办学质量。中外合作办学机构和项目的招生规模，是教育部对办学条件等相关资源审核后批准的，充分考虑到了学校的实际办学能力。"每个招生专业的计划与其开办专业的投入基本是对等的"[①]，超规模招生，必然会造成办学资源紧张，从而无法保证办学质量。

当前，包括西部地区在内的全国中外合作办学在招生过程中都无法有效解决报到流失率和按规定招生的矛盾。笔者认为，目前也暂无两面俱全的方法。中外合作办学在招生时应充分利用补录制度，在第一次征集志愿未能招满后，及时公布补录信息，解决第一次录取名额不足的问题。但是若补录还未能招满，则必须接受"市场"的"惩罚"，中外合作办学合作高校需要自我反省，考虑在办学方面需要改进的因素，努力提高办学水平。在办学水平和质量充分提升的情况下，报到流失率这一问题自然会迎刃而解。总之，西部地区中外合作办学在招生过程中，应当做到"宁缺毋滥"，以"质"取胜。

（二）保证师资质量

高校中外合作办学的优质师资队伍数量不足，是教学质量提升的主要瓶颈。引进国外优质教育资源，是中外合作办学的根本宗旨；对国外优质教育资源进行消化、吸收、创新以及本土化改造，是中外合作办学质量提升的必由之路，所谓优质教育资源，师资是其中的关键性因素。[②]通过分析西部地区高等教育中外合作办学师资队伍的现状，一些办学机构和项目的师资队伍，无论从数量还是质量上，还不能满足教育教学的需求。西部地区中外合作办学师资队伍的提高，需要做到以下几个方面。

1.选派优秀教师，建立中外合作办学专职师资队伍

鉴于当前西部地区高等教育中外合作办学的师资队伍多为母体高校选派的兼职教师，笔者认为，西部高校应当选派优秀的教师，建立中外合作办学专职师资队伍。

第一，明确西部地区中外合作办学师资队伍的标准。一方面，师资队伍需要具备优良的品德，能够潜移默化地感染学生；需要有精湛的专业技能和完备的知识结构，满足教学和科研任务；需要有一定的外语能力，满足双语教学的要求；需要有团队合作的能力，通过中外教师鼎力合作，促进高质量的人才培养。另一方面，西部中外合作办学师资队伍需要具有合理的职称结构和年龄结构。只有合理的师资队伍结构，才能保证中外合作办学教育教学的需求，如经验丰富的高职称教师，在工作中能够为新入职教师和普通教师提供指导，推动师资队伍可持续发展。

第二，西部地区中外合作办学需要建立一支稳定的专职教师队伍，降低临时聘请以及退休返聘教师的比例。只有建立稳定的专职教师队伍，才能够让教师专心完成中

---

① 何践理.高校新生不报到问题的分析与对策 [J].中国成人教育，2009(6): 35-36.

② 林金辉，刘梦今.高校中外合作办学项目内部教学质量保障基本要素及路径 [J].中国大学教育.2014(5): 62-66.

外合作办学的教学与科研任务；同时能够有更充裕的时间在课余时间与学生进行交流与互动，及时解决学生在学习、生活中遇到的问题；有利于沟通教师与学生之间的感情，促进中外合作办学良好师生关系的建立，保证教师的工作责任心。

第三，防止师资队伍的流失。西部地区中外合作办学师资流动性较大，因此西部地区中外合作办学还需要搞好人力资源开发，重视教职工的福利待遇问题，满足教师自身发展的需求。这就需要西部地区高校真正能够做到尊重人才、关爱人才，以人为本，做到制度留人、待遇留人、感情留人。[①]

2. 提升外籍教师的水平

外籍师资队伍，是充分引进优质教育资源的关键所在，西部地区中外合作办学发展中，需要吸引高质量的外籍教师。

第一，严格遵守外籍教师的入职标准，提升从外方合作高校中选聘教师的数量比例。《中外合作办学条例》规定，外籍教师和外籍管理人员应当具有学士及以上学位和相应的职业证书，并具有 2 年以上教育教学的经验。通过调查发现，目前西部地区中外合作办学的外籍师资队伍质量并不算高。一些办学项目，"就地取材"寻找"外国脸"，滥竽充数[②]，教师资质水平较低，流动性较大。笔者认为，西部地区中外合作办学外方教师的选聘，应重点放在外方合作高校的教师。一方面，从外方合作高校内选聘的教师，在外方合作高校中积累了丰富的工作经验，并且能够带来最"原汁原味"的外方合作高校的教育理念、教育方式，符合中外合作办学的初衷；另一方面，国外高校通常对师资入职有严格的标准，这些教师一般具有相应的学历和职称，相比其他方式的临时聘请，更能够保障外籍教师的资质和水平。

第二，多种举措并举，保证外籍教师在中外合作办学中任教的时间周期。教育的目的是培养人，而培养人需要一定的时间周期。这就要求教师队伍也要有一个相对稳定的时间周期。对于西部地区中外合作办学而言，需要降低外籍教师的流失率，保证师资队伍的相对稳定性。一方面，靠硬性的规定，诸如在签订合同中，规定必须任教的时间周期，保证外籍教师在相对固定的时间里全身心投入工作之中。另一方面，需要一些鼓励举措，激励外籍教师在西部地区中外合作办学中长期工作，并且在中外合作办学教学中倾注心血。诸如，鼓励外籍教师与中方教师合作参与国家、地方的研究课题，依靠外教对西部地区相关领域的科学研究，延长工作时限；建立相应的配套制度，诸如解决外籍教师的子女入学、配偶工作和生活等问题。通过各方面举措，解决外籍教师生活、家庭等方面的后顾之忧，有利于外籍教师在工作中投入更多的精力，保证教师队伍的稳定性。

3. 建立培训、激励和淘汰机制，提升教师工作的热情

调查显示，西部地区中外合作办学，尤其是办学项目很少组织相关教师进行业务

---

①　冯发明 . 中外合作办学的师资问题及对策探析 [J]. 教育与职业，2007(06): 33-34.

②　林金辉，刘梦今 . 高校中外合作办学项目内部教学质量保障基本要素及路径 [J]. 中国大学教育，2014(5): 62-66.

培训，同时没有建立健全相应的激励和淘汰机制，导致师资队伍质量良莠不齐，很多教师缺乏工作的热情。笔者认为，在提升教师工作热情方面，需要做到以下三个方面。

首先，应当建立新入职教师的培训机制。一方面，组织中方合作高校派遣的教师赴外方合作院校进行培训。通过实地培训，中方教师才能深刻认识外方合作高校的教育理念、教学方法，有利于将其运用到日后的课程教学之中。另一方面，外方合作高校派遣的教师也需要到中方合作高校进行培训，充分了解中国学生的特点、中国传统教学的优势，以便更好地实现教育教学的"本土化"，避免出现引进的教育资源"水土不服"的情况。此外，中外教师需要共同参与培训，促进相互合作与沟通，为将来课程教学中的合作奠定基础。

其次，需要建立沟通交流机制，提升办学的层次和水平。这需要中外合作双方建立常态化的交流合作机制，构建全方位的国际交流合作环境，提高中外合作办学本土师资国际化的水平。[①]除定期组织入职教师共同培训学习外，还应定期组织中方教师赴国外访学，观摩外方高校的课堂教学；邀请外方专家来华讲学；组织合作双方的高层合作对话，交流办学经验；中外授课教师做到教学沟通的常态化，及时沟通、避免分歧，等等。在合作交流中不断提升本土教师的国际化水平。

再次，需要建立激励和淘汰制度。当前西部地区中外合作办学，为了保证教师的数量，还没有建立相应的教师激励淘汰制度，导致了个别教师因为没有压力与动力不思进取，不能将全部精力投入教学中。[②]笔者认为，西部地区中外合作办学师资队伍的发展，一方面需要建立激励制度，无论是从物质方面还是从精神方面，旨在激发教师的工作热情；另一方面，逐步建立淘汰机制，在保证师资队伍相对稳定的同时，也要保证师资队伍的合理流动。

（三）提高课程与教学质量

课程是高校教育活动的中介，学校的一切教学活动都是以课程为中介开展的，学校的课程设置、课程结构既关系到教育目的的实现，又关系到人才培养的质量。[③]中外合作办学作为我国教育事业的重要组成部分，在人才培养方面举足轻重。西部地区中外合作办学的质量发展，仍需在课程与教学方面作出努力。

1.科学合理地调整课程设置

第一，保证引进外方课程门数和时数的比例。目前，西部地区中外合作办学中所引进外方课程门数和时数的比例相对较低，甚至个别办学项目引进外方课程门数、时数为零，即没有引进任何外方的课程，办学质量令人担忧。提升西部地区中外合作办学的质量，首先应当提升引进课程的质量，尤其是核心课程的质量。西部地区中外合作办学在未来的发展中，需要充分保证引进国外合作高校课程的门数和时数，保证外方教师担任核心课程门数和时数的数量，这样才能够符合中外合作办学的要求，保证

---

① 熊少微 . 高职中外合作办学本土师资队伍建设探析 [J]. 中国成人教育 , 2015(13): 84-86.

② 何斌 . 从教师"进"与"出"谈我国高校教师聘任制度改革 [J]. 教育发展研究 , 2005(13): 72.

③ 张忠华 . 关于大学课程设置的三个问题 [J]. 大学教育科学 , 2011(6): 30-34.

受教育者的权益。中外合作办学打着"不出国门的留学"的招牌，学生承担较高的学费，需要享受相应成本的资源。只有引进的课程与外方合作高校在母体高校开设的课程一致，才能算作真正"不出国门的留学"。

第二，合理调整语言课程和专业课程的比例。过去，西部地区中外合作办学因生源质量得不到保证，学生英语水平参差不齐，而中外合作办学在专业课中基本使用英文授课，这就需要学生在入学后的前两年花费大量时间学习英文，办学项目也设置了较多时数的语言课程，因此压缩了专业课程的比例。笔者认为，随着西部地区中外合作办学对质量日益重视，招生录取日益严格，学生的英语基础有所提升，因此应适当提升专业课程比例，让学生在校期间将更多的精力用于专业课程的学习。

第三，提升实践课程的比例。上文统计显示，西部地区中外合作办学开设实践课程比例和时数明显较少，不利于高素质人才的培养。当前，西部地区中外合作办学以本科层次为主，地方普通院校的数量在快速增长。这些院校需要按照地方经济社会发展的需求，培养应用型创新人才，地方本科院校培养的人才也应该是国际化应用型创新人才。然而当今，地方本科院校实践课程比例较少，同时出现了理论课和实践课脱节的现象。[①] 中外合作办学应当通过引进教育资源，提升实践课程的数量和时数。一方面，通过实践课程提升中外合作办学学生的理论水平，使其能够将理论与实践充分结合；另一方面，在实践课程中，深化学生对西部地区实际情况的了解，激励这些学生立志为地区的发展作出贡献。因此，西部地区中外合作办学实践课程设置应当以西部地区的实际需求为导向，为地方经济社会发展服务。

第三，促进西部地区高校与外方合作高校共同开发课程。目前西部地区中外合作办学中仅有少数项目和机构实现了中外高校合作开发课程，反映出中外高校在课程方面合作不够深入。中外合作办学对优质教育资源的"引进"并不是目的，更重要的是将其充分内化、借鉴，最终实现创新。中外合作双方共同开发课程，一方面，能够融会中外合作高校教师共同的智慧，在博采众长的同时，更加适合中国的地方实际，克服引进课程"水土不服"的现象；另一方面，在共同开发课程中，可以学习和借鉴国外课程的优势，为我国普通高校课程的改革与发展带来新的思路；此外，通过共同开发课程，不仅能够促进中外教师的深入沟通与合作，而且能够提高中方教师的教学水平、先进教学方法的运用，提升整个师资队伍的水平。

2.课程与教学的本土化

中外合作办学培养的国际化人才是中国自己的国际化人才，要具有国家意识、民族意识和责任意识。因此，必须处理好国际化与本土化的关系。一些机构、项目常常有意无意地强调自己开设的是"国外原汁原味的课程"，使用的是"国外原版教材"。其实，这是一种误解和误导。研究表明，不少西方大学的课程与我国人才培养的需要并不直接相关。例如，社会问题、农业技术等，在不同社会之间是各不相同的；西方

---

① 张宁 . 应用型本科高素质创新人才培养模式研究 [D]. 厦门：厦门大学，2012: 191.

世界共有的科研策略和方法在第三世界也没有多少实际价值。[①] 如果片面强调国外课程的全面复制和全盘照搬，不能结合国家和地方经济社会发展的实际情况，国外的课程哪怕是"优质"的，也会因"水土不服"导致中外合作办学课程体系与高素质国际化创新人才培养要求不适应。这就需要将引进的课程与中国西部的实际结合，实现引进课程与教学思想理论体系的中国化；同时，所引进的课程需要体现地方特点，使课程与教学体现出鲜明的本土民族特色。[②]

首先，在课程设置目标方面，应当"兼备东西"。当前西部地区中外合作办学在课程教学目标设置中过度强调和突出国际化人才的培养。中外合作办学需要培养具有国际视野的"世界公民"，但是"世界公民"也应当具有本土文化之根，这才是课程目标的根本。笔者认为，西部地区中外合作办学不能一味强调国际意识与国际视野，正如有学者提出的"要将本土文化作为发展学生国际视野与国际意识的基点，以培养具有本土文化之根又具有国际化意识的世界公民为目标"[③]。目前，西部地区经济社会发展面临的一大困境是人才流失率较高，若西部地区开展的中外合作办学，一味灌输"国际化"，可能导致人才流失率进一步提高。培养的"国际化人才"大多希望在大都市实现人生理想，中外合作办学成为其命运转折的踏板。西部地区中外合作办学在课程设置方面，应当适当突出"本土化"的人才培养目标，让更多的中外合作办学毕业生为地区社会发展作出贡献。

其次，在课程内容方面，引进国外与开发国内并举。目前西部地区中外合作办学课程内容与全国整体情况类似，主要引进国外的课程内容，重点放在了工学、经济学、管理学等西方国家领先的课程内容上。如果西部地区中外合作办学一味突出这些学科，未能充分结合西部地区的实际需求，那么培养的人才在西部地区将没有更宽的发展前途。中外合作办学需要成为西部地区优秀文化弘扬世界的平台，在课程内容方面也应当有所突破。利用西部地区物质、文化遗产，在资源开发与利用、文物保护、文化传承等方面，与国外高校合作，将其纳入中外合作办学的课程内容中，使课程内容更具有本土特色，也更符合西部地区经济社会发展的需求。

再次，西部地区中外合作办学的发展需要避免课程的依附现象。阿特巴赫（Philip G.Altbach）认为"处于中心的发达国家的大学是知识的生产者，他们主导着课程设置的理念和模式，决定着课程的内容，而处于外围的第三世界的大学，是知识的传播者和消费者，他们模仿中心大学的课程内容。"[④] 有学者已经指出，中外合作办学目前在课

---

① 阿特巴赫. 比较高等教育：知识、大学与发展 [M]. 人民教育出版社教育室，译. 北京：人民教育出版社，2001: 26-135.

② 张传燧，石雷. 论课程与教学论的本土化 [J]. 教育研究，2012(3): 82-86+91.

③ 王璐. 高等教育课程国际化的本土追求与设计 [J]. 当代教育科学，2015(7): 14-18.

④ 阿特巴赫. 比较高等教育：知识、大学与发展 [M]. 人民教育出版社教育室，译. 北京：人民教育出版社，2001.

程目标、课程设置和课程内容方面已经存在依附现象。[①] 这对于西部地区中外合作办学而言应当引起警惕。西部地区高校，应当以我为主，根据地方发展的实际和地方经济发展的需要选择课程，突出本土性特征，坚定为地区经济社会发展服务。

　　总之，对于西部地区中外合作办学的发展而言，必须做到课程与教学的本土化，实现引进课程的有效匹配和优势互补。

---

① 王卫平. 高等教育中外合作办学课程的依附现象研究 [J]. 教育理论与实践, 2013(3): 6-8.

参考文献

一、著作类

[1] 潘懋元 . 潘懋元文集·卷一 [M]. 广州：广东高等教育出版社，2010.

[2] 潘懋元，等 . 新编高等教育学 [M]. 北京：北京师范大学出版社，2009.

[3] 林金辉 . 中外合作办学教育学 [M]. 福建：厦门大学出版社，2011.

[4] 林金辉 . 高等教育中外合作办学 [M]. 广州：广东高等教育出版社，2010.

[5] 林金辉 . 中外合作办学：政策、管理与质量保障（上、下册）[M]. 厦门：厦门大学出版社，2013.

[6] 顾明远 . 教育大词典（第 3 卷）[M]. 上海：上海教育出版社，1991.

[7] 顾长生 . 从马礼逊到司徒雷登——来华传教士评传 [M]. 上海：上海人民出版社，1895.

[8] 王剑波 . 跨国高等教育与中外合作办学 [M]. 济南：山东教育出版社，2012.

[9] 尹伯成 . 西方经济学说史，从市场经济视角的考察 [M]. 上海：复旦大学出版社，2012.

[10] 王前新，刘欣 . 新建本科院校运行机制研究 [M]. 北京：科学出版社，20077.

[11] 周仲高 . 中国高等教育人口的地域性研究 [M]. 北京：中国经济出版社，2001.

[12] 赵庆年 . 区域高等教育差异发展问题研究 [M]. 广州：华南理工大学出版社，2010.

[13] 张颖，区域经济学基础及应用 [M]. 北京：中国经济出版社，2012.

[14] 宋海啸，辛一山 . 中国社会工作理论 [M]. 北京：时事出版社，2013.

[15] 王必达 . 后发优势与区域发展 [M]. 上海：复旦大学出版社，2005.

[16] 尹伯成 . 西方经济学说史，从市场经济视角的考察 [M]. 上海：复旦大学出版社，2012.

[17] 唐志红，区域经济发展与区域优势产业 [M]. 成都：四川大学出版社，2013.

[18] 徐建华，段舜山 . 区域开发理论与研究方法 [M]. 兰州：甘肃科学技术出版社，1994.

[19] 于俊文 . 西方经济思想词典 [M]. 福州：福建人民出版社，1990.

[20] 唐志红，区域经济发展与区域优势产业 [M]. 成都：四川大学出版社，2013.

[21] 罗中枢 . 新一轮西部大开发经济社会发展若干重大问题研究 [M]. 成都：四川大学出版社，2012.

[22] 于福增 . 教育国际交流与合作史 [M]. 海口：海南出版社，2011.

[23] 陈昌贵，谢练高 . 走进国际化：中外教育交流与合作研究 [M]. 广州：广东教育出版社，2010.

[24] 谢本书 . 历史文化资源研究 [M]. 昆明：云南教育出版社，1994.

[25] 谈国新 . 民族文化资源数字化与产业化开发 [M]. 武汉：华中师范大学出版社，2012.

[26] 张佑林，陈朝霞 . 文化变革与西部经济发展 [M]. 杭州：浙江大学出版社，2012.

[27] 罗庆宏 . 口述历史与历史教学研究，以井冈山斗争口述历史与现场教学为个案研究
　　[M]. 北京：中国发展出版社，2013.

[28] 孙文昌，郭伟 . 现代旅游学 [M]. 山东：青岛出版社，1997.

[29] 刘锋 . 中国西部旅游开发战略研究 [M]. 北京：中国旅游出版社，2001.

[30] 王长楷 . 西部高等教育与经济发展关系研究 [M]. 海口：海南出版社，2007.

[31] 陈传明，周小虎 . 管理学原理 [M]. 北京：机械工业出版社，2012.

[32] 张大立 . 中外合作办学法律问题研究 [M]. 厦门：厦门大学出版社，2014.

[33] 顾长生 . 从马礼逊到司徒雷登——来华传教士评传 [M]. 上海：上海人民出版社，
　　1895.

[34] 冯天瑜 . 中华文化词典 [M]. 武汉：武汉大学出版社，2010.

[35] 严行方 . 看懂财经新闻 [M]. 厦门：厦门大学出版社，2013.

[36] 王必达 . 后发优势与区域发展 [M]. 上海：复旦大学出版社，2005.

[37] 许美德 . 中国大学 1985—1995：一个文化冲突的世纪 [M]. 北京：教育科学出版社，
　　2000.

[38] 赫尔希曼 . 经济发展战略 [M]. 北京：经济科学出版社，1991.

[39] 菲利浦·G. 阿特巴赫 . 比较高等教育：知识、大学与发展 [M]. 人民教育出版社教育
　　室，译，北京：人民教育出版社，2001.

[40] 南亮进 . 日本的经济发展 [M]. 毕志恒，关权，译 . 北京：经济管理出版社，1992.

[41] 弗朗索瓦·佩鲁 . 新发现观 [M]. 北京：华夏出版社，1987.

[42] 陈爱梅 . 马来西亚私立高等教育：全球化、私营化、教育转型及市场化 [M]. 桂林：
　　广西师范大学出版社，2012.

[43] Alexander Gerschenkron. Economic Backwardness in Historical Perspective: A Book
　　of Essays[M]. Cambridge: The Belknap Press of Harvard University Press, 1962.

[44] Samuel P. Huntington. The Clash of Civilizations and the Remaking of World
　　Order[M]. Hong Kong : The University of Hong Kong Libraries, 1996.

[45] Eskil Ullberg. New Perspectives on Internationalization and Competitiveness:
　　Integrating Economics, Innovation and Higher Education[M]. Springer Cham
　　Heidelberg New York Dordrecht London, 2015

[46] KNIGHT J. Comparative analysis of education hubs[M]. Dordrecht: Springer, 2014.

[47] ALTBACH P G. World class worldwide: transforming research universities in asia and
　　latinamerica[M]. Baltimore: The Johns Hopkins University Press Baltimore, 2007.

[48] Simon Marginson · Sarjit Kaur Erlenawati Sawir, Higher Education in the Asia-
　　Pacific: Strategic Responses to Globalization, Springer Dordrecht Heidelberg London

New York, 2011.

[49] Eskil Ullberg. New Perspectives on Internationalization and Competitiveness: Integrating Economics, Innovation and Higher Education, Springer Cham Heidelberg New York Dordrecht London, 2015

二、期刊论文类

[1] 潘懋元，黄建如. 教育主权与教育产权关系辨析 [J]. 中国高等教育，2003(6): 15: 14-16.

[2] 林金辉. 中外合作办学中引进优质教育资源问题研究 [J]. 教育研究，2012(10): 34-38.

[3] 林金辉，刘梦今. 高校中外合作办学项目内部教学质量保障基本要素及路径 [J]. 中国大学教育. 2014(5): 62-66.

[4] 林金辉，刘梦今. 论中外合作办学办学的质量建设 [J]. 教育研究，2013(10): 72-78.

[5] 林金辉. 中外合作办学基本规律及其运用 [J]. 江苏高教. 2012(1): 47-50.

[6] 林金辉，刘志平. 高等教育中外合作办学"走出去"发展战略探新 [J]. 教育研究，2008(1): 43-47.

[7] 邝艳湘. 国际教育合作对我国国家安全的影响：文献综述 [J]. 扬州大学学报（高教研究版），2012(8): 38-41.

[8] 韩君伟，蔡玉波，褚长铃. 西部高校师资队伍稳定性分析 [J]. 西南交通大学学报（社会科学版）. 2009(4): 80-83.

[9] 雷虹霁. 西部人文资源以及西部研究中必须走出的四个"误区" [J]. 社会科学研究. 2013(3): 107-109.

[10] 王根顺，李静. 发展西部高等教育的战略思考 [J]. 教育研究，2011(9).

[11] 王嘉毅. 西部地区高等教育发展面临的困难与对策 [J]. 高等教育研究，2006(11).

[12] 庄国土. 文化相似性和中泰关系——历史的视角 [J]. 华侨大学学报（哲学社会科学版），2013(2): 5-14.

[13] 茹宗志. 教育主权让渡问题研究 [J]. 教育评论，2008(2): 18-22.

[14] 罗明东. 中外合作办学进程中教育主权问题研究 [J]. 云南师范大学学报（哲学社会科学版），2007(6): 24-27.

[15] 曾羽. 贵州高等教育发展战略研究——基于新一轮西部大开发背景下的机遇与挑战 [J]. 国家教育行政学院学报. 2015(4): 12-15.

[16] 黄建如，黄敏. 海峡两岸高校合作办学的新途径——马来西亚国际合作办学模式的借鉴意义 [J]. 台湾研究集刊，2010(3): 86-94.

[17] 杨岭. 中外合作办学近十年政策法规分析 [J]. 教学研究. 2011(9): 10-13.

[18] 张建祥. 西部大开发与西部高等教育发展研究 [J]. 兰州大学学报（社会科学版）. 2005(5): 132-137.

[19] 冯发明 . 中外合作办学的师资问题及对策探析 [J]. 教育与职业 . 2007(2): 33–34.

[20] 张忠华 . 关于大学课程设置的三个问题 [J]. 大学教育科学 , 2011(6): 30–64.

[21] 张传燧 , 石雷 . 论课程与教学论的本土化 [J]. 教育研究 , 2012(3): 82–86.

[22] 王璐 . 高等教育课程国际化的本土追求与设计 [J]. 当代教育科学 , 2015(7): 14–18.

[23] 王卫平 , 高等教育中外合作办学课程的依附现象研究 [J]. 教育理论与实践 , 2013(3): 6–8.

[24] 慈玲玲 , 曲铁华 . 近年我国普通高等学校教育经费投入构成比例探析 [J]. 现代教育管理 , 2014(9): 36–41.

[25] 钟凯 . 中外合作办学中的大学生思想政治教育工作研究 [J]. 职业与教育 , 2011(6): 54–55.

[26] 杨辉 . 从需求市场看中外合作办学 [J]. 教育评论 , 2003(5): 8–11.

[27] 李莹莹 , 潘琦 . 民办高校探索 "小规模" 、 "高质量" 发展模式的路径与策略 [J]. 中国高等教育 , 2015(12): 42–44.

[28] 孟照海 . 高等教育国际化的动因及其反思 [J]. 现代教育管理 , 2009(7): 16–19.

[29] 杨锐 , 吴玫 . 国际组织与中国高等教育发展 [J]. 复旦教育论坛 , 2009(2): 52–55.

[30] 周满生 , 滕珺 . 走向全方位开放的教育国际合作与交流 [J]. 教育研究 , 2008(11).

[31] 游建军、王成端、谢华、孙山 : 中西部高校基础能力建设工程及其在西部的有效推进 [J]. 高等教育研究 , 2014(1): 46–49.

[32] 严全治 . 协调区域高等教育发展的路径 [J]. 教育研究 , 2012(1): 89–94.

[33] 赵万峰 , 李丰庆 . 论西部高校的学科特色及特色学科发展 [J]. 中国高等教育 , 2011(5): 29–30.

[34] 任初明 . 高校生源竞争力的测量及其提升研究 [J]. 高校教育管理 , 2014(9): 68–72.

[35] 刘海明 . 新媒体视域下加强大学生思想政治教育策略浅析 [J]. 学校党建与思想教育 , 2015(4): 59–61.

[36] 崔春 . 高校中外合作办学经费筹措困境及破解策略 [J]. 延边大学学报 (社会科学版), 2013(10): 134–139.

[37] 金绍荣 , 肖前玲 . 王德青 . 教育 "全球化" 对我国西部高等教育的影响及应对措施 [J]. 兰州学刊 , 2005(6): 138–139.

[38] 谢爱磊 . 唐安国 . 高等教育国际化中的 "新跨国主义" [J]. 全球教育展望 , 2006(7): 60–64.

[39] 崔春 , 曹佩红 . 高校中外合作办学经费筹措困境及破解策略 [J]. 延边大学学报 (社会科学版), 2013(10): 134–139.

[40] 郭强 , 张舒 , 钟咏 . "双一流" 建设高校中外合作办学的路径反思 [J]. 高校教育管理 , 2021(3): 35–44.

[41] 林金辉 , 周洵瑛 , 甘甜 . 教育强国背景下中外合作办学提升高等教育国际影响力策略研究 [J]. 高校教育管理 , 2024(3): 1–11.

[42] 李阳，陈会珍，高等教育中外合作办学学科专业结构动态变迁与优化策略研究 [J]. 黑龙江高教研究，2023(9): 63–71.

[43] 李阳. 西部地区高等教育中外合作办学质量现状研究 [J]. 黑龙江高教研究，2017(5): 17–21.

[44] 李阳. 西部地区高等教育中外合作办学的现状与发展对策——以云南省和陕西省为例 [J]. 重庆高教研究，2017(5): 30–35.

[45] 凌鹊. 高等教育中外合作办学区域布局动态变迁与演化机理 [J]. 中国高教研究，2021(12): 77–83.

[46] 薛卫洋. 对中外合作办学质量建设的思考 [J]. 高校教育管理，2017(6): 89–94.

[47] 鄢晓. 中外合作办学引进国外优质教育资源的影响因素和基本原则 [J]. 江苏高教，2014(1): 120–122.

[48] Kevin Kinser, Jason E. Lane. 高校的"海外前哨" [J]. 国际高等教育，2012(1): 1–2.

[49] Brezis E S, Krugman P R, Tsiddon D. Leapfrogging in International Competition: A Theory of Cycles in National Technological Leadership[J]. American Economic Review, 1993, 83(5): 1211–1219.

[50] Elkan R V. Catching up and slowing down: Learning and growth patterns in an open economy[J]. Econ Papers , 1996(96)01433–x.

[51] Wilkins, S, Huisman，The international branch campus as transnational strategy in higher education[J]. High Education, 2012(64): 627–645.

[52] Groves M. An Investigation of Students' Grammatical Ability in an International University Branch Campus[J]. Malaysian Journal of Elt Research, 2013(9): 29–42

[53] Wilkins S, Huisman J . Factors affecting university image formation among prospective higher education students: the case of international branch campuses[J]. Studies in Higher Education, 2015, 40(7): 1256–1272.

[54] Zhen T . Internationalization of Higher Education in China: Chinese–Foreign Cooperation in Running Schools and the Introduction of High–Quality Foreign Educational Resources[J]. International Education Studies, 2009(3): 166.

[55] Iftekhar S N , Kayombo J J . Chinese–Foreign Cooperation in Running Schools (CFCRS): A policy analysis[J]. Journal of Yanshan University, 2016, 49(4–5): 229–230.

[56] Shams F, Huisman J. Managing Offshore Branch Campuses: An Analytical Framework for Institutional Strategies[J]. Journal of Studies in International Education, 2012, 16(2): 106–127.

[57] Knight J . The evolution of contemporary education hubs: Fad, brand or innovation?[J]. International Journal of Educational Development, 2024, 104.

三、学位论文类

[1] 申建良 . 中国新疆与中亚国家高等教育合作研究 [D]. 乌鲁木齐 : 新疆农业大学 , 2014.

[2] 冯国平 . 跨国教育的国际比较与研究 [D]. 上海 : 华东师范大学 , 2009.

[3] 张男星 . 俄罗斯高等教育体制变革研究 [D]. 上海 : 华东师范大学 , 2002.

[4] 张腾飞 . 我国西部地区文化资源开发问题研究 [D]. 大连 : 大连海事大学 . 2006.

[5] 张宁 . 应用型本科高素质创新人才培养模式研究 [D]. 厦门 : 厦门大学 , 2012.

[6] 祁晓 . 全球高等教育机构跨境流动研究——以国际分校为例 [D]. 厦门 : 厦门大学 , 2015.

[7] 陈慧荣 . 高等学校中外合作办学知识共享影响因素研究 [D]. 厦门 : 厦门大学 , 2020.

四、网络资料

[1] 教育部 . 国家中长期教育改革和发展规划纲要 (2010–2020 年)[EB/OL]. （2010–07–29）[2019–07–21]. http: //www. moe. edu. cn/publicfiles/business/htmlfiles/moe/moe_838/201008/93704. html

[2] 教育部 . 中华人民共和国中外合作办学条例 [EB/OL]. （2003–03–01）[2014–10–19]. http: //www. moe. gov. cn/publicfiles/business/htmlfiles/moe/moe_1001/200507/10295. html

[3] 教育部 . 中华人民共和国中外合作办学条例实施办法 [EB/OL]. （2004–06–02）[2014–07–01]. http: //www. moe. gov. cn/publicfiles/business/htmlfiles/moe/moe_162/200408/2544. html

[4] 教育部 . 关于当前中外合作办学若干问题的意见 [EB/OL]. （2006–02–07）[2019–04–27]. http: //www. moe. edu. cn/publicfiles/business/htmlfiles/moe/moe_174/201006/89021. html

[5] 教育部国际司 . 关于近期高等学校中外合作办学有关情况的通报 (教外司办学 [2013]1210 号)[EB/OL]. （2013–07–31）[2019–04–27]. http: //www. cfce. cn/a/jianguan/gonggao/2013/1121/2176. html

[6] 中共中央办公厅 , 国务院 . 关于进一步加强和改进新形势下高校宣传思想工作的意见 [EB/OL]. （2015–01–20）[2019–04–27]. http: //www. jyb. cn/high/gdjyxw/201501/t20150119_610986. html

[7] 国家发展改革委、外交部、商务部 . 推动共建丝绸之路经济带和 21 世纪海上丝绸之路的愿景与行动 [EB/OL]. (2014–03–28)[2021–03–20]. https: //www. fmprc. gov. cn/wjb_673085/zzjg_673183/gjjjs_674249/gjzzyhygk_674253/ydylfh_692140/zywj_692152/201503/t20150328_10410165. shtml.

[8] 教育部 , 国家发展改革委 , 财政部 . 中西部高等教育振兴计划 (2012–2020 年)[EB/OL]. （2013–02–20）[2016–06–12]. http: //www. gov. cn/gzdt/2013–05/22/

content_2408927. htm

[9] 教育部新闻办 . 近两年 (2012、2013 年) 全国和分省的就业率较低的本科专业名单 [EB/OL].（2014-10-15）[2016-03-20]. http: //gs. people. com. cn/n/2014/1015/c351569-22611227. html.

[10] 教育部 . 关于进一步深入开展对口支援西部地区高等学校工作的意见 [EB/OL].（2006-09-11）[2017-03-20]. http: //www. moe. edu. cn/publicfiles/business/htmlfiles/moe/moe_744/201001/79456. html

[11] 教育部 . 关于进一步推进对口支援西部地区高等学校工作的意见 [EB/OL].（2010-01-20）[2017-03-20]. http: //www. gov. cn/zwgk/2010-02/22/content_1538623. htm

[12] 教育部 . 2024 年全国高等学校名单 [EB/OL]. (2024-05-20)[2025-01-21]. http: //www. moe. gov. cn/jyb_xxgk/s5743/s5744/202406/t20240621_1136990. html.

[13] 2023 年全国教育事业发展统计公报 [EB/OL]. (2024-10-24)[2025-01-21]. http: //www. moe. gov. cn/jyb_sjzl/sjzl_fztjgb/202410/t20241024_1159002. html.

[14] 上海交通大学 . 2024 世界大学学术排名 [EB/OL]. (2024-08-15)[2025-01-21]. https: //www. shanghairanking. cn/rankings/arwu/2024.

[15] 教育部 . 2014 年全国来华留学生数据统计 [EB/OL].（2015-03-18）[2016-02-10]. http: //www. moe. edu. cn/publicfiles/business/htmlfiles/moe/s5987/201503/184959. html

[16] 俄罗斯联邦教育与科学部网 . [EB/OL]. http: //en. russia. edu. ru/zvuz/1067/

[17] 王毅 . 2015 年中国外交：一个重点，两条主线 [EB/OL].（2015-03-10）[2016-03-12]. http: //world. people. com. cn/n/2015/0310/c1002-26666385. html

[18] 习近平 . 高举中国特色社会主义伟大旗帜 为全面建设社会主义现代化国家而团结奋斗——在中国共产党第二十次全国代表大会上的报告 [EB/OL]. (2022-10-25)[2025-1-31]. https: //www. gov. cn/xinwen/2022-10/25/content_5721685. htm22.

[19] 中共中央，国务院 . 中国教育现代化 2035[EB/OL]. (2019-02-23)[2025-02-04]. https: //www. gov. cn/zhengce/2019-02/23/content_5367987. htm.

[20] 中共中央，国务院印 . 教育强国建设规划纲要 (2024 — 2035 年)[EB/OL]. (2025-01-19)[2025-02-04]. https: //www. gov. cn/zhengce/202501/content_6999914. htm.

[21] 教育部关于公布 2023 年度普通高等学校本科专业备案和审批结果的通知 [EB/OL]. (2024-02-05)[2025-01-20]. http: //www. moe. gov. cn/srcsite/A08/moe_1034/s4930/202403/t20240319_1121111. html.

[22] 教育部，财政部，国家发展改革委 . 关于公布第二轮"双一流"建设高校及建设学科名单的通知 [EB/OL]. (2022-02-11)[2025-02-04]. http: //www. moe. gov. cn/srcsite/A22/s7065/202202/t20220211_598710. html.